서울의 6000년

민족과 함께, 한강과 함께 흘러온 한성·한양·경성·서울 이야기

鄭淳台

조갑제닷컴

한강과 함께 흘러온 6000년의 大敍事詩

서울에는 만만한 땅이 없습니다. 서울의 선사(先史)시대는 지금부터 6000년 전 한강 본류 유역에서 전개되었습니다. 그 중심은 강동구 암사동 선사 주거지이며, 그것은 국내 최대의 신석기 유적입니다. 암사동과 그 주변의 여러 선사 유적지는 인간의 원초적(原初的) 생존에 있어 한강 본류 유역의 비교우위를 증명해 주는 확실한 증거입니다. 훗날의 한성백제도 이런 경제적·문화적 바탕 위에서 건설된 고대국가입니다.

사서를 종합하면 고구려의 시조 주몽(朱蒙)의 아들인 온조(溫祖)는 후계 경쟁에서 밀려나자, 그의 생모이며 주몽의 후처인 소서노와 함께 압록강 북안에서 무리를 이끌고 한강 본류 유역으로 남하, 이곳 재지세력(在地勢力)의 협력을 얻어 기원전 18년에 한성백제를 세웠습니다.

한성백제(漢城百濟)는 송파구의 풍납토성과 몽촌토성을 중심으로 500년 동안 존속하면서 해양·문화대국으로 번영했습니다. 학계의 다수설에 따르면 풍납토성은 한성백제 왕도인 하남위례성의 북성(北城), 몽촌토성은 그 남성(南城)입니다.

한성백제는 고구려 고국원왕(331~371)을 평양성 전투에서 패사(敗死)시킨 근초고왕(346~375) 대에 이르러 전성기를 구가했습니다. 그 판도는 북쪽으로는 지금의 대동강 남안의 황해도, 남쪽으로는 지금 전라남도의 남해안에 이르렀고, 백제향(百濟鄕)과 담로 등의 해외 거점도 건설했습니다.

고려시대의 서울지역은 남경(南京)으로 불리는 부도(副都)로서 수륙(水陸) 교통의 중심이었습니다. 서울의 북악산 밑은 고려시대에 이미 풍수지리의 견지에서 도읍을 하기에 가장 이상적인 형국으로 간주되었고, 실제 수차례에 걸쳐 천도가 시도되기도 했습니다.

조선왕조 500년의 서울, 즉 한성은 내사산(內四山)이라 불리는 북악산·인왕산·남산·낙산이 형성한 아늑한 분지를 중심으로 펼쳐졌습니다. 한성의 도성(都城)은 내사산의 능선을 따라 축조되었는데, 이 도성 안이 온갖 역사의 파노라마가 켜켜이 쌓인 지금의 종로구와 중구입니다. 조선왕조의 한성은 도성 안과 도성 바깥인 '성저십리(城底十里)'로 이뤄졌습니다. '성저십리'란 북쪽이 북한산, 동쪽이 우이천과 중랑천, 남쪽이 한강, 서쪽이 모래내에 이르는 지역을 가리킵니다.

오늘의 서울은 1948년 8월15일 정부수립 이래 대한민국의 수도로서 6·25전쟁에 의한 폐허를 극복하고 '한강의 기적'을 이룬 우리 현대사의 중심무대입니다. 서울의 면적은 계속 확대되어 서울의 남쪽 외곽으로 흐르던 한강이 이제는 서울의 중앙부를 관류(貫流)하게 되었고, 이른바 외사산(外四山) 안의 땅이 거의 모두 서울시역으로 들어와 있습니다. 외사산이란 오늘날 서울의 주산(主山)인 북한산(837m), 고려 최고의 명장 강감찬의 탄생지인 낙성대를 품은 관악산(629m), 백제·고구려·신라가 피터지게 싸운 아차산系의 용마산(348m), 임진왜란 때의 3대 전승지 중 하나인 행주산성 인근의 덕양산(125m)을 말합니다. 이로써 서울의 면적은 한강 양안(兩岸)에 걸쳐 605km²로 늘어났습니다.

현재 서울의 면적은 전 국토의 0.6%이지만, 서울의 인구는 우리나라 인구의 20%에 달하는 1000만입니다. 나아가 서울경제권의 인구는 2000만이고, 서울에다 인천시·경기도를 더한 수도권의 인구는 2500만으로 대한민국 전체 인구의 거의 절반에 달하고 있습니다.

서울의 자연환경은 시가지 바로 곁에 산들이 다가와 있는 데다 그 중심부를 한강이 관통하고 있어 외국인들도 부러워할 만큼 매우 아름답습니다. 외국인의 눈에는 산(山)이 아니라 언덕(hill)으로 비치는 표고 300m 안팎의 남산·북악산·인왕산에만 올라도 서울의 도심부와 한강 본류가 환히 내려다보이며, 그보다 조금 높은 북한산(837m)은 국립공원으로 지정될 정도로 화강암의 산세가 수려합니다. 북한산뿐만 아니라 북쪽의 도봉산(717m)과 그 동쪽의 수락산(638m)·불암산(508m) 등도 화강암의 산들이고, 한강 남쪽의 관악산(629m)과 청계산(582m)도 역시 그러합니다. 서울시가지를 둘러싼 석산(石山)은 세계적 성공사례인 6·25 이후의 녹화사업으로 어느덧 경치가 빼어난 숲을 이루고 있는 데다 높이도 고만고만하여 휴일에는 내·외국인 등산객들로 붐비고 있습니다.

조선시대의 한성이나 오늘날의 서울에게 한강은 핏줄과 같은 존재입니다. 한강의 원류(源流)인 남한강과 한강의 제1지류인 북한강은 경기도 양평군 양서면 양수리[두물머리]에서 만나 여기서부터 한강 본류를 이룹니다. 한강은 한국의 하천 중에서 유역이 가장 넓고 유량이 압도적으로 많은데, 과거에는 농업용수원과 수로(水路)로서 중요했고, 오늘날에는 식수원과 산업용수원으로서 절대적 존재입니다.

한강본류에 의해 광주산맥이 잠간 끊어져 형성된 폭 500여m의 팔당협곡에는 용수 확보를 위해 1974년 팔당댐이 건설되었습니다. 그리고 팔당댐의 한강물은 이제 수도권광역상수도의 건설로 인천·시흥·안산 등 서해안지역은 물론 수원·평택 등의 안성천 유역 등지로도 공급되고 있습니다. 그럼에도 불구하고 서울경제권 시민에게 한강은 접근성의 미비로 '너무나 먼 당신'이 되어 있는 상황입니다.

한강의 중요성이 서울에 국한된 시대는 벌써 지나가 버렸습니다. 서울은 3차 산업혁명 시기에 '한강의 기적'을 이룩한 중심무대였습니다. 이런 한강의 본류 유역인 서울은 앞으로 도래할 4차 산업혁명 시대에도 '국민의 먹거리'를 장만해야 할 숙제를 지니고 있습니다. 우리나라의 각종 연구기관과 첨단산업의 본사가 집중되어 있는 곳이기 때문입니다.

원래 서울은 흘러들어온 사람들이 이룩한 도시라고 합니다. 서울의 역사현장을 따라가다 보면 토박이가 아닌 사람도 어느덧 진짜 서울사람이 되어 서울을 사랑하게 됩니다,

필자는 〈월간조선〉의 2001년 3월호에 '2000년 민족사의 심장—서울'
이란 제목의 특집 기사를 실었습니다. '정도(定都) 600년' 수준의 글이
발표되던 당시로는 야심적인 특집부록이었습니다. 그 이래로 필자는 '한
성백제 500년의 도읍지 송파—강동구', 그리고 '국보는 우리가 누구인지
를 가르쳐 준다'는 캐치프레이즈 아래 수년간 연재된 '국보 기행'을 통해
서울 일대의 국보도 다수 소개했습니다.

5~6년 전부터, 조갑제 대표는 필자에게 우리 곁에 살아있는 역사의
맥박과 숨결을 느낄 수 있게 서울의 역사현장을 한 권의 책으로 엮을 것
을 권유했습니다. 이 간단치 않은 작업을 도와준 조갑제닷컴의 편집자
이지영 씨, 월간조선 미술부의 김현숙 씨와 김성숙 씨, 디자인54의 조의
환 대표와 오숙이 씨에게 깊은 감사의 말씀을 드립니다.

2018년 8월

저자 鄭淳台 올림

● 차 례

14

1

⋮

선사(先史)시대의
서울

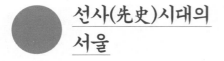

선사(先史)시대의 서울

메트로폴리스 서울을 성립시킨 제1의 입지조건은 한강

서울은 서라벌에서 유래한 수도를 가리키는 우리말이다. 과거에 서울은
위례(慰禮)·한양(漢陽)·남경(南京)·한성(漢城)이라 불렸다. 일제시대에
는 경기도(京畿道) 관할로 격하되어 경성(京城)이라고 했다. 경기(京畿)
라는 말은 원래 왕도(王都)를 보호하기 위해 설정한 그 외곽지역을 의미
한다.

　서울은 대한민국 인구의 20%인 1000만 명이 모여 사는 메트로폴리
스(Metropolis)다. 서울을 중심으로 하는 수도권에는 우리나라 인구
5000만의 절반인 2500만 명이 거주하고 있다. 그 이유는 무엇일까?

　오랜 옛날부터 인간은 강 주변에서 삶의 터전을 이루며 살아 왔다.
강을 이용해 식수와 식량자원을 얻어왔던 것이다. 그렇다면 '크고 넓은
가람'이란 뜻인 한강(漢江)이야말로 오늘의 서울을 성립시킨 제1의 입지

조건이다. 한강의 유역면적(2만 6018km²)은 우리나라 강 유역 중 가장 넓다.

최근 25년간 서울의 평균 연간 강수량은 1200여mm였다. 이렇게 한 강 유역은 섬진강 유역(연간 평균 강우량 1400여mm)보다는 적지만 낙 동강 유역(1100여mm)보다는 비가 더 많이 오는 다우(多雨) 지역이다.

세계인들은 대한민국의 급속한 경제 발전을 두고 '한강의 기적'이라 부른다. 이렇게 한강은 한반도의 중앙을 관통하여 흐르는 대하(大河)로

한강수계와 유적의 위치. 한강의 원류 남한강과 한강의 제1지류 북한강은 두물머리[兩水里]에서 만나 한강 본류를 이룬다.

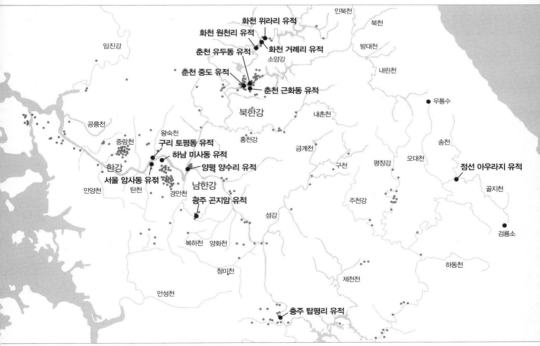

서 오늘의 대한민국을 대표한다. 한강(514km)의 원류(源流)인 남한강 (375km)과 제1의 지류(支流)인 북한강(317.5km)은 경기도 양평군 양서 면(楊西面)의 두물머리[兩水里]에서 만나 여기서부터 한강 본류(139km) 를 이룬다. 한강의 길이 514km는 남한강(한강의 源流)+한강본류(한강 하류)이다.

국내 최대의 암사동 신석기 유적지

한강은 남한의 하천 중에서 유량이 가장 많다. 한강은 과거에는 수로(水 路)로 중요했고, 오늘날에는 용수원(用水源)으로 중요하다. 서울은 한강 없이는 그 존립을 생각할 수 없을 정도로 생명수 공급처 혹은 핏줄과 같 은 역할을 하고 있다.

한강 유역에는, 농경과 어로 그리고 수운(水運)에 유리했기 때문에 선 사(先史)시대부터 형성된 수많은 마을 유적이 자리했다. 선사시대는 문 자로 기록되기 이전의 시대를 말한다.

서울의 신석기시대는 6000년 전에 시작되었다. 이 시기는 농경과 목 축이 시작되어 비록 낮은 차원이지만, 조·피·수수 등을 재배하였고, 농 기구는 돌로 만든 도끼나 낫 등을 사용했다. 강이나 산에서 물고기와 짐승을 잡기 위해 돌로 만든 작살·그물추·화살촉·창 등을 사용했다.

서울에서 신석기 유적은 여러 곳에서 발굴되었는데, 그 가운데 서울 강동구 암사동 유적이 가장 대표적이다. 암사동 선사주거지는 우리나라 에서 지금까지 확인된 신석기 유적 중 최대 규모의 마을 단위 유적이다.

암사동 선사주거지 유적의 복원.

이곳에서는 집자리와 함
께 야외 화덕자리, 많은
빗살무늬 토기와 각종
석기 등이 발굴되었다.

빗살무늬 토기.

　암사동 유적은 1925년
의 을축년(乙丑年) 대홍
수 때 많은 유물들이 지
표에 노출되면서 처음 세상에 알려지게 되었다. 그해 여름 네 차례에 걸
쳐 내린 집중호우로 한강본류 유역 전체가 침수된 듯한 역사적인 대홍
수를 겪었다. 특히, 홍수로 인해 밀려든 강물이 강북의 아차산~광나루

를 향해 볼록하게 튀어나온 강동구 암사동~풍납동 일대의 지형을 일직선으로 바꾸어 놓았으며, 그 단애(斷崖)의 벽면에서 신석기시대 문화층이 드러났다. 그러나 일제시대였던 당시에는 일본학자들에 의해 간단한 지표조사와 시굴조사만 이루어졌다.

암사동 유적은 광복 이후에야 우리 학자들에 의한 소규모 발굴조사나 지표조사 등을 통해 유적의 성격이 조금씩 알려지게 되었고, 1971~1975년에는 국립박물관의 본격적인 대규모 발굴조사가 이루어졌다. 암사동 선사주거지에서는 신석기시대의 대표적인 유물인 빗살무늬 토기를 비롯해 신석기시대 사람들의 생활모습을 살필 수 있는 유물이 다량 발굴되었다.

서울과 수도권의 생명수 저장고—팔당댐과 팔당호

해방둥이(1945년 생)인 필자의 어릴 적 얘기지만, 우리 또래들은 겨울철에는 대체로 목욕 같은 건 하지 않았고, 또 우물물만 먹으면서 자랐다. 오늘날, 아파트가 밀집한 서울을 비롯한 수도권 사람들의 대다수는 아침저녁으로 상수도물로 샤워를 하고 조리를 한 음식을 먹고 산다. 이런 수도권 사람들의 생활용수를 책임지는 곳이 팔당호와 팔당댐이다.

팔당호는 남양주시 조안면과 하남시 아랫배알미리 사이의 한강 협곡에 높이 28m, 길이 575m의 팔당댐이 건설됨으로써 등장한 한강 수계(水系) 최하류의 저수지이다. 총저수량은 2억 4400만m³으로 연평균 2억 5600만KWh 전력을 생산하면서 하루 366만m³에 달하는 용수가 서

광주산맥의 협곡에 건설된 팔당댐. ⓒ정순태

서울을 비롯한 수도권의 용수를 저장하고 있는 팔당호.

선사(先史)시대의 서울 **25**

울을 비롯한 수도권에 공급하고 있다.

팔당호로 유입되는 수량의 비율은 남한강 55%, 북한강 43.4%, 경안천(경기도 광주) 1.6%이다. 폭 500여 m의 팔당 협곡에 건설된 팔당댐은 남한강과 북한강의 합류점인 두물머리에서 하류(下流) 쪽으로 5km 지점에 위치해 있다.

팔당댐에는 건설 당시에 댐 상부에 공도교(公道橋)가 설치되어 한강 북안과 남안을 연결하는 교통을 담당했었다. 그러나 그 하류 3km에 팔당대교가 따로 건설되어 현재 팔당댐 공도교는 팔당댐의 보호 차원에서 공휴일에만 개방된다.

팔당댐의 건설에 따라 생성된 팔당호는 그 둘레 길 자체가 관광자원이다. 특히 남한강과 북한강이 만나는 양평군 양서면의 두물머리, 남양주시 조안면 팔당호변의 다산(茶山)생태공원, 다산생태공원을 마주보는 광주시 남종면 귀여리(歸歟里) 앞 팔당물안개공원은 수도권 시민들의 제1급 휴식처로 떠오르고 있다.

황홀한 한강본류의 황혼

실로 우연한 기회에 필자는 한강 본류의 속살과 만난 적이 있다. 그때는 암사동 선사주거지가 비로소 우리 언론의 주목을 받기 시작하던 1976년 봄이었다. 그해 어느 봄날 일요일, 우리 식구 셋은 서울과 수도권의 용수 확보를 위해 2년 전에 준공된 팔당댐으로 소풍을 갔다.

팔당댐 주위 이곳저곳에서 놀다가 저녁 무렵에 귀가하려 했지만, 초만원의 시외버스에 도저히 오를 수 없었다. 돌쟁이 아들(지금은 43세)을 안고 있었기 때문이다. 마침 고기 잡는 작은 배 하나가 팔당댐 바로 밑 바위(아직도 그 자리에 그 바위가 남아 있음) 근처에서 어슬렁거리고 있었다.

재빨리 팔당 협곡의 계단(이제는 철거되어버렸음)을 통해 강가로 내려가 선두(船頭)에게 광나루까지 태워달라는 교섭을 벌였다. 선두는 대번에 선임(船賃) 1만 5000원을 요구했다. 1만 5000원이라면 당시로선 좀 부담이 되는 액수였다. 마침 필자의 가족과 비슷한 처지의 두 가족도 승선을 희망했다. 세 가족이 각각 5000원씩 내 1만 5000원의 선임을 만들었다.

팔당댐에서 팔당나루(지금의 와부읍 팔당2리 팔당대교 밑)에 이르는 물길 3km는 지금도 절경이다. 예봉산(지금의 남양주시)과 검단산(지금의 광주시)의 광주산맥 협곡을 타고 내려오기 때문이다. 이곳의 강폭은 불과 500여m. 석양 무렵의 한강 선유(船遊)는 협곡 좌우의 산들로 인해 신선의 세계로 다가가는 듯했다.

덕소나루(지금의 미사대교 근처)에 있던 선두(船頭)의 수상(水上) 가옥에 잠시 들러 배에다 선박용 유류를 주입하는 사이에 세 가족의 가장들은 대번에 친숙해져 끓인 라면을 안주 삼아 소주 한 잔까지 나눠 마셨다.

한강 본류엔 지금보다 섬과 모래톱이 많았다. 모래톱을 만나면 선두는 긴 장대로 이리저리 밀쳐가며 배를 하류로 몰아갔다, 덕소 건너편에 있는 지금 하남시 미사동의 '미사리경정경기장'도 원래는 하중도(河中島)였다. 1988 서울올림픽에 맞춰 조정경기장을 건설하면서 육지에 붙여버렸던 것이다. 대규모 아파트단지가 들어서고 있는 미사동에서 최근 5년 동안에 선사시대로부터 초기 철기시대까지 포괄하는 광범위한 유적이 발굴되었다.

암사동 선사주거지 전시관

우리나라에서 선사유적은 여러 곳에서 발굴되었으나 암사동 유적이 가장 대표적이다. 여기에서는 수십 개의 집터가 확인되었다. 집터는 모래땅에 깊이 60~70cm의 움을 파고 지은 반(半) 움막집으로 둥근 형태가 대부분이다. 집 구조는 네 모서리에 기둥을 세우고 들보를 얹어 지붕을 이루었다. 집 한가운데에는 강돌을 둘

암사동 출토 석기들.

러 화덕을 만들었고, 집터 한쪽으로 나들이를 위한 계단을 만들었다. 집터 밖에서는 음식물을 저장하는 구덩이와 토기를 굽는 돌무지가 발굴되었다.

1988년 서울올림픽을 앞두고 건설한 전시관에는 실제 유적 터와 암사동에서 발굴된 유물이 전시되고 있다. 그리고 전시관 밖에는 움집터를 복원하여 신석기 사람들이 살던 모습을 재현하고 있다. 그중 하나에 들어가면 일가족 넷이 불을 피우고, 사냥도구를 만들며, 음식을 조리하는 실물대의 모습을 만들어 놓아 사진 촬영하기에 좋다.

암사동 선사주거유적지로 가려면 지하철 8호선의 종점인 암사역에서 내려 마을버스를 타고 가다 다섯 번째 정류소에서 내리면 된다. 승용차로 미사리 쪽으로 올림픽대로 달리다 암사동 선사아파트 단지 앞을 조금 지나서 보면 도로변으로 볏짚 지붕을 둘러쓴 선사시대 움집이 줄지어 서 있는 모습을 볼 수 있다.

지금의 서울~양양 고속도로가 시작되는 미사대교가 놓인 수역을 조금 지나면 지금의 남양주시 수석동 강변에 미음(渼陰)나루가 있다. 이 일대의 한강은 풍광이 워낙 빼어나 예로부터 미호(渼湖: 물결치는 호수)라고 불렸다. 미음나루 하면 생각나는 인물이 다산 정약용이다. 다산은 그의 시 〈배 타고 소내로 돌아가며〉에서 "…미음(渼陰)의 숲은 끝이 없고, 온조(溫祚)의 성곽은 아름다워라…"라고 읊었다. '소내'는 바로 그의 고향 집(지금의 남양주시 조안면 능내동에 있음) 앞 팔당호에 떠 있는 작은 섬이다. '온조의 성곽'은 송파구 풍납동의 풍납토성(하남위례성)을 말한다.

지금 미음나루의 조금 하류에는 강동구 하일동(下一洞)과 구리시(九里市)를 연결하는 강동대교(江東大橋·1991년 준공)가 걸려 있지만, 물론 그때는 이런 다리가 없었다. 강동대교 바로 밑 동네인 구리시 토평동(土坪洞)에서 최근 선사(先史)시대의 집자리 유적이 발견되었다. 여기서 하류 쪽으로 4km쯤 더 내려가면 한강 남안은 크게 곡류(曲流)하면서 강동구 암사동 선사유적지가 나타난다. 이렇듯 한강의 남·북안 양쪽에 선사유적이 펼쳐져 있는 것이다. 그렇다면 한강이란 젖줄을 지닌 수도권은 선사시대의 사람이 살기에 가장 적합한 땅이었다고 할 수 있다.

세 가족이 탄 어선은 아차산 바로 아래쪽인 광나루까지의 수로 20여 km를 1시간30분 남짓 걸려 도착했다. 광나루 바로 위엔 한강 북안의 광장동(廣壯洞)과 남안의 천호동을 잇는 광진교(廣津橋)가 그때도 걸려 있었다. 광진교 부근에서 바라본 한강의 일몰은 평생 잊지 못할 황홀한 광경이었다. 지금과 달리, 강변 좌우에 고층 아파트 같은 것이 없었다. 해가 멀리 수평선 주위를 벌겋게 물들이며 떨어지고 있었다.

광(廣)나루로부터 강폭은 그 이름에 값하려는 듯 갑자기 넓어져 1km를 훨씬 웃돌기 시작한다. 한강 본류에는 현재 모두 31개의 다리가 걸려 있다. 광진교는 한강대교에 이어 한강 본류 위에 걸린 두 번째의 도로교(道路橋)이다. 1934년 8월에 착공, 1936년 10월에 준공되었다.

1970년대 중반엔 광나루 바로 옆에 시내버스 종점이 있었다. 우리 식구 셋은 시내버스를 타고 당시의 제2한강교(지금의 양화대교) 가까이에 위치한 집(마포구 성산동)으로 돌아왔다. 1966년에 준공된 제2한강교는 한강 본류에 걸린 세 번째 도로교이다.

2
⋮

古代 서울은
한성백제의 500년 도읍지

古代 서울은
한성백제의 500년 도읍지

서울 지하철 8호선의 풍납토성역(천호역)과 몽촌토성역 바로 앞에 500년 한성백제(漢城百濟)의 도읍지와 유적들이 숨 쉬고 있다. 이번 답사에서 서울을 도읍으로 정한 백제 시조 왕 온조(溫祚)의 선견지명(先見之明)과 한성백제 전성기를 개막시킨 근초고왕(近肖古王)의 맥박, 그리고 서울을 빼앗긴 비운(悲運)의 군주(君主) 백제 개로왕의 회한(悔恨)도 함께 느낄 수 있었다. 또한 고대(古代)의 서울은 백제·고구려·신라의 3국이 서로 차지하기 위해 피 터지게 싸웠던 현장인 만큼 그 흔적이 구석구석에 남아 있다. 우리나라에서 삼국시대 3국의 문화유산이 혼재하고 있는 곳은 서울지역뿐이다. 이것이 고대(古代) 서울의 큰 특징이기도 하다.

아차산 홍련봉은 고구려군의 前線사령부

아차산(阿且山)에 오르면 강 건너편으로 암사동 선사(先史)유적지뿐만 아니라 한성백제 500년의 모습도 눈앞에 드러난다. 2007년 4월4일 오전 10시, 필자는 워커힐호텔(서울 광진구 광장동) 뒤편에 위치한 아차산의 서쪽 끝인 홍련봉(표고 60m)에 먼저 올라갔다. 홍련봉에는 고구려의 보루(堡壘) 두 개가 위치해 있다.

홍련봉의 절벽 가장자리(해발 60m)에 서면 천호대교 너머로 삼각형 지붕의 건물(시티극동아파트)이 마주 보인다. 그 일대가 한성백제(漢城百濟)의 도성이었던 풍납토성(風納土城)이다. 최근 학계의 다수설에 따르면 풍납토성은 백제의 시조 온조(溫祚)가 도읍한 하남위례성(河南慰禮城)이다.

2007년 고려대 매장문화연구소의 홍련봉 발굴조사에서는 고구려군(軍)의 보루 2개소뿐만 아니라 움집터, 그리고 명문(銘文) 토기 2점을 비롯한 많은 토기가 발굴되었다. 이로써 한강 북안에 위치한 고구려의 보루는 20여 개로 늘어났다. 특히, 홍련봉 보루에서는 남한(南韓) 지역 최초로 고구려의 연꽃무늬 꽃기와가 출토되어 학계의 관심을 끌었다.

고구려 변방이었던 이곳에서 당시에 매우 귀한 연꽃무늬 꽃기와가 발견되었다는 사실은 무엇을 의미하는 것일까? 이는 475년 한성백제의 도성(都城)을 공격했던 고구려군의 전선 사령부가 백제의 도성을 마주보는 홍련봉에 설치되었을 가능성을 높게 한다. 그때 고구려군의 총사령관은 장수왕(長壽王)이었다. 다음은 〈삼국사기(三國史記)〉의 관련 기록이다.

〈개로왕(蓋鹵王) 21년(475) 가을 9월, 고구려 왕 거련(巨璉: 장수왕의

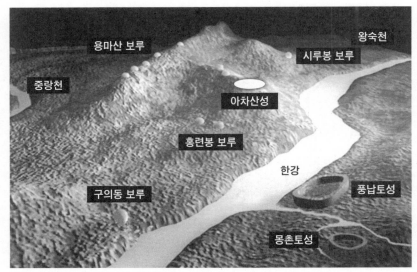

아차산성과 그 주위 20여 개의 아차산 보루.

이름)이 군사 3만 명을 거느리고 와서 수도 한성(漢城)을 포위했다. (개로)왕이 싸울 수 없어 성문을 닫고 있었다. 고구려가 군사를 네 방면으로 나누어 협공하고, 또한 바람을 이용해 불을 질러 성문을 태웠다. 백성들 중에는 두려워하여 성 밖으로 나가 항복하려는 자들도 있었다. 상황이 어렵게 되자 왕은 어찌할 바를 모르고, 기병 수십 명을 거느리고 성문을 나가 서쪽으로 도주했으나 고구려군이 추격하여…〉

백제 개로왕이 참수당한 현장

개로왕은 493년간 지속된 한성백제를 지켜내지 못한 비운(悲運)의 군주(君主)다. 〈삼국사기〉 개로왕 21년 조(條)의 뒷부분은 그의 죽음에 이르는 과정과 함께 당시 백제의 도성(都城) 체제에 관한 중요한 시사를 하고 있다.

〈이때 고구려의 대로(對盧: 고구려 관등 제4위) 제우(齊于), 재증걸루(再曾桀婁), 고이만년 등이 군사를 거느리고 와서 북성(北城)을 공격한 지 7일 만에 함락시키고, 남성(南城)으로 옮겨 공격하자 성 안이 위험에 빠지고, (개로)왕은 도망해 나갔다. 고구려 장수 걸루(桀婁) 등이 왕을 보고 말에서 내려 절을 하고, 얼마 후에 왕의 낯을 향해 세 번 침을 뱉고서 죄목을 따진 다음 아차성(阿且城) 밑으로 묶어 보내 죽이게 하였다. 걸루(桀婁)와 만년(萬年)은 본래 백제인으로서 죄를 짓고 고구려로 도망했었다.〉

위의 기사(記事)에서 고구려 장수 재증걸루와 고이만년은 개로왕에게 깊은 원한을 품은 인물임을 알 수 있다. 그들은 개로왕의 왕권(王權)강화 정책의 추진과 그에 따른 백제 귀족계급 내부의 권력암투에서 패해 고구려로 망명한 것으로 보인다.

다음으로, 멸망 당시 한성백제의 도성 체제는 북성과 남성으로 2원화해 있었음을 알 수 있다. 개로왕은 7주야(晝夜)에 걸친 방어전 끝에 북성이 무너지는 모습을 남성에서 목격하고 남성을 탈출하다가 고구려 장수 재증걸루 등에게 사로잡혔던 것이다. 북성은 풍납토성, 남성은 그 700m 남쪽의 몽촌토성(夢村土城)으로 비정(比定)된다.

홍련봉 보루에서는 고구려군의 기동로였던 중랑천변(中浪川邊)뿐만 아니라 북성 남쪽 700m 지점의 南城인 몽촌토성도 관측된다.

홍련봉 진입로에는 높은 울타리가 쳐져 있다. 아직 발굴조사가 끝나지 않아 '출입금지 구역'으로 되어 있었지만, 필자는 마침 현장 조사를 나온 국방부 군사(軍史)편찬연구소 선임연구원 백기인(白奇寅) 박사 일행을 만나 그들과 함께 홍련봉 벼랑 끝에서 한강 남쪽을 관찰할 수 있었다.

홍련봉에서 내려와 고갯길을 건너 아차산 등산로 입구에 있는 '만남의 광장'에 이르렀다. 개로왕이 끌려와 참수당한 '아차산 밑'은 지형상 바로 이 '만남의 광장' 부근일 가능성이 높다.

고구려 장수 온달이 전사한 아차산 기슭

때마침, 바로 홍련봉 아래 용곡(龍谷)초등학교 아이들의 합창소리가 크게 들려왔다. 필자의 귀에는 개로왕의 목을 벤 고구려군의 함성처럼 들렸다. 그래도 세월은 무심하여 개나리와 진달래가 만개(滿開)하고, 벚꽃까지 개화(開花)해 한강의 봄 냄새가 물씬했다.

'만남의 광장'에는 온달(溫達) 장군과 평강(平岡) 공주의 동상이 세워져 있다. 서기 590년, 고구려 장수 온달은 신라가 차지하고 있던 한강 유역을 빼앗으려고 아차산성 기슭에서 신라군과 싸우다가 흐르는 화살을 맞고 전사했다.

〈삼국사기〉에 따르면 한강 유역의 주인은 백제(기원전 18년~475년)→고구려(475~551년)→백제(551~553년)→신라(553~896년)→궁예의 후 고구려 및 마진(896~918년)→고려로 바뀌었다. 이렇게 삼국시대 이래 한강 유역을 차지한 세력이 항상 한반도의 주도권을 장악했다. 그 이유가 무엇일까?

(1) 기후가 온화하고 넓은 강과 평야를 끼고 있어 농경에 적합한 지역이었다.

(2) 한강 유역은 내륙수운과 해상에의 접근이 편리한 장점을 지니고 있어 국부(國富)를 집중시키고 중앙집권을 이룩하기에 유리했다.

(3) 중국과의 교류를 통해 선진 문물을 도입하기에 적합한 지역이었다.

한강 유역은 3국이 쟁탈전을 벌였던 유혈의 현장이었다. 한강 유역을 둘러싼 삼국의 대립 양상은 다음과 같다.

(1) 기원전 18년, 한강유역을 먼저 장악한 나라는 백제였다. 이를 바탕으로 백제는 4세기 들어 중국의 요서(遼西)·산동(山東)·광서(廣西) 지방, 그리고 일본열도까지 진출했다. 일본열도에는 아와지(淡路: 현대 일본 제1의 항구인 고베 앞바다의 섬) 등 백제의 해외 거점 혹은 군사기지였던 담로(擔魯)의 흔적이 아직도 남아 있다.

(2) 475년 한성백제의 패전 후 6세기 중반까지 고구려가 한강 유역을 장악했다. 551년 백제는 동맹국인 신라와 연합해 한강유역에서 고구려군을 밀어냈다. 이때 백제 성왕은 왕조 발상지인 서울을 포함한 한강하류(본류) 유역 6개 군(郡)을 회복했고, 신라는 처음으로 소백산맥을 넘어 한강상류(남한강) 유역 10개 郡을 차지했다.

(3) 그러나 진흥왕 14년(553) 가을에 신라군은 백제로부터 한강 하류

북한산 비봉에 세워진 신라 진흥왕 순수비(모조품). 진품은 용산 국립중앙박물관으로 옮겨져 전시되고 있다.

6개 군까지 횡탈하여 신주(新州)를 설치했다. 이때 신주의 초대 군주(軍主)에는 훗날 신라의 삼국통일을 주도하는 김유신(金庾信)의 조부 김무력(金武力)이 기용되었다.

그 자세한 과정은 뒤에서 상술할 것이지만, (3)부분의 역사적 사실을 유물로 증명하는 것이 바로 북한산 비봉(碑峯)에 세워진 신라 진흥왕 순수비(巡狩碑)이다. 대한민국 국보 제3호인 이 순수비에는 한강유역 영토를 획득했던 진흥왕의 위업을 찬양하는 내용이 새겨져 있다. 북한산의 비봉은 이 비가 서 있는 봉우리라고 해서 훗날에 붙은 이름이다.

순수비는 직사각형의 다듬어진 돌을 사용했으며, 자연 암반 위에 2단의 층을 만들고 세웠다. 비 몸체 위의 머릿돌 부분은 사라졌다. 현재 남아 있는 비신(碑身)의 크기는 높이 1.54m, 너비 69cm다. 비에 쓰여 있는 글자는 모두 12행으로 행마다 32자가 기록되어 있다.

건립연대는 비문에 새겨진 연호가 닳아 없어져 확실하지 않으나 창녕 순수비가 건립된 진흥왕 22년(561)과 황초령 순수비(함경남도 함주군 하기천면 진흥리 소재)가 세워진 진흥왕 29년(568)의 사이일 것으로 짐작되고 있다. 순수비(巡狩碑)란 왕이 나라 안을 순행하고 그것을 기념하기 위해 세운 비석이다.

조선 태조 이성계의 왕사(王師)인 무학대사(無學大師)의 비로 잘못 전해지고 있었던 북한산비는 조선 순조 16년(1816) 7월에 고증학의 대가이며 명필인 추사 김정희(秋史 金正喜)가 친구와 함께 비봉에 올라 이 비를 처음 접하고, 그 내용을 판독함으로써 진흥왕 순수비라는 것이 세상에 알려졌다.

북한산 순수비는 보존을 위해 현재 용산(龍山) 국립중앙박물관으로 옮겨 전시되고 있다. 비봉에는 모조품이 대신 세워져 있다.

백제가 처음 축성하고 신라가 개축한 아차산성

다시 말머리를 아차산으로 돌려야 할 것 같다. 홍련봉에서 '자생식물 관찰로'를 따라 아차산(316m)으로 올라갔다. 아차산은 구리시(九里市) 서쪽과 서울市 동쪽의 경계에 위치해 있는데, 서쪽의 용마산(348m), 북쪽의 봉화산, 그리고 시루봉·홍련봉 등 주변의 봉우리들을 모두 포함하는 명칭이다.

백제·고구려·신라의 쟁탈전이 벌어진 아차산성.

아차산에 오르면 한강 남안의 암사동 신석기 유적지와 의정부 쪽에서 흘러오는 왕숙천(王宿川)을 조망할 수 있다. 아차산성은 표고 200m의 봉우리에서 시작해 동남으로 한강을 향하여 완만하게 경사진 산중턱을 둘러서 주위 약 1km의 성벽을 이루고 있다. 형식은 산꼭대기를 중심으로 동그랗게 산성을 쌓은 테뫼식[鉢卷式·발권식] 산성인데, 성 안에 작은 계곡도 있다.

이 산성은 처음에 백제가 고구려의 남침에 대비해 쌓았지만, 한성백제의 패망 직전에 고구려가 점령했다가 신라가 서울지방을 비롯한 한강 유역 전부를 차지한 후에 다시 쌓은 것이다. 현재 남아 있는 석성에서 발굴되고 기와에는 '한북(漢北)' '도사(道使)' 등 신라의 지명 및 관명(官

워커힐호텔에서 묵고 간 '천안함 폭침의 주범'

2018년 2월 평창 동계올림픽 기간, 아차산 기슭에 위치한 워커힐호텔에 '천안함 폭침의 주범'으로 지목된 북한의 통일전선부 부장 김영철이 묵고 갔다고 해서 화제가 되었다. 그렇다면 김영철이 과연 주범일까? 2010년 3월26일 오후 9시30분경, 백령도 남쪽 약 1km 해상에서 훈련 중이던 천안함을 향해 어뢰를 발사하고 도주한 연어급 잠수정은 북한의 정찰총국 소속이었고, 그때의 정찰총국장이 바로 김영철이었다.

이에 앞서 평창 동계올림픽 개막식에 참석한 김여정(김정은의 여동생) 일행, 서울의 국립극장에서 공연한 삼지연예술단도 워커힐호텔에서 묵었다. 워커힐호텔에 북한정권의 실세(實勢)와 선전선동 일꾼들이 묵고 갔다는 것은 참으로 얄궂은 일이다.

워커힐호텔의 앞머리에 붙은 '워커'는 6·25 남침전쟁 때 미 제8군 사령관으로서 낙동강 방어선 사수(死守) 작전에 성공해 서울 수복의 발판을 마련한 월튼 H. 워커(1889 ~1950) 장군을 가리킨다. 그는 제2차 세계대전 때의 유럽전선에서는 '돌파전술의 권위'로서, 한국전쟁에서는 '방어전의 천재'로서 높이 평가되었다.

전차용병(戰車用兵)의 대가(大家)인 패튼 장군의 애제자(愛弟子)였던 워커는 스승을 닮아 스피드광(狂)이었다. 1·4후퇴(1951년) 직전이던 1950년 12월23일 서울 북방에서 지프를 타고 앞차를 추월해 가다가 마주 오는 국군 제6사단 트럭과 충돌하여 순직했다.

워커힐호텔을 만든 배경도 간단치 않다. 1961년 7월, 김종필 중앙정보부장은 멜로이 유엔군사령관으로부터 "한국에 적당한 미군 위락시설이 없어 연간 3만여 명의 미군이 일본으로 휴가를 간다"는 말을 들었다고 한다. 그래서 주한 미군 대상 위락시설로서 박정희 국가재건최고회의 의장의 재가를 받아 '동양의 라스베이거스'로 만든다는 계획으로 호텔의 건립을 추진해, 1963년에 준공시켰다. 지금 워커힐호텔은 한강변의 랜드 마크다.

名)이 새겨져 있다.

성벽의 높이는 외부에서 보면 평균 10m 정도이며, 내부에서 1.2m 정도이다. 성 밖으로 광나루에 이르기까지의 사이에는 좌우 양쪽의 지형을 이용해 흙을 깎아 내어 성벽을 대신한 흔적들이 남아 있다.

아차산 일대에는 20여 개의 고구려 보루가 발굴되었다. 한강변을 따라 펼쳐진 낮은 봉우리에는 비교적 규모가 작은 보루, 아차산성 위쪽으로는 그보다 규모가 큰 보루들이 배치되어 있다. 발굴조사에 의하면 광진구 구의동(九宜洞) 보루는 10여 명, 아차산 제4보루는 100여 명이 주둔했던 규모이다.

아차산 보루에서는 성벽, 건물터, 온돌자리, 디딜방아터가 발굴되었다. 아차산성에서는 고구려의 성벽, 건물터, 연못터, 동문(東門)터 등이 확인되었다. 아차산 일대에서는 모두 3000여 점의 고구려 토기와 철기류가 출토되었다.

아차산성에서 내려와 점심을 먹으러 워커힐호텔 후문 부근에 있는 대중음식점 명월관(明月館)에 들렀다. 명월관 창가에 앉아서도 한강 너머 풍납토성과 몽촌토성을 관망할 수 있다.

3

위례성(慰禮城)시대의
백제

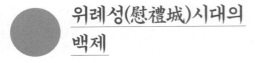

위례성(慰禮城)시대의 백제

백제의 건국과 성장

백제는 고구려 지역에서 남쪽으로 내려온 온조(溫祚) 세력이 한강 본류 (하류)의 토착 세력과 연합하여 세운 나라다(기원전 18년). 백제가 수도 로 삼은 하남위례성(河南慰禮城)은 서 해를 통해 중국과 교류하기 편리하였 으며, 한강을 통해 내륙으로 연결되는 교통의 요지였다.

우연의 일치일까? 하남위례성으로 비정(比定)되는 풍납토성의 항공사진

풍납토성의 위성사진(2002년).
해양왕국 백제의 도성답게 한강 하류 → 서해를 향한
선박의 모습을 이루고 있다.

을 보면 고대(古代) 선박이 서해바다를 향해 이제 막 떠나가려는 듯한 모습이다. 백제는 사방 10여 리 정도의 주변 성읍(城邑)국가를 하나씩 또 하나씩 정복해 가면서 점차 영토국가로 성장했다.

3세기에 52년간 재위(234~285)한 백제 고이왕은 마한(馬韓)의 중심 국이었던 목지국(目支國)을 제압했다. 또한 좌평(관등 제1위) 등 관직 체계를 갖추고 통치 조직을 정비하여 고대국가로 발전할 수 있는 토대를 마련했다. 그뿐만 아니라 백제는 적극적인 해상 교역을 통해 선진 문물을 수용하고, 이를 바탕으로 주변 세력에 대한 영향력 또는 지배력을 강화하여 나간다.

하수도 시설을 갖췄던 풍납토성

아차산 답사일정을 끝낸 필자는 광진교(廣津橋) 바로 하류에 위치한 천호대교(千戶大橋)를 건너 풍납토성의 북벽(北壁: 길이 약 300m) 바로 앞에 도착했다. 1980년대 초반만 해도 아이들이 토성 위에 올라가서 놀기도 했지만, 이제는 울타리를 쳐서 출입을 막고 있다.

2007년 4월4일 오후 2시, 풍납토성 북벽 앞에서 당시 한성백제박물관 건립추진 전문위원이던 김기섭(金起燮) 교수와 만났다. 金 교수는 2012년에 개관한 한성백제박물관의 전시기획팀장 등을 거쳐 현재 공주대학교 백제연구소의 연구교수로 재직 중이다. 필자와는 10여 년 전에 중국 광서성(廣西省) 소재 백제향(百濟鄕)과 일본 규슈(九州)의 무녕왕 탄생지(加唐島·가카라지마) 등 백제의 해외거점을 함께 둘러본 '답사동지'이다.

일제시대 촬영된 풍납토성과 해자의 모습. 지금은 천호동의 중심가인 43번 국도로 변해있다.

일제시대에 촬영된 풍납토성 북벽 일대의 사진을 보면, 풍납토성의 위용을 느낄 수 있다. 이 사진의 풍납토성 북벽 앞에는 상당한 폭의 샛강이 흐르고 있다. 김기섭 교수는 "이것은 자연하천이 아니라 풍납토성의 방어를 위해 판 해자(垓字)"라고 말했다. 해자란 성 주위에 둘러 판 방어용 못이다. 다음은 필자와 김기섭 교수의 문답이다.

ㅡ나의 대학시절이었던 1967년 어느 봄날, 워커힐호텔 아래에서 나무다리였던 광진교(당시 천호대교는 없었음)를 건너 풍납토성 근처의 친구집에 놀러온 적이 있는데, 그때 이 부근에서 이렇게 넓은 샛강(해자)을 보지 못했습니다. 지금의 천호동 사거리 일대는 당시엔 온통 논이었고, 친구 집 외양간에는 황소가 '음매에~' 하고 울고 있었어요.

"일제시대에 이 해자의 폭은 40~50m 정도였을 것으로 보이는데, 鄭위원이 1960년대 말 여기에 왔을 때는 실개천으로 변해 있었던 겁니다. 그런데 이 사진에 보이는 풍납토성 북벽을 보십시오. 우람하잖아요? 해자를 만들면서 파낸 흙으로 풍납토성의 북벽을 축조했을 겁니다."

현재, 북벽 앞 해자는 매립되어 천호동 중심가를 관통하는 43번 국도로 변해 있고, 도로변에는 현대백화점, 이마트 등 고층건물이 즐비하다.

풍납토성은 한강변에 쌓은 평지성(平地城)으로, 원래는 둘레가 3.5km 정도였지만, 1925년(을축년) 한강이 큰 홍수로 일부가 유실되어 성벽은 지금 약 2.7km만 남아 있다. 현재, 풍납토성 내부의 주민은 4만여 명, 그 안에 초등학교만 해도 두 개나 들어가 있다.

"유물은 모두 한성백제 당시의 최고급품이었습니다. 금반지·백동거울·옥구슬과 같은 귀중품뿐만 아니라 흙을 구워 만든 초석, 삼족토기(三足土器), 하수관용(用)으로 사용되었던 토관(土管), 바닥에 까는 벽돌, 얇고 큰 기와 등 당시 최상류 계급만 쓸 수 있었던 유물들이 많이 발견되었어요. 청동 초두(鐎斗), 동전무늬 토기와 청자 등 중국에서 들여온 물건도 많았습니다. 풍납토성의 20분의 1 정도만 발굴 조사한 현재, 이곳에서 출토 보관 중인 유물만 수만 점에 이르고 있어요."

초두란 약이나 차를 끓이는 데 사용되는 자루가 달린 작은 솥을 말한다. 특히, 한성백제의 높은 문화 수준을 말해 주는 결정적인 유물은 토관(土管)이다.

"풍납토성에서 출토된 토관은 1600여 년 전 풍납토성 안에 하수시설

풍납토성에서 출토된 토관(土管, 위)과 수키와(아래 왼쪽), 초두(아래 오른쪽). 하수도용 토관은 한성백제의 높은 문화 수준을 나타내는 결정적 유물이다.

이 있었음을 입증하는 유물입니다. 고대에 하수관과 같은 위생시설을 만들려면 많은 인력과 기술자를 동원해야 했습니다. 당시 이만한 경제력과 기술력을 동원할 수 있는 사람은 백제 왕과 그 주변 극소수 지배층이었을 겁니다. 풍납토성의 토관은 4~5세기 무렵 백제 왕도의 정연한 도시구획을 보여주는 유물이죠."

국민학교 1~3학년 때(1950년대 초반)의 필자는 하수처리시설을 갖추지 못한 시골 동네에서 살았다. 풍납토성에서 출토된 토관은 지름 15cm, 길이 30cm다. 필요에 따라 몇 백 개라도 연결할 수 있는 구조이다.

아파트 건설현장에서 고고학자의 출입을 막았던 내막

金 교수와 필자는 풍납토성 북벽(北壁)을 돌아 자동차 두 대가 교차하기도 어려운 주택가의 골목길로 들어섰다. 동벽(東壁)을 바라보며 100여m쯤 내려갔던 지점이다. 여기서 동벽은 끊겨 버리고, 재래시장이 들어서 있다. 미로(迷路) 같은 주택가 골목길을 헤매다 보니 동벽의 군데군데가 허물어지고 풍납로(路)를 향한 좁은 도로가 나 있다.

"주민들이 동벽 위에다 집을 짓고 파밭을 일구며 살았습니다. 일제시대 이래 1960년대까지 풍납토성 안에는 흙벽돌 공장도 여러 개 있었어요. 성벽의 흙으로 흙벽돌을 찍어 냈던 거지요. 천호동 현대백화점→영파(英坡)여중고→풍납동 극동아파트 앞으로 이어지는 풍납路(현재 땅밑으로 8호선 지하철이 지나가는 도로)는 한성백제 당시엔 폭 30~40m의 해자였습니다. 이 해자를 축조하면서 퍼낸 모래흙으로 동벽 1.5km를 쌓았던 것으로 보입니다."

한강변 쪽의 서벽은 홍수 등으로 크게 훼손되고 일부만 남아 있는 상태다. 서벽 끝 가까이에는 현재 '아산병원 패밀리타운'이라는 아파트단지가 들어서 있다.

풍납토성 내 풍납동 231-3 현대아파트 신축공사 터파기 현장(1997년 1월3일). 문화재급 백제토기가 많이 출토되어 공사가 일시 중단되기도 했다.

"풍납토성은 1966년 서울大 고고학과 김원룡(金元龍) 교수가 학생들을 데리고 와서 실습 수준의 조사를 했습니다. 그때 몇 군데를 파고는 아무것도 나오지 않자 조사를 계속하지 않았어요."

—1976~1978년에는 풍납토성 북벽이 현재처럼 정비되었는데, 무엇을 근거로 했던 것입니까.

"제대로 조사하지 않고 그냥 복원해 '사적 11호'로 지정한 것입니다. 성벽 높이가 7~9m, 성벽 밑 부분 폭은 20~30m쯤 되겠다고 어림짐작해 현재의 모습으로 정비된 것입니다."

—백제 사람들은 이렇게 단단한 풍납토성을 어떤 공법으로 쌓았을까요.

"판축법(版築法)을 사용했죠. 땅을 평평하게 고른 다음 일정 구간마다 나무판자를 세우고 기둥으로 고정시킨 뒤 일정한 두께로 흙을 다져 넣어 쌓은 평지 토성입니다. 성벽 아래쪽에는 뻘흙을 깔아 방수 기능을 높였으며, 연약지반에는 나뭇가지와 나뭇잎을 깔아 지진에도 잘 견디게 했습니다. 동남쪽 성벽 안에서 4세기 초에 만든 기와 조각이 출토되었으므로 동남쪽 성벽은 4세기 이후에 쌓은 것으로 보입니다."

판축법은 원래 고대 중국에서 토성을 쌓을 때 사용한 토목방법이다. 흙을 한 겹씩 다져쌓기 때문에 완성된 성벽 단면을 보면 시루떡 단면을 닮았다. 판축법으로 쌓은 토성은 돌로 쌓은 석성(石城)만큼이나 단단하고 견고하다.

그 후 조사에서 풍납토성의 성벽 높이는 9~11m, 성벽 밑 부분 폭은 43~45m인 것으로 밝혀졌다. 우리는 다시 풍납路로 나와 풍납동 현대아파트 앞을 지났다.

"1996년, 저 풍납동 현대아파트를 지으면서 시공사 측에서 울타리를 높이 치고 역사학자나 고고학자의 출입을 막았어요. 그때 상문대학교 이형구(李亨求) 교수가 백제문화개발연구원의 조사 의뢰를 받아 공사현장에 들어가려고 했지만, 경비원들에게 저지당했습니다. 李 교수는 경비가 조금 느슨해진 1997년 신정 연휴기간에 지질학자를 '사칭하고' 공사현장에 들어갔다가 깜짝 놀라고 말았습니다."

-왜요?

"공사현장의 땅을 4~5m쯤 파놓았는데, 한성백제 시절의 토기가 고스란히 남아 있었고, 그중 몇 개는 문화재급이었기 때문이죠. 李 교수가

1997년 풍납동 현대아파트 건설현장에서 이형구 교수가 발견한 한성백제 시대의 토기.

즉각 문화재청에 신고해 아파트 건설공사가 일시 중단되었습니다."

잠실은 원래 섬이었다

−그렇다면 한성백제의 사람들은 지금보다 4~5m 아래에 주거공간을 형성하고 있었군요.

"그래요. 한성백제 사람들은 지금 우리보다 4~5m 아래의 땅을 밟고 살았던 거죠. 성벽을 쌓기 전의 주거공간은 세 겹의 환호(環濠)로 둘러싸여 있었습니다."

환호는 일정 공간 주변에 도랑을 파서 돌린 시설로서, 공간을 분리시켜 경계 짓는 방식 중 하나이다. 풍납토성 동쪽 벽의 안쪽에서는 3중 환

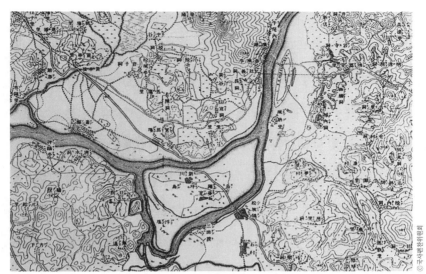

일제시대 조선토지조사국이 측량한 송파구 일대 지형지도(1926). 지도상의 섬은 지금의 잠실이다.

풍납토성 동벽 바깥에서 발견된
한성백제 시대의 목재 우물.

호가 발견되었다. 환호 안에서 3세
기 중엽의 토기들이 출토되었다.

－한강의 물줄기나 한강변의 지
형도 세월이 흐르면서 많이 달라지
는 것 같습니다. 옛 지도를 보면 한
강에는 지금보다 훨씬 하중도(河中
島)가 많더군요.

"지금의 잠실(蠶室)도 하중도였

습니다. 조선조 중종(中宗) 때의 지도를 보면 성내천(城內川)→석촌호수(잠실 롯데월드 앞)→탄천(炭川)을 잇는 선으로 한강 본류가 흘렀어요. 지금의 광진구 구의동~송파구 잠실 5단지아파트 사이로 흐르는 한강본류가 당시엔 지류(支流)였죠. 당시 송파나루는 석촌호수변에 있었어요. 지금 송파대로(3번국도)를 사이에 두고 2개의 호수로 나누어놓은 석촌호수는 그때의 흔적입니다. 1970년대의 개발에 의해 잠실은 섬이 아니라 완전히 뭍으로 변한 거예요."

"연 동원인원 200만 명이 쌓았던 풍납토성"

풍납토성은 송파구 풍납동에 위치한 토성으로서 지금은 2.5km 구간만 남아있지만, 원래 전체 둘레는 발굴조사 결과 약 3.5km로 드러났다. 한강변 평지에 쌓은 성벽의 윤곽은 하늘에서 내려다보면 마치 옛날의 선박처럼 생겼다. 성벽의 아랫변 너비는 43m, 높이는 12m로 추정되는데, 성벽의 윗변 너비를 15m를 가정하면 고대의 작업방식으로는 연(延) 200만 명이 동원되어 축조했을 것으로 추정되었다.

1925년 을축(乙丑) 대홍수가 났을 때 중국제 초두(鐎斗: 손잡이가 달린 작은 청동 솥)를 비롯한 고급 유물이 출토되어 주목을 받기도 했다. 이 무렵 일본인 학자 아유가이 후사노신(鮎貝房之進)은 처음으로 풍납토성을 하남위례성(河南慰禮城)이라고 주장했다.

풍납토성은 천호대교와 올림픽대교 사이의 한강 남안에 위치하는데, 그 넓이만 84만m²에 달한다. 백제는 이곳에 왕궁과 왕실 조상을 모신 시조 묘, 각종 관청, 지배층의 대저택, 그리고 시장과 주민들의 집을 지었다.

풍납토성 경당(慶堂)지구에서는 종교적 성격이 강한 대규모 건물터가 발굴되었다. 이 건물은 바닥에 목탄을 깔았고, 사방을 도랑으로 둘렀다. 내부는 깨끗이 청소된 '呂'(여) 자 모양의 건물로서 역대 왕의 신주를 모신 제사 시설로 보인다.

초기의 주거지는 정사각형이나 직사각형 평면에 출입시설이 붙어 몸(여)자형이나 凸(철)자형이었다. 이후 주거지 정면은 오각형 또는 육각형으로 변했다. 1997년 1월1일 풍납동

—강동구 성내동(城內洞)은 송파구의 풍납토성과 몽촌토성의 바깥쪽에 위치해 있는데, 왜 '성 안 동네'라는 뜻의 이름이 붙었던 걸까요.

"성내동이 풍납토성·몽촌토성과 도로 하나 사이를 두고 안쪽에 있어 그리 불린 것 같습니다. 지금의 강동구인 길동(吉洞)은 물론, 선사(先史) 주거지가 있는 암사동(岩寺洞)에서도 백제시대의 주거지 유적이 발굴되었습니다. 그러니까 지금의 송파구는 물론 강동구도 한성백제의 수도권인 것입니다."

풍납토성 전경. 한강 북쪽에 있는 산이 아차산이며, 한강 아래쪽 고대 선박 모양의 토성이 백제의 왕성이었던 풍납토성이다.

231~3번지 일대의 현대아파트 터파기 공사현장에서 '풍납토성=하남위례성'임이 입증되었다. 그 현장을 처음 발견한 이형구 교수는 다음과 같이 말했다.

"풍납토성은 〈삼국사기〉에서 지적한 것처럼 검소하되 누추하지 않고, 화려하되 사치하지 않은 많은 건물들로 형성되었습니다. 해자를 파낸 흙으로 성벽을 쌓아올렸겠지만, 갯벌 흙과 황토는 상당히 먼 곳에서 운반해와 수십 층을 쌓은 엄청난 대역사였습니다. 이런 축성은 왕성을 상정하지 않고는 불가능한 일이에요. 초기 백제의 국력이 총동원되다시피 한 것입니다."

– 성내동엔 어떤 유물이 발견되고 있습니까.

"풍납토성 바깥 성내동(城內洞)에서 목재로 짠 우물이 발굴되었습니다. 땅 속 120cm에 묻혔고, 땅 위로 60~70cm가 표출된 모습이었습니다. 나무로 된 우물을 짰다면 상당히 유복한 사람들이 살았던 것을 의미하죠."

몽촌토성은 근초고왕 때 건설한 남쪽 왕성(王城)

풍납토성 답사를 마친 金 교수와 필자는 성내천변을 걷다가 북1문을 통과해 올림픽공원 안으로 들어갔다. 북1문에서 몽촌토성으로 가는 통로변에 위치한 몽촌역사관은 선사시대와 백제시대 문화의 대표적 유물과 유적을 한눈에 볼 수 있도록 압축해놓은 곳이다.

몽촌역사관 입구에 들어서니 아이들도 이해하기 쉽게 만들어 놓은 박물관이라는 느낌이 왔다. 암사동(강동구), 명일동(강동구), 역삼동(강남구 도곡동) 등 한강유역의 선사시대와 한성백제시대의 움집자리와 고분의 모형이 눈길을 끈다. 빙 둘러 전시된 갖가지 토기와 숫돌, 그물추 등이 그 당시 삶의 모습을 보여준다.

몽촌역사관은 한강유역의 선사시대와 한성백제의 유적모형 및 유물을 한곳에 모아 전시함으로써 서울이 2000년의 고도(古都)의 역사적 중심지였음을 설명하려는 목적으로 1992년 1월 개관했다. 올림픽공원의 안과 밖을 교차해가며 흐르는 성내천(城內川)은 몽촌토성의 해자였다. 요즘 해자 안에는 온갖 종류의 새와 수초들이 서식하고 있다. 몽촌토성

몽촌토성 산책로 옆에 재현되어 있는 한성백제 시기의 주거지 모형.

북쪽 입구에 이르렀다.

"몽촌토성은 백제 한성시대의 왕성입니다. 지금은 주변 지형이 바뀐 탓에 마치 평지성처럼 보이지만, 원래는 남한산에서 뻗어 내려온 낮은 구릉의 끝부분에 쌓은 산성(山城)인 것입니다."

—백제의 하남위례성(河南慰禮城)과 한성(漢城)은 어떤 관계입니까.

"백제의 첫 왕성은 하남위례성입니다. 그러나 371년에 근초고왕(近肖古王)이 도읍을 한산(漢山)으로 옮긴 뒤 한성(漢城)이라는 이름이 자리 잡았습니다. 한산은 지금의 남한산이며, 몽촌토성도 그 능선의 일부에 해당됩니다. 외적이 침입했을 때 왕이 도성을 나와 산성에서 지키는 기존의 방어체제와는 달리, 산성인 한성은 그 자체로 군사적 기능이 컸습니다. 특히 몽촌토성은 왕궁과 관청, 왕실 직속 군대 등이 주둔하는 왕성이자 비상시 피난처였을 것입니다."

－金 교수께선 〈삼국사기〉 백제본기 개로왕 21년(475) 조(條)에 나오는 '북성(北城)'과 '남성(南城)'을 풍납토성과 몽촌토성으로 보시는데, 이처럼 도성(都城)이 2개의 성으로 구성된 다른 사례가 있습니까.

"특히, 중국 춘추전국(春秋戰國)시대의 도성(都城) 중에는 동－서 혹은 남－북의 두 개 성이 나란히 축조된 사례가 적지 않습니다. 한단고성(邯鄲故城: 趙의 도성), 임치고성(臨淄故城: 齊의 도성), 연하도고성(燕下都故城: 燕의 도성) 등이 대표적 사례입니다."

－한성시대 백제의 패망과 관련한 〈일본서기(日本書紀)〉의 기록을 보면 "고구려가 대성(大城)을 7일 낮밤 동안 공격해 왕성(王城)을 함락하니 마침내 위례(尉禮)를 잃었다"고 되어 있습니다만, 여기서 '大城' '王城' '尉禮'

88서울올림픽을 계기로 발굴된 몽촌토성

몽촌토성의 전체 성벽 둘레는 약 2.4km이고, 성벽 높이는 현재 6~45m이다. 성벽 바깥쪽에 기둥 흔적이 있으며, 동남쪽에서 흘러온 성내천이 동·북·서쪽 성벽을 감싸고 돌아 해자의 역할을 한다. 성벽 바깥 동북쪽 작은 구릉에는 둘레 270m 정도의 목책 보루가 따로 있었던 것으로 추정된다.

전두환 정부는 88서울올림픽 개최를 앞둔 1983년, 몽촌토성이 위치한 송파구 방이동 일대에 올림픽공원을 건설하기로 결정했다. 이때 이미 몽촌토성을 한성백제의 왕성(王城)으로 지목하고 있던 이기백(李基白·故人) 교수 등 학자들은 "문화재가 소실될 우려가 있다"면서 "왕성(王城)인지 조사해 보자"고 제의했다.

발굴조사 결과 몽촌토성 안에는 각종 집자리, 저장구덩이, 연못이 발견되었다. 또 금동(金銅) 대금구(버클), 뼈 조각으로 만든 갑옷, 기대(器臺), 중국에서 수입한 토기 등 7000여 점의 유물이 발굴되어 몽촌토성의 중요성이 세상에 알려지게 되었다.

는 무엇을 의미합니까.

"大城은 풍납토성, 곧 북성(北城)이고, 몽촌토성은 그와 연계된 남성(南城)이며 王城입니다. 尉禮, 즉 하남위례성(河南慰禮城)은 북성과 남성의 합칭(合稱)으로 봅니다. 이형구(李亨求) 교수는 '풍납토성이 한성백제의 王城이며, 몽촌토성은 유사시를 대비한 산성(山城)으로서 군성(軍城)'이라고 주장하고 있습니다."

－ 풍납토성이 있는데, 몽촌토성을 또 쌓은 이유가 무엇이라고 봅니까.

"北城의 인구 증가 또는 국방上의 이유로 南城을 지어 또 하나의 왕궁(王宮)을 두었을 가능성이 높습니다. 일제시대에 촬영된 사진을 보면 몽촌토성은 남한산(南漢山)의 지맥과 이어져 있어요. 외적이 일단 한강을 도하(渡河)하면 낮은 지대에 위치한 풍납토성보다는 남한산과 이어진 몽촌토성이 방어에 유리한 지형입니다. 특히 풍납동 등의 한강변은 홍수 취약지역이었기 때문에 지대가 높은 왕성을 새로 축조할 필요가 있었겠지요."

지금도 송파동 근린공원 입구에는 '을축년 대홍수 기념비'가 세워져 있다. 을축년 대홍수는 1925년 지금의 송파구 풍납동과 강동구 암사동을 비롯한 한강변 동네에 미증유의 홍수피해를 기록하게 했다(60쪽 박스 기사 참조). 필자는 1984년, 1990년, 1993년의 홍수 때 풍납동 일대를 체험했다. 특히 1984년 풍납동 홍수 때 필자(당시 월간경향 기자)는 조갑제 월간조선 기자(현재 조갑제닷컴 대표)와 함께 잠실나루역 뒤편 성내천 제방 위에 올라가 현장을 관찰했는데, 수중고도(水中孤島)가 된 고층아파트의 2층 바닥에까지 강물이 찰랑거렸다.

그 후 배수(排水)시설을 보강함으로써 이곳에서 더 이상의 홍수는 발생하지 않았다. 어떻든 고대(古代)의 잦은 홍수가 한강변의 하남위례성(풍납동 풍납토성)을 놔두고 남한산 자락에 남성(南城: 방이동 몽촌토성)을 새로 건설했던 이유 중 하나일 것으로 추정되는 것이다.

필자는 김기섭 교수와 헤어져 혼자 몽촌토성 성벽 위로 올랐다. 안내판에는 '몽촌토성 산책로 2340m'라고 쓰여 있다. 몽촌토성의 성벽 위 '산책로'는 시멘트로 포장되어 있다. 올림픽공원관리공단은 몽촌토성을 사적(史蹟)이라기보다 '올림픽공원의 일부'로 보기 때문인 것 같다. 성벽의 '산책로'를 300m쯤 걸었는데, 벌써 날이 어두워졌다. 몽촌토성 답사는 다음날인 4월4일 오전에 계속된다.

을축 대홍수로 발견된 풍납토성과 암사동 선사 유적지

1925년 여름 네 차례에 걸친 홍수로 전국에서 647명이 사망하고, 6000여 채의 가옥이 유실, 1만 7000여 호 붕괴, 4만 6000여 호 침수. 엄청난 논밭 유실 등으로 피해액이 무려 1억 300만 원에 달했다. 이는 당시 조선총독부 1년 예산의 58%에 달하는 금액이었다. 하루 300mm 이상의 강우에 의한 홍수로 지금의 송파구 일대가 침수되긴 했지만, 이로써 풍납동의 풍납토성과 암사동 선사주거지가 발견되었다.

을축년 대홍수의 영향으로 잠실섬 주변의 한강 흐름이 바뀌어 한강 본류가 잠실섬 남쪽의 송파강에서 북쪽의 신천으로 바뀐다. 이로 인해 송파강을 이용해 먹고 살았던 송파나루(당시 광주군 중대면)가 쇠퇴해버렸다. 또 잠실(蠶室) 일대의 양잠도 홍수로 뽕밭이 다 떠내려가고 토양이 척박해짐으로써 쇠퇴해버렸다. 양잠으로 번성했던 잠실·신천과 송파나루 일대는 1971년 잠실택지지구 개발 때까지 약 50년간 잊혀진 땅 취급을 받았다.

4

한성백제의
전성시대

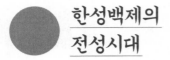

한성백제의 전성시대

몽촌토성에 오르면 서울 2000년의 역사지층과 만난다

몽촌토성에 오르면 2000년 역사의 지층(地層)과 만날 수 있다. 이곳은 한성백제(漢城百濟)의 왕성(王城)인 동시에 핵심적인 관방(關防)이었으며, 그 후엔 한반도 최강의 지배세력이 번갈아가며 차지했던 전략적 요충이었다. 몽촌토성의 능선에 오르면 어느덧 우리 역사와 오늘을 사는 사람의 혈맥이 하나로 이어지는 듯한 진한 감동을 느낄 수 있다.

한강의 지류 성내천(城內川)이 휘감고 돌아가는 몽촌토성은 그리 높지 않다. 제일 높은 곳이라고 해봐야 해발 45m다. 그런데도 여기선 서울 2000년의 젖줄인 한강, 그리고 한강 남안(南岸)에 버티고 있는 풍납토성(風納土城)이 고함치면 응답할 만큼 가깝다.

몽촌토성의 남쪽으로는 남한산(南漢山)이 우뚝 솟아 있다. 우리 삼국시대의 남한산성은 풍납토성과 몽촌토성의 뒤를 받쳐 주는 한성(漢城)

최후의 요새였다. 조선왕조 시대에도 그러했다. 1636년 12월, 병자호란 (丙子胡亂)이 일어나자 남한산성에서 청군(淸軍)을 막으려고 서울을 빠져나온 인조(仁祖) 일행은 몽촌토성에 잠시 들러 쉬어 갔다.

백제(百濟)의 도읍지라고 하면 흔히 공주(公州)나 부여(扶餘)를 연상한다. 하지만 백제가 제일 오랫동안 도읍한 곳은 지금의 서울 송파구·강동구 지역이다. 백제시대 678년의 전(全)기간 중 漢城백제가 493년, 웅진(熊津: 공주)백제가 63년, 사비(충남 부여)백제가 122년 동안 존속했다.

몽촌토성 전경. 한성백제 전성기 하남위례성의 남성(南城)이라는 것이 학계의 다수설이다.

ⓒ문화재청

백제의 건국

송파구에는 백제시대의 고분들이 널리 분포되어 있다. 그 대표적인 것이 석촌동(石村洞)의 초기 백제 고분군이다. 이곳 적석총(積石塚)은 만주 집안(集安: 고구려 古都)에 있는 장군총(將軍塚)과 쌍둥이처럼 비슷하지만 바닥면적은 오히려 더 크다. 묘의 크기는 어떻든 한 민족 집단의 묘제(墓制)는 그리 쉽게 변하는 것이 아니다.

〈삼국사기〉를 보면 고구려 시조 동명왕(東明王)의 아들인 비류(沸流)·온조(溫祚) 형제는 왕위(王位) 계승 경쟁에서 밀려나 여러 사람들을 데리고 남쪽으로 내려와, 한산(漢山)의 부아악(負兒嶽: 지금의 북한산으로 비정됨)에 올라 새로운 터전을 물색했다. 여기서 형 비류는 미추홀(彌鄒忽: 지금의 인천)로 가고, 아우 온조는 위례성(慰禮城)에 도읍하여 백제를 건설했다. 위례성이란 나무울타리를 치고 흙을 쌓아 만든 성읍이란 뜻이다. 기원전 18년의 일이었다. 위에서 나오는 한산, 부아악 등은 서울의 강북지역이며, 위례성은 풍납토성으로 추정된다.

백제의 전성시대는 근초고왕(近肖古王: 346~375) 때였다. 371년, 근초고왕은 평양성을 공격하여 고구려의 고국원왕(故國原王)을 패사(敗死)시켰다. 다음은 〈삼국사기〉 근초고왕 26년(371) 조의 기록이다.

〈고구려가 군사를 일으켜 쳐들어오므로 왕(근초고왕)이 군사를 패하(浿河: 대동강) 주위에 잠복시켰다가 그들이 이르기를 기다려 급히 치니 고구려 군사가 패배하였다. 겨울에 왕이 태자(후일의 근구수왕)와 함께 정병 3만을 거느리고 고구려를 침략하여 평양성을 공격하였다. 고구려 왕 사유(斯由: 고국원왕)가 힘껏 싸워 막다가 유시(流矢)에 맞아 죽으므로, 왕이 군사를 이끌고 돌아왔다. 도읍을 한산(漢山)으로 옮겼다.〉

위의 기사를 통해 근초고왕이 평양전투의 승전 직후(371년)에 도읍을 한산(漢山)으로 옮긴 것을 알 수 있다. 이후 한성(漢城)이라는 이름이 사서에 자리 잡기 시작하는데, 이때의 한산은 지금의 남한산이며 그 능선의 자락에 자리한 몽촌토성이 한성(漢城)이었음은 앞에서 거론했다.

해양·문화강국 백제

근초고왕은 371년 고구려에 승전함으로써 황해도 일대를 장악하였고 남쪽으로는 남해안까지 세력범위를 넓혔다. 동진(東晉)과 왜(倭)와 교류, 동(東)아시아 교역망의 중심축 역할을 하며 백제를 문화강국으로 성장시켰다. 몽촌토성에서 출토된 백제의 대외교역품은 동진(東晉)에서 만든 허리띠꾸미개, 일본열도에서 제작된 경질 토기인 스에키(須惠器) 등이다.

5~6세기에 편찬된 중국의 사서인 〈송서(宋書)〉, 〈양서(梁書)〉에는 백제가 중국의 요서(遼西) 지방을 경략했다는 기사가 있다. 백제의 요서 경략에 대해 학계에서는 긍정론과 부정론이 맞서 있지만, 후대 사서에 기록될 정도로 4세기 당시 한성백제의 해상 활동이 활발했다는 것을 짐작할 수 있다.

몽촌토성에서는 백제인의 일상생활을 알려주는 다양한 흔적이 발굴되었다. 집자리의 부뚜막은 물과 음식을 끓이고 조리하는 시설로서 돌과 흙으로 만들었는데, 앞부분에는 불을 지피는 아궁이가 있고, 위에는 솥이나 계란 모양의 토기를 걸어두는 구멍이 있다.

몽촌토성에서 나온 유물 중에는 토기가 가장 많으며, 대개 4~5세기에 제작된 회색 연질 또는 회청색 경질 토기이다. 그 중 세 개의 발이 달린 세발토기는 중국의 영향을 받아 만든 것으로, 모양과 크기 등이 다양하고 출토 수량이 많아 백제를 대표하는 토기로 손꼽힌다. 도가니, 가위, 집게 등은 수공업 공방의 흔적으로서 기술과 물산이 풍족했던 왕도의 모습을 짐작하게 한다.

백제의 세자가 왜왕에게 보낸 칠지도(七支刀)

4세기 초부터 백제와 고구려는 황해의 해상권을 놓고 경쟁을 벌였다. 고대(古代)에는 해로를 통한 교역이 육로에 비해 수송 규모와 속도에서 뛰어나 문물 교류와 국가 발전에 중요한 역할을 했다. 백제 근초고왕은 마한(馬韓) 지역으로 진출하고, 가야를 압박하여 한반도 남해안의 해로를 장악했다.

또 근고초왕의 한성백제는 황해도 일대를 차지하여 고구려의 간섭을 배제하고 백령도~중국 산동반도로 이어지는 황해 직선항로를 장악해 해상강국으로 성장했다. 그러면 전성기 한성백제의 국위는 어떠했을까?

일본 나라현(奈良縣) 텐리시(天理市)의 이소노가미신궁(石上神宮)에는 고대 백제와 왜의 관계를 잘 보여주는 귀중한 칼 하나가 있다. 이것

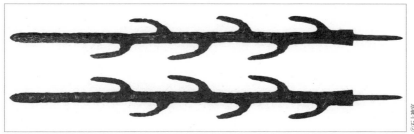

백제 근초고왕의 세자가 왜왕(倭王)에게 선물한 칠지도. 여섯 가지와 가운데 날을 합하여 칠지도라 하며 앞과 뒤에는 금으로 상감된 명문이 새겨져 있다.

은 가운데 날이 하나 있고, 그 좌우로 가지가 세 개씩 뻗어 있어 칠지도(七支刀)라고 한다.

이 칼에 대해 과거에 왜가 한반도를 정복하였고, 그 증거자료로 백제왕이 왜왕에게 이 칼을 바친 것이라고 왜곡하는 일본 학자들도 있다. 그러나 칠지도에 새겨진 문장을 살펴보면 이러한 주장은 잘못되었다는 것이 대번에 드러난다. 칠지도 앞면과 뒷면에 금실(金絲)로 새겨 넣은 60여 자는 다음과 같다.

앞면: 泰和四年五月十六日丙午正陽 造百練鐵七支刀 生辟百兵 (宜)供供侯王 ○作

태화 4년 5월16일 병오 정오에 백번 단련한 철로 칠지도를 만들었는데, (이 칼은) 온갖 병란 물리칠 수 있게 한다. 마땅히 후왕에게 드린다. ○○○이 만들었다.

뒷면: 先世以來 未有此刀 百濟王世子奇生聖音 故倭王旨造 傳示後世

선대(先代) 이래 이런 칼은 없었다. 백제 왕세자 기(奇)가 성음(백제 임금의 명)에 따라 왜왕 지(旨)를 위해 만들었다. 후세에 전하여 보이라.

위의 명문(銘文)에 따르면 백제는 태화 4년(369: 근초고왕 24년)에 왕세자가 칠지도를 만들어서 왜왕(倭王)에게 주었다는 것, 왜왕의 이름은 지(旨)라는 것, 이 칼은 백병(많은 적)을 물리칠 수 있는 신비한 힘을 가진 영물(靈物)이라는 것, 100번을 담금질하여 만든 명검이라는 것 등을 알 수 있다.

일본말로 '구다라(くだら)'는 백제이고 '나이(ない)'는 없다는 뜻이다. 그런데 "구다라 나이"라고 하면 "백제가 없다"는 뜻이 아니라 백제 것이 아니기 때문에 "시시하다" "하찮다"는 뜻이다. 이렇듯 고대 일본인에게 백제는 문화선진국이었고, 백제의 물건은 고급품의 대명사였다는 얘기다.

이 칠지도의 명문에는 왜왕을 후왕(侯王)으로 표현하고 있다. 이는 백제왕이 왜왕을 제후로 인식하는 백제 중심의 천하관(天下觀)을 보여준다. 또 이 칠지도를 왜왕에게 전해준 주체는 왕세자였다. 이 또한 백제왕이 왜왕보다 높은 위치에 있는 대왕임을 과시한 것이다.

태화(太和) 4년은 동진(東晉) 폐제 혁(廢帝 奕)의 재위 4년 되던 해인 서기 369년을 말한다. 중국의 강남(江南)으로 쫓겨간 한족(漢族) 정권인 동진(東晉)은 중원(中原)을 차지한 티베트系 저족(氐族)의 정복왕조인 전진(前秦)에 눌려 지내는 군사적 약체였지만, 문화적으로는 선진국이었다.

이 시기가 중국사에서 말하는 오호십육국(五胡十六國) 시대였다(최근

12개국의 사신을 그린 양직공도. 가장 왼쪽이 백제 사신이다.

중국에서는 五胡를 빼고 그냥 '十六國시대'로 고쳐 부름). 즉, 양자강 이북의 중원에서는 흉노(匈奴)·선비(鮮卑) 등 다섯 오랑캐의 16국이 명멸(明滅)하면서 패권을 다투었고, 강남에서는 동진(東晉)에 이어 송(宋)·제(齊)·양(梁)·진(陳) 등 남조(南朝)의 단명(短命)왕조가 들어섰다. 백제는 근초고왕 시대로부터 한반도 동남부의 가야 제국(諸國) 및 바다 건너 왜국과 동맹을 맺어 남하하려는 고구려에 대항해 왔다. 이와 같은 백제의 연립정책은 그 후에도 기본적인 외교방침이 되었다.

이런 국제상황에서 동진을 비롯한 남조(南朝) 정권에 백제·고구려·왜 등 동아시아 국가들이 조공(朝貢)을 바치고 그 연호(年號)까지 받아 쓴 것은 남조의 앞서간 문화를 배우기 위해서였다. 당시 남조 정권은 왜왕에 대해 백제왕보다 항상 1~2 등급 아래의 장군호(將軍號: 벼슬)를 부여했다. 이것이 결코 우리 민족의 자랑거리가 될 수는 없지만, 당시 백제와 왜국에 대한 국제적 신인도(信認度)의 반영이라고 보아도 차질은 없을 것 같다.

백제인의 의식주

백제가 왜국에 칠지도를 공여한 시기보다 50여 년 후의 얘기지만, 백제의 상류층은 타국인에 비해 옷을 유별나게 잘 입었던 사실이 드러났다. 그것은 그림이 첨부된 기록인 중국의 〈양직공도(梁職貢圖)〉를 보면 대번에 알 수 있다. 〈양직공도〉에 그려진 12개 나라의 사신들 중 백제 사신의 옷차림이 가장 멋지다.

〈양직공도〉는 523~536년 무렵, 중국 남조 양(梁)나라의 무제 소역(武帝 蕭繹)에게 조공하러 온 외국사신의 모습을 묘사한 그림과 함께 그 나라의 풍속 등을 간략하게 기록한 것이다. 그 일부가 소실되어 현재는 백제·왜국 등 12개국의 사신들의 모습만 남았다. 현재 중국 북경시(北京市) 중국국가박물관에 보관되어 있다.

이 그림을 보면 백제 사신의 옷 색깔이 우선 세련된 2차색이다. 머리에는 관을 쓰고 끈을 턱에서 묶었으며, 오른 섶으로 여민 도포를 입고, 검은 가죽신을 신었다. 신의 코끝이 위로 올라가 있는데, 이런 신 모양은 공주와 부여에서 발굴된 금동 신발에도 나타나 백제만의 특징이라 할 수 있다.

백제의 관모인 금동관은 앞에서 보았을 때 반원형 고깔 모양이다. 이 시기에 왜국에서도 금동관을 만들었는데, 백제의 것을 모델로 삼았던 듯하다.

한성시대 백제인들의 먹거리도 매우 다양했다. 풍납토성과 몽촌토성 등지에서 발굴된 곡물로는 쌀·기장·보리·콩·들깨·녹두·팥 등이 있었

몽촌토성에서 출토된 유물. 왼쪽부터 금동버클(길이 4.3cm), 기대(높이 54cm), 뼈갑옷.

땅에서 올라오는 습기를 막기 위해 바닥에 짚이나 짐승 가죽을 깔았고, 집 안에는 화덕을 만들어 불을 피웠다.

그 후 부뚜막이 등장하면서 화덕은 점차 사라지게 되었다. 부뚜막은 풍납토성이나 몽촌토성 안 가옥에는 예외 없이 나타났다. 부뚜막은 돌·토기·진흙 등을 이용하여 아궁이를 만들었는데, 여기에 터널형의 온돌이 이어진 형태로서 조리와 난방을 한꺼번에 할 수 있는 실용적인 시설이었다.

서로 닮은 송파구 석촌동 3호분과 만주 集安의 장군총

한성백제의 왕릉급(級) 무덤이 모여 있는 석촌동고분군(송파구 석촌동 248번지)은 지하철 8호선의 7번 출구로 나와서 보면 터널이 뚫린 구릉의 윗동네에 위치해 있다.

진입로 정면으로 백제 초기 돌무지무덤(적석총) 2호분·4호분·3호분

석촌동 백제고분군의 제3호 돌무지무덤. 백제의 전성기를 개막한 근초고왕의 무덤으로 추정되기도 한다.

이 줄지어 있다. 규모가 가장 큰 3호분은 밑 테두리에 크고 긴 돌을 두르고 3단으로 쌓아올린 기단식(基壇式) 돌무지무덤이다. 만주 집안(集安)에 있는 장군총(광개토왕릉으로 추정됨)에 버금가는 규모로서 동─서 길이 50.86m, 남─북 길이 48.4m, 높이 4.5m 이상이었던 것으로 조사되었다.

돌무지무덤이라는 묘제(墓制)는 백제 시조왕인 온조(溫祚)가 고구려로부터 내려왔다는 역사 기록을 뒷받침해 주는 물적 증거이다. 석촌동 제3호분은 몇 차례의 조사를 통해 묘역 내에서 중국 동진(東晉)시대의 자기(瓷器) 파편과 금으로 만든 목걸이와 팔찌, 그리고 백제 토기의 파편이 수습되었다. 이 무덤은 대체로 4세기 후반에 축조하였을 것으로 추정된다. 학계에서는 이 무덤에 묻힌 주인공을 백제의 전성기를 개막시킨 근초고왕(재위 346~374년)으로 추정한 견해가 널리 인정받고 있다.

원래 서로 이어진 석촌동고분과 가락동고분군은 '한성백제 때 죽은 사람의 공간'이었다. 1916년의 조사에 따르면 그래도 이곳에는 돌무지무덤 23기, 흙무덤 66기 등 모두 89기의 고분이 잔존해 있었다. 지금 석촌동고분군에는 6기의 무덤만 보존되어 있고, 가락시영아파트(현재 고층아파트로 재개발되고 있음)가 들어선 가락동고분군의 무덤들은 흔적도 없이 사라졌다.

원래 석촌동(石村洞)이라는 동명(洞名)은 돌이 지천으로 널려 있다고 해서 붙은 것인데, 예로부터 이 동네 사람들은 집을 지을 때 뭣도 모르고 고분의 돌을 주어다가 주춧돌·방구들·담장 등의 건재로 사용해 왔던 것이다. 또 이곳은 오랜 세월에 걸쳐 밭으로 경작되었는 데다 1970년대 이후엔 급속한 도시 개발로 인해 고분과 그 유물들은 대부분 망실되었다.

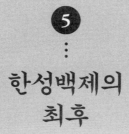

한성백제의
최후

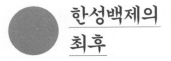

한성백제의
최후

細作의 국정농단 — 개로왕의 과도한 토목공사

전철 8호선 몽촌토성역에서 내려 1번 출구를 통해 지상으로 올라오면 올림픽공원 정문과 마주선다. 여기서 정면을 보면 몽촌토성 성벽이 보인다. 몽촌토성 앞을 두르는 해자를 따라 동쪽(오른쪽)으로 돌아서 300여 m쯤 가면 성벽 위로 올라가는 나무 층층계단이 설치되어 있다.

'몽촌토성'이란 이름이 붙은 것은 1983년 복원 당시까지 성 안에 '꿈말(꿈마을)', 즉 '몽촌(夢村)'이라는 마을이 있었기 때문이다. 성 안 면적은 21만 6000m²이다. 동·남·북쪽에 성문이 하나씩 있으며, 사이사이에 은밀한 통로가 있다. 東2門 쪽의 산책로 곁에는 '움집터'가 있다. 몽촌토성 수비병의 병영(兵營)으로 보인다.

몽촌토성에 오르면 '비운(悲運)의 임금' 개로왕이 생각난다. 다음은 한성백제 패망의 원인을 설명한 〈삼국사기〉 개로왕 21년(475) 조의 기사이다.

〈고구려 장수왕은 백제를 치기 위해, 백제에 가서 첩자 노릇을 할 만한 자를 구하였다. 이때 중 도림(道琳)이 이에 응해 말했다. (中略) 장수왕이 기뻐하여 그를 백제에 밀파했다. 이에 도림은 거짓으로 죄를 지어 도망하는 체하고 백제로 왔다.

당시 개로왕은 바둑을 좋아했다. 도림이 대궐 문에 이르러 "제가 어려서부터 바둑을 배워 묘수의 경지를 알고 있으니, 왕께 알려 드리려고 합니다"라고 하였다. 개로왕이 그를 불러 대국(對局)을 하여 보니 과연 국

몽촌토성의 방위체계. 해자·목책·성벽의 3중 방어 구조로 이뤄져 있다.

수(國手)였다. 개로왕은 마침내 도림을 상객(上客)으로 대우하고 매우 친하게 여겨 서로 늦게 만난 것을 한탄하였다.〉

위의 기사는 장수왕이 밀파한 세작(細作) 도림이 바둑 마니아인 개로왕에게 접근하는 과정을 설명한 것이다. 도림은 개로왕에게 성곽과 제방의 수축, 궁궐의 수리, 선왕(先王: 비유왕) 능묘의 축조 등을 권유했다. 다음은 이어지는 〈삼국사기〉의 기록이다.

〈개로왕은 백성들을 모조리 징발해 흙을 구워 성을 쌓고, 그 안에 궁실·누각·사대(射臺: 활 쏘는 누대)를 지으니 웅장하고 화려하지 않은 것이 없었다. 또한 욱리하(郁里河: 한강)에서 큰 돌을 캐다가 관을 만들어 아버지의 해골을 장사하고, 사성(蛇城: 풍납토성) 동쪽으로부터 숭산(崇山)까지 강을 따라 둑을 쌓았다. 이로 말미암아 창고가 텅 비고, 백성들이 곤궁하여져 나라는 누란(累卵)의 위기를 맞게 되었다〉

웅진백제의 성립 前後

위의 기사를 음미하면 개로왕은 어리석을지언정 폭정의 군주가 아니었음을 알 수 있다. 성곽을 쌓아 도성(都城)의 방어체제를 보강하고, 민가가 홍수에 떠내려가지 않게 한강변에 둑을 쌓았던 것은 오히려 치적(治績)이었다. 선왕(先王)의 능묘와 궁궐을 수축한 일은 개로왕의 왕권 확립이라는 차원에서 이해할 만하다. 다만, 오랫동안 고구려와 끊임없는 국지전을 벌여 왔던 상황에서 강행된 대규모 토목공사가 국가재정을 어렵게 했던 것만은 부인할 수 없다.

백제의 경제를 파탄에 빠트린 도림은 고구려로 돌아와 장수왕에게 백제의 실상을 보고했다. 장수왕은 즉각 병력 3만을 이끌고 친정(親征)에 나섰다. 고구려군 침공의 급보를 들은 개로왕은 그의 동생 문주(文周)에게 다음과 같이 말했다.

〈내가 어리석고 총명하지 못하여, 간사한 사람의 말을 믿다가 이렇게 되었다. 백성들은 쇠잔하고, 군대는 약하니 비록 위급한 일을 당하여도 누가 기꺼이 나를 위하여 힘써 싸우려 하겠는가? 나는 당연히 나라를 위하여 죽어야 하지만, 네가 여기에서 함께 죽는 것은 유익할 것이 없으니, 난리를 피해 있다가 국계(國系: 왕통)를 잇게 하라.〉

이와 같은 개로왕의 후회는 후세 사람들의 가슴을 저미게 한다. 사실, 개로왕은 해(解)씨, 진(眞)씨 등 귀족세력의 발호에 의해 선대(先代)의 구이신왕, 비유왕이 암살당하는 왕권 추락의 시기에 즉위한 이후 강력한 왕권을 확립하려고 비상하게 노력했던 군주이다.

따지고 보면 개로왕의 강력한 왕권 구축에 있어 최대의 저해 요인은 고구려의 부단한 남침 압박이었다. 장수왕 15년(427), 국내성에서 평양으로 도읍을 옮긴 고구려는 당시 東아시아 최강국 북위(北魏)와 친선관계를 유지하는 한편으로 한반도 남부를 먹으려는 소위 서수남진(西守南

進) 정책을 구사했다.

개로왕은 전방위(全方位) 외교로 고구려의 서수남진 정책에 맞섰다. 신라와 관계를 개선하고, 왜국(倭國)과 군사동맹을 추진하는 한편, 472

한성백제 500년의 역사와 문화를 가르치는 '학교' 한성백제박물관

한성백제박물관은 우리나라 역사상 처음으로 서울을 왕도로 삼아 건국한 백제의 문화를 소개하는 것을 목적으로 2012년에 개관한 시립박물관이다. 서울은 678년의 백제 역사 중 73%에 해당하는 493년 간 백제의 수도였다. 현재 서울에는 풍납토성과 몽촌토성, 석촌동 고분군 등 한성백제 시기의 유적들이 곳곳에 남아 있고, 출토된 유물도 수만 점에 이른다.

한성백제박물관은 이러한 유적과 유물을 체계적으로 보존·관리·전시하고, 각종 세미나 및 교육프로그램을 통해 백제를 알리고 있다. 올림픽공원의 남1문과 남2문 사이(송파구 위례성대로 71번지)에 위치해 있다. 한성백제박물관 정문에 등을 대고 앞을 바라보면 하남위례성의 남성(南城)인 몽촌토성과 마주하고, 박물관에 입장하면 하남위례성의 북성인 풍납토성의 대형 건설 모형과 만나 그 오묘한 축성의 비밀을 살필 수 있다.

제1전시실에서는 선사(先史)시대의 서울지역 및 마한(馬韓)의 소국인 백제가 성장해가는 과정 등을 소개하고 있다.

제2전시실에서는 서울을 근거지로서 나라를 세워 전성기를 구가한 한성백제의 다채로운 문화를 유물, 모형, 영상 등을 통해 소개하고 있다. 특히 풍납토성과 몽촌토성의 모형, 백제 선박의 모형을 통해 문화강국 백제의 모습과 바다를 무대로 활동한 해상강국 백제의 기세를 느끼게 한다.

제3전시실에서는 서울과 한강 유역을 중심으로 펼쳐진 백제·고구려·신라의 치열한 각축전과 한강 유역에 남아 있는 고구려·신라문화를 소개하고 있다. 또 한성이 함락된 후 웅진(공주)과 사비(부여)로 도읍을 옮긴 다음 중흥기를 맞은 백제의 모습도 각종 자료를 통해 설명하고 있다.

년에는 국교가 없었던 북위에 자신의 사위를 사신으로 보내 군사 원조를 요청했다. 이 시기에 고구려는 매년 세 번이나 북위에 조공함으로써 백제의 기도를 봉쇄했다.

한편 개로왕의 동생 문주(文周)는 목협만치(木劦滿致)와 조미걸취(祖彌桀取)를 데리고 남쪽으로 떠났다. 다음은 〈삼국사기〉 문주왕(文周王) 즉위년도의 기사이다.

〈개로왕 재위 21년에 고구려가 침입하여 한성을 포위하였다. 개로가 성을 막고 굳게 수비하면서 문주를 신라로 보내 구원을 요청토록 하였다. 그는 구원병 1만을 데리고 돌아왔다. 고구려군은 비록 물러갔으나 성이 파괴되고 왕이 죽어서 문주가 마침내 왕위에 올랐다.〉

이때 文周가 신라의 원병과 함께 한성까지 북상했는지는 의문이다. 왜냐하면 한성 지역은 551년 나제(羅濟) 연합군이 한강유역을 탈환할 때까지 고구려의 영토였고, 몽촌토성 안에서 그때의 고구려 토기 등이 발견되었기 때문이다. 어떻든 475년 연말, 문주는 웅진(熊津: 지금의 공주)으로 남하해 웅진백제 시대를 개막시킨다.

6

삼국의 유적·유물이
혼재하는 서울

삼국의 유적·유물이
혼재하는 서울

북한산 碑峰에 세워진 진흥왕 순수비

개로왕의 패사(敗死)로 서울지역은 이후 약 75년간 고구려의 통치권역에 들어가게 되었다. 고구려는 이곳에 북한산군(北漢山郡)을 설치하고, 남평양(南平壤)이라고 했다. 고구려는 서울지역을 백제와 신라를 제압하는 거점으로 삼았던 것이다.

이런 고구려의 남진 정책에 맞서 백제와 신라는 공동전선을 폈다. 드디어 551년, 신라 진흥왕(眞興王)과 백제 성왕(聖王)은 연합작전으로 지

국보 제3호 북한산 신라 진흥왕 순수비.

진흥왕 때 신라의 판도.

금의 서울지역에서 고구려군(軍)을 몰아냈다. 신라는 이때 처음으로 소백산맥을 넘어 남한강 상류지역을 차지했고, 백제는 한강 본류(하류)의 옛 땅을 탈환했다.

그러나 신라는 553년 백제의 한강 하류지역까지 횡탈해 버렸다. 이에 백제는 가야·왜와 연합하여 대(對) 신라 복수전을 벌였다. 그러나 554년, 백제 성왕은 불운하게도 지금의 대전 동쪽에서 신라군의 매복 작전에 걸려 포로가 되어 참수되고 말았다.

진흥왕 29년(568)에는 왕이 북한산에 올라 강역을 정하고 순수비(巡狩碑)를 세웠다. 거기가 바로 북한산 비봉(碑峰)이다. 이로부터 서울지역

방이동 고분군 전경.

은 신라의 북방 전진기지가 되었다. 이런 사실로 미루어 보면 서울을 차
지하는 사람이 한반도의 최강이었다.

　그 후 고구려는 다시 이 지역을 탈환하기 위해 여러 차례에 걸쳐 북한
산성 등에 대한 공격을 시도했지만 성과를 거두지 못했다. 평강공주(平
岡公主)의 남편으로 고구려의 명장이었던 온달(溫達)이 신라에 빼앗긴
한강 유역을 탈환하기 위해 출정했다가 아차산성 싸움에서 신라군의 화
살을 맞아 전사한 것은 590년의 일이었다.

　신라의 문무왕(文武王)은 백제, 고구려 멸망에 이은 나당(羅唐) 7년
전쟁 때 남한산에 주장성(晝長城)을 쌓아 당군(唐軍)의 남하에 대처했
다. 통일신라 이후 이 지역은 한양군(漢陽郡)이 되었다. 한양군은 신라

방이동 고군분의 횡혈식 석실을 갖춘 무덤. 6세기 중엽 이후 서울지역을 판도에 넣은 신라인의 무덤이라는 것이 최근 학계의 다수설이다.

9주 중의 하나인 한주(漢州) 소속으로서 지금의 양주·남양주·고양을 영현(領縣)으로 삼았다.

서울 안팎의 신라 유적

553년 이후 서울 지역을 차지한 신라는 이곳에 북한산 진흥왕 순수비와 아차산성 이외에도 많은 유적과 유물을 남겼다. 대표적 유적으로는 금천구 독산동의 물류기지 유적, 장의사지(莊義寺址), 남한산성의 모체인 주장성, 호암산성, 행주산성, 송파구 방이동 고분 등을 들 수 있다. 그리고 서울과 경계지역인 하남시 춘궁동의 이성산성에서도 신라 유물이 다수 출토되었다.

이성산성은 신라가 한강 유역에 설치한 신주(新州)의 치소(治所)로 추정된다. 신주는 진흥왕 18년(557)에는 북한산주(北漢山州)로 개칭되었다. 이성산성 내의 저수지에서 목간(木簡)과 벼루가 다량 출토되었다. 이성산성이 소재하는 한강 유역은 한강수로와 황해 직선항로를 통해 중국으로 가는 요충이었던 만큼 정치·외교·군사적으로 매우 중요했다. 따라서 중앙에 보고하는 상황이 자주 발생했을 것이다. 그런 정황을 뒷받침하는 유물이 이성산성 내 저수지에서 발굴된 목간과 벼루이다.

금천구 독산동 유적은 한강으로 유입되는 안양천 동안(東岸)에 위치한 신라의 물류기지였던 것으로 보인다. 이곳에서는 수혈건물지 등 집자리, 우물, 집수(集水) 시설, 도로 등이 확인되었다. 신라가 한강 유역을 점령한 이후 징수했던 조세미 등을 집하·보관·운송하기 위한 시설이 필요했을 것이다.

장의사(莊義寺)는 서울 창의문 밖 세검정초등학교 부근에 위치했는데, 절은 없어지고, 통일신라시대 작품으로 추정되는 당간지주(보물 제235호)만 남아 있다. 당간지주(幢竿支柱)는 사찰의 행사 등을 나타내는 깃발을 매다는 돌기둥이다.

주장성(晝長城)은 신라가 나당 7년 전쟁(670~676) 시기에 당군의 남하를 저지하기 위해 자금의 광주시 남한산성 자리에 쌓은 산성이다. 최근의 발굴조사 결과, 7~8세기에 조성된 성벽과 건물터 등이 확인되어 조선왕조 때 축성된 남한산성은 신라 주장성의 옛 터 위에 축조된 것임이 드러났다. 이곳의 대형 건물터에는 무기창고가 있었던 것으로 보인다.

송파구의 방이동 고분군은 한때 백제무덤이라 주장하는 학자도 많았지만, 이곳에서 발굴된 토기 등에 의해 6세기 중엽 신라가 한강 유역에 진출한 후 조성한 무덤이라는 것이 최근 학계의 다수설이다. 이 고분은 지면과 수평으로 판 통로를 통해 널방으로 들어가는 횡혈식 석실분(石室墳)이다. 도합 8기인데, 지금까지 4기만 조사된 상태이다.

후삼국시대의 서울은 궁예의 세력권

〈삼국사기〉 등 우리나라의 옛 기록에는 박혁거세부터 경순왕까지 신라의 왕이 56인이며, 그 존속기간은 992년이라 되어 있다. 1000년에 가까운 긴 세월이다. 그래서 역사가들은 이를 세 시기로 구분하여 이해했다. 즉, 시조 박혁거세로부터 28대 진덕여왕까지를 상대(上代: 기원전 57년~기원후 654년), 제29대 무열왕부터 혜공왕까지를 중대(中代: 654~780), 제37대 선덕왕(宣德王)부터 멸망할 때까지를 하대(下代: 780~935)라고 불렀다.

신라의 下代는 정치적으로 매우 혼란한 시기로서 왕위 쟁탈전이 자주 일어났다. 이처럼 신라의 중앙이 흔들리자 지방에서도 반란이 끊이지 않았다. 진성여왕 6년(892)에 견훤(甄萱)이 완주(지금의 전주)에서 백제를 재건하겠다며 왕을 칭했고, 진성여왕 10년(896)에는 궁예(弓裔)가 철원에서 독자세력을 구축했다. 궁예는 효공왕 2년(898)에 근거지를 송악으로 옮겼다. 바로 그해(898)에 궁예가 한주(漢州) 관내 30여 성을 공략함에 따라 서울지역은 궁예의 세력권에 들어갔다. 효공왕 5년(901)에는

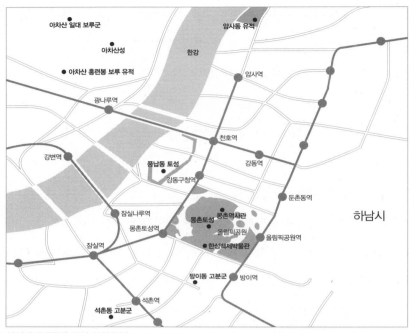

한성백제박물관 주변 문화유산.

후고구려 왕을 칭함으로써 고구려 재건의 기치를 들었다. 후삼국시대의 개막이었다.

궁예는 변덕이 심했다. 904년 나라 이름을 마진(摩震)으로 바꾸고, 이듬해엔 도읍을 철원으로 옮겼다. 그리고 911년에는 나라 이름을 다시 태봉(泰封)으로 바꾸며 왕권 강화에 주력했다. 그러나 이런 노력은 오히려 지방호족들의 반발을 불러일으켰다. 그 결과, 918년 쿠데타가 일어나 궁예가 살해되고 서해(西海)의 해상세력을 기반으로 성장한 개성 호족 출신인 왕건(王建)이 그 자리를 대신했다.

7
⋮

고려시대의 부도(副都)
서울

고려시대의 부도(副都) 서울

서기 918년, 왕건은 국호를 고려(高麗)로 정하고, 연호를 천수(天授)라고 일컬었다. 이때 서울지역은 양주(楊洲)로 개칭되고, 후백제와 신라를 경략하기 위한 고려의 전진기지가 되었다.

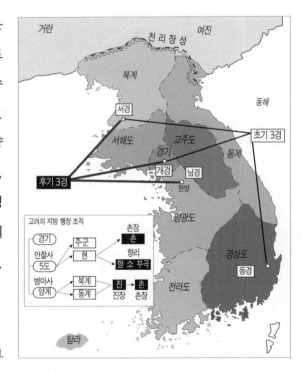

고려의 5도 양계역.

왕건의 고려는 935년 신라를 흡수하고, 이듬해인 936년 후백제를 멸망시킴으로써 우리 민족사상 두 번째의 통일을 이룩했다.

고려 태조 때 양주는 견훤의 식읍(食邑)이었다. 후백제 왕 견훤이 아들들의 쿠데타로 왕위에서 쫓겨나 태조 왕건에게 항복하자 왕건은 견훤을 상보(尙父)로 모시고 지금의 서울지방인 양주를 식읍으로 내려 우대했던 것이다. 식읍은 왕조 국가에서 공신에게 내려, 그 조세를 개인이 받아 쓰게 한 고을을 말한다.

南京은 삼각산 아래

고려가 936년 후삼국을 통일함과 함께 서울지역의 지명이 楊州로 바뀌었음은 앞에서 썼다. 고려 성종 2년(983), 전국에 양주목 등 12목(牧)이 설치되었다. 12목 제도는 성종 14년(995)에 10도(道) 제도로 바뀌었다.

고려 11대 문종 때 양주지주사(楊州知州事)가 남경유수관(南京留守官)으로 승격되면서 지금의 서울지역은 다시 주목을 받게 되었다. 즉, 문종 21년(1067)의 남경 설치는 고려 태조 때 평양에 설치한 서경(西京), 성종 6년(987) 경주에 설치한 동경(東京)에 이어 세 번째의 부도(副都)가 된 것이다.

문종이 남경을 설치한 것은 개국 160년 후에 삼각산을 제경(帝京)으로 삼으면 9년 만에 사해(四海)가 조공해 온다는 도선(道詵)의 삼각산명당기(三角山明堂記)를 중시했기 때문이다. 고려왕조는 앞서 평양과 경주를 서경(西京)과 동경(東京)으로 승격했던 만큼 백제의 고도(古都) 한양을 남경(南京)으로 삼은 것은 민심 수습 차원에서도 유리했다. 그런데 문종 때 설치된 남경은 오래지 않아 폐지되고 다시 양주로 격하되었다. 지리도참설에 따라 남경을 설치한 후 뚜렷한 길조(吉兆)가 없었기 때문인 것으로 보인다.

그로부터 30여 년이 지난 숙종 6년(1101)에는 다시 남경(南京)개창도감이라는 임시관서를 설치하고, 남경의 건설공역을 크게 일으켰다. 이에 앞서 숙종 4년 9월, 왕은 재상과 일관(日官: 天文·曆書 담당관) 등과 남경 건설을 논의하고 이어 왕비와 원자, 여러 신하를 데리고 삼각산 밑으로 친행(親行)하여 새 도읍지의 터를 둘러보았다. 숙종 7년 봄에는 중서문하성(中書門下省: 국정을 관장하는 최고 관청)의 주청에 의해 도시구역을 동쪽은 낙산, 남쪽은 사평도(沙平渡: 용산구 한남동), 서쪽은 안산(鞍山: 서대문구 봉원동), 북쪽은 북악으로 구획했다.

대규모적인 건설공역은 약 3년에 걸쳐 진행되었다. 숙종 9년 8월, 왕은 대신(大臣)과 내관(內官)을 대동하고 남경으로 거둥하여 불사(佛事) 등의 행사를 거행하고 개경으로 돌아왔다. 우선은 남경을 장차의 도읍지로 점찍은 것으로 보인다.

고려 때도 서울지역은 교통의 중심이었다

〈고려사〉를 보면 고려 때 전국에 525개의 역(驛)이 세워졌고, 이 역들은 22역도(驛道)로 묶여 있었다. 역도는 지금의 국도를 연상하면 된다. 그 22역도 가운데 8개는 수도인 개경 북쪽에 있었고, 그 남쪽에 14개가 있었다.

개경 남쪽으로 뻗은 길 중에 가장 중심이 되는 것은 개경과 남경(서울)을 잇는 청교도이었다. 청교도는 개경의 청교역에서 출발한다고 해서 붙여진 이름인데, 개경-파주-남경(서울)에 이르는 길을 중심으로 부평, 인천, 고양, 양주 주변을 잇는 길을 통칭했다. 이 길을 따라 가평-춘천-인제로 이어지는 길이 춘주도(春州道)이고, 이천-원주-제천-단양을 지나 영주-안동으로 이어지는 길이 평구도이며, 과천-용인-죽산-음성-괴산으로 이어지는 길이 광주도였다.

고려 시대의 조운(漕運)은 주로 한강 수로와 남해안·서해안의 연안 해로를 통해 이뤄졌다. 조운이란 백성들로부터 거두어들인 조세와 공물을 수도로 운반하는 것을 말한다.

당시, 전국 각지에는 13곳의 조창(漕倉)이 있었다. 그 중 한강 본류의 첫 포구인 두물머리나루(양평군 양서면 양수리)-마포나루-조강포(祖江浦: 김포시 월곶면 조강리)를 이용했던 조창이 충주의 덕흥창과 원주의 흥원창 등이었다.

이렇게 한반도 남부의 내륙지역에서는 지금의 서울을 중심으로 물길과 육로가 뻗어 있었다. 자동차를 타고 지금의 국도를 달리다 보면, 그곳이 오래된 옛적의 교통로였음을 느낄 수 있다. 전국의 70%가 산악지대인 우리나라에서 길을 낼 수 있는 지형조건은 그때나 지금이나 별로 차이가 없기 때문이다.

숙종(肅宗)이 재위 10년 만에 승하한 후 왕위에 오른 예종 그리고 그

삼각산 승가사 마애불.

의 후계자 인종도 수시로 남경에 행차하여 연흥전(延興殿)에서 신하들의 조회를 받으며 연회와 불사를 베푼 기록이 〈고려사〉에 보인다. 그러나 인종 6년(1128)에 남경에 화재가 일어나고 이듬해 서경(西京)에 대화궁(大和宮)을 크게 지으면서부터 남경의 존재는 전과 같지 못했다. 충렬왕(忠烈王) 때에 이르러서는 남경이 한양부로 격하되고 그 후 50년간 별다른 변동이 없었다.

그러다 공민왕(恭愍王: 1352~1374) 때부터 천도문제가 다시 대두하여 한양(漢陽)이 그 후보지로 등장하기 시작했다. 대륙 방면에서 몽골족

북한산 삼천사 마애불.

의 원(元)과 한족(漢族) 세력인 명(明)이 쟁패전을 벌이고 왜구의 침략이
극심해지던 무렵이었다.

공민왕 5년, 왕은 元의 내정간섭 기구인 정동행중서성이문소(征東行
中書省理問所)를 혁파하고, 99년간 元에 빼앗겼던 쌍성(雙城: 함남 영
흥) 등의 땅을 수복했다. 또 압록강 건너 요동 8참(站)을 공격하여 파사
부(婆沙部) 등 3참을 점령하고 원 순제(元 順帝)의 연호인 지정(至正)의
사용을 금지했다. 이와 아울러 판서운관사(判書雲觀事: 天文·易書 담당
관청의 책임자) 등을 남경에 보내어 장차의 도읍지로 살피도록 했다. 이

에 백성들이 다투어 남쪽으로 피난하는 등 민심이 동요했다.

공민왕은 남경에 왕궁을 수축했지만, 천도를 단행하지는 못했다. 다만 공민왕 5년과 6년에 한양과 한양윤의 칭호가 남경과 남경유수(南京留守)로 다시 격상되었다.

고려시대 南京의 모습

앞에서 거론한 것처럼 서울지역은 고려시대 행정구역상 양주목·남경유수관·한양부 등으로 불렸다. 특히 3경(三京) 중 하나인 남경(南京)이 되어 궁궐과 행궁(行宮)이 들어섰고, 지방행정의 중심도시로서 관아·객사·향교·사찰·역원(驛院: 역과 숙박시설) 등 많은 도시 시설이 갖추어졌다.

이러한 시설은 풍수지리설에 따라 배치된 것으로 보인다. 즉, 남경은 주산(主山)인 북악을 중심으로 좌청룡·우백호가 에워싸고, 조산(朝山)이 조공(朝貢)을 드리는 형세여서 천하의 명당이라 하였다. 후에 조선왕조가 이곳에 도읍할 때도 평평한 지형과 넓은 터에 주산인 북악을 중심으로 앞의 모든 산이 머리를 조아려 읍하는 것과 같다고 평가되었다.

연흥전(延興殿)과 천수전(天授殿) 등이 있었던 남경 궁궐 위치는 오늘날 경복궁과 청와대가 들어선 일대로 보인다. 이는 최근 경복궁 발굴 과정에서 고려 궁궐의 초석이 나타나고 있음을 통해서도 알 수 있다.

한강을 건너는 주요 나루터는 현재 서울의 한남대교의 횡단지점에 있었던 사평나루(용산구 한남동)와 공암나루(강서구 가양동)가 있었다. 사평(沙平)나루는 남경 설치 이후 가장 번성한 나루였다. 공암(孔巖)나루는 두 형제가 우연히 그곳에서 습득한 황금덩이를 놓고 서로 탐을 내 형제의 우애를 해칠까 두려워해 그것을 한강 물 속에 던져버린 설화로 유명하다.

오늘날 서울과 근교에서 볼 수 있는 고려 초기 유적으로는 삼각산 승가사에 있는 높이 5.95m의 마애불과 석조(石造) 승가대상과 은평구 진관동 북한산 기슭에 있는 삼천사지(三千寺址)의 마애불이다. 삼천사는 고려시대 서울에 있던 대표적 사찰이었는데, 그곳 마애불은 병풍바위의 암벽에 새긴 고려 초기 마애불 중 하나이다.

경기도 고양시 덕양구 태고사에는 원증국사(圓證國師)의 부도와 탑비 등이 있다. 원증국사는 공민왕의 왕사였던 보우(普愚)를 일컫는데, 그는 구산선문(九山禪門)의 통합을 꾀했으며 수도를 남경으로 옮길 것을 권했다.

삼각산 안에는 중흥산성이 있었다. 몽골군이 침략해 왔을 때 격전지가 되었는데, 지금은 북한산성의 중성으로 그 흔적이 남아 있다. 〈고려사〉에 따르면 우왕 13년(1382) 11월에 기로(耆老)회의를 열어 한양산성의 축성을 의논하고 중흥산성(지금의 북한산성)의 형세를 살피게 했다. 당시의 기로는 60세 이상의 명망 있는 노인이었다.

관악구 봉천동에서 태어난 고려 최고의 명장 강감찬

10세기 초~11세기에 걸쳐 동아시아의 형세는 크게 요동쳤다. 907년 야율아보기(耶律阿保機)가 내(內)몽골지역에서 거란(요)을 세우고, 동아시아 패권국임을 선언했다. 한반도에서는 왕건이 918년 고려를 세우고, 936년 후삼국을 통일한 뒤 옛 고구려의 만주 영토를 회복하려는 북진의 꿈을 키우고 있었다.

고려가 후삼국을 통일(936년)하던 시기에 중국은 5대10국의 혼란기였다. 이런 상황에서 후주(後周)의 친위대장인 조광윤(趙匡胤)이 한족 왕조 송(宋)을 세워(960년) 중국을 통일하자, 고려 광종은 사절을 파견해 국교를 열었고, 이후 친선 관계를 유지하며 활발하게 교류했다. 반면 발해(渤海)를 멸망시킨 기마민족 국가 거란(요)에 대해 고려는 태조 때부터 적대적 정책을 펼쳤다. 그 후 거란의 성종은 고려가 宋을 섬기고 있다는 이유를 들어 993년 고려를 침략했다.

이때 서희(徐熙)가 적진에 나아가 宋과의 관계를 끊고 거란(요)에 사대(事大)의 예를 취하겠다면서 거란 장수 소손녕(蘇遜寧)을 설득했다. 그 결과, 고려는 압록강 동쪽을 개척하여 흥화진(興化津: 지금의 의주) 등 강동 6주를 확보했다. 하지만 고려가 宋과 비공식적이지만 긴밀한 교류를 이어 가자 거란은 제2차·제3차 침략을 감행했다. 이런 민족적 위기에 영웅이 등장했다.

고려 시대를 통틀어 최고의 인물은 당시의 패권국 거란의 제3차 침략을 물리친 강감찬(姜邯贊) 장군이다. 강감찬은 948년(고려 제3대 국왕定宗 3년) 지금의 서울 관악구 봉천동 228번지 낙성대(落星垈)에서 태어났다. 조선왕조의 〈세종실록〉에 따르면 "태어날 때 하늘에서 큰 별이 떨어진 집"이라 하여 그곳에 낙성대라는 이름을 붙였다. 그의 출생지인

낙성대에 있는 강감찬 장군像.

관악산 북쪽 기슭의 낙성대에 가면 그의 기마상과 그를 모시는 사당 안
국사(安國祠)가 있다. 기마상이나 사당은 후세에 축조한 것이지만, 당대
의 고려 백성들도 강감찬 장군의 공적을 기려 삼층석탑을 쌓았는데, 그
것은 그가 태어난 집터에 남아 있다.

　거란의 제3차 침략(1018년) 때 강감찬의 전공은 압권이었다. 거란 성
종(聖宗)은 고려 현종(顯宗)의 입조(入朝)와 강동(江東) 6주의 반환을
거듭 요구했으나 고려는 이를 거절했다. 드디어 현종 9년(1018)에 거란의
장수 소배압(蕭排押)이 10만 대군을 거느리고 제3차 고려 침략을 개시
했다. 이때 전국에서 20만 병력을 동원해 총력체제를 갖춘 고려의 상원
수(上元帥) 강감찬과 부원수 강민첨(姜民瞻)은 흥화진으로 북상, 소가죽

을 꿰어 흥화진 동쪽으로 흐르는 하천을 막았다. 강감찬은 거란군의 도하 도중에 물막이를 터뜨리고, 복병을 풀어 거란군을 대파했다. 그런데도 소배압은 이듬해(1019) 정월, 주력부대를 이끌고 개경에서 100여 리 떨어진 신은현(황해도 신계군)까지 남하했다.

이에 앞서 강감찬은 병마판관 김종현에게 군사 1만을 주어 도성으로 돌아가 방어를 굳히도록 조처했다. 현종은 도성 밖의 백성들을 모두 성 안으로 불러들이고, 들판의 작물과 가옥을 적이 이용할 수 없도록 모두 철거하도록 명했다. 전형적인 견벽청야(堅壁淸野) 전술이었다.

이 때문에 개경 밖까지 남하한 소배압의 병력은 거의 탈진한 상태에서 개경 공략을 포기하고 말머리를 돌려야 했다. 거란군이 회군하자 강감찬은 퇴로 곳곳에다 병력을 매복해놓고 거란군에 급습을 가했다.

마침내 귀주(현재의 평안북도 구성)에서 고려군과 거란군이 정면으로 충돌했다. 양군이 팽팽한 접전을 벌이던 중 개경에서 북상한 김종현의 부대가 가세하자 거란군은 파탄을 보이기 시작했다. 더욱이 풍향까지 바뀌어 비바람이 남쪽에서 북쪽으로 심하게 불기 시작하자 바람을 등진 고구려군의 기세는 더욱 높아졌다.

소배압의 부대 병력 중 생환자는 겨우 수천 명에 지나지 않았다. 이것이 바로 귀주대첩(龜州大捷: 1019년)이다. 이제 고려는 당시 그 누구도 깔볼 수 없는 나라로 손꼽혔다.

3차에 걸친 고려와 거란의 전쟁 끝에 현종 11년(1020), 양국 간에 강화가 성립되었다. 고려의 승리로 유지된 東아시아 세계의 국제관계는 거란·고려·북송의 삼국정립이었다. 현종 17년(1026), 거란은 동부 여진을 치겠다며 길을 열어줄 것을 요구했지만, 고려는 허락하지 않았다.

이와 같은 국가위기를 계기로 고려는 방위체제를 크게 보강했다. 강감찬의 헌책(獻策)으로 1010~1029년(현종 1~20년)에 걸쳐 개성 주위 60여 리에 나성(羅城)을 쌓았다. 강감찬의 사후(死後)에도 1033(덕종 2년)~1044년(정종 10년)에 걸쳐 압록강 하구에서 도련포(함경남도 영흥: 북한 정권은 조선 태조 이성계의 출생지이기도 한 永興을 金野郡으로 개명해 놓고 있음)까지 이어지는 천리장성을 축조했다.

당시의 패권국 거란의 기세를 꺾은 강감찬은 원래 문과(文科)에 장원급제한 문관이었다. 귀주대첩 당시 그의 나이 72세. 1020년 고려가 거란과 화친하자 연로함을 내세워 벼슬에서 물러났다. 낙성대(당시의 금주·衿州)로 낙향·은거했다. 10년 후인 1030년 문화시중(수상)으로 복귀했으나, 다음해인 1031년(덕종 원년) 84세로 별세했다. 강감찬이 별세하자 덕종은 사흘간 조회를 멈추고, 장례를 국장으로 치르게 했다.

禑王 때 일시 천도

남경 천도를 시행한 것은 공민왕(恭愍王)을 후계한 우왕(禑王)이었다. 홍건적(紅巾賊)과 왜구의 잇따른 침입으로 나라가 어지럽게 되자, 개경에 정도한 지 오래되어 땅기운이 쇠했기 때문이라는 주장이 일어났기 때문이다. 우왕 8년(1382) 9월, 왕은 궁녀들에게 옷감 5000필을 내려 행장을 꾸리게 하고 시중(侍中: 수상) 이자송(李子松)에게 개경을 지키게 한 다음 개경을 떠나 한양으로 옮겼다. 고려 멸망 10년 전의 일이다.

그런데 이때의 천도는 그해 8월에 결정하고 9월에 시행했던 만큼 준비가 부족했다. 관청이나 관원들의 주거가 모두 천막 아니면 징발된 민가였다. 그해 겨울을 지나는 동안 고난과 민폐가 적지 않았다. 게다가 종묘(宗廟)·사직(社稷)과 여러 관청이 대개 개경에 그대로 남아 있었기 때문에 이듬해 2월에는 다시 개경으로 돌아갔다.

그러나 그 후에도 한양을 중시하고 또 천도 후보지로 생각함에는 변함이 없었다. 우왕 13년 겨울에는 한양산성의 수축을 의논하면서 문하평리(문하부 종2품) 우인열(禹仁烈) 등을 한양부로 보내 북한산성의 형

위화도 회군과 田制 개혁

몽골족의 원(元)을 막북(漠北)으로 밀어낸 한족(漢族) 왕조 명(明)이 고려에 대해 원(元)으로부터 회복한 철령 이북의 땅을 내놓으라고 요구하자, 당시 실권을 장악하고 있던 최영은 요동 정벌을 위해 이성계(李成桂) 등이 지휘하는 4만 대군을 출정시켰다. 그러나 이성계는 압록강의 하중도(河中島)인 위화도에서 회군하여 우왕과 최영을 몰아내고 정권을 잡았다(1388년).

위화도 회군 후 이성계를 지지한 신진 사대부들은 개혁을 추진했는데, 개혁의 방향을 둘러싸고 온건파와 급진파로 나뉘었다. 이성계의 급진파는 우왕(禑王)과 그의 아들 창왕(昌王)을 신돈(辛旽: 공민왕 때 王師로서 한때 조정의 개혁을 주도했음)의 핏줄이라고 몰아붙여 차례로 폐위한 뒤 공양왕(恭讓王)을 옹립했다. 그 이후 이성계와 조준·정도전 등은 전제(田制) 개혁을 단행하여 누대(累代) 귀족들의 경제적 기반을 제거했다. 그러나 개혁에 동참했던 세력 중 일부는 고려를 지키고자 이성계의 급진 정책에 반대했다. 이에 이성계는 정몽주(鄭夢周) 등 반대세력을 제거한 뒤 새 왕조 창업에 나섰다.

세를 살피도록 했다. 이듬해 봄에는 시중(종1품) 최영(崔瑩)과 함께 요동(遼東)정벌을 도모하면서 개경의 방리군(坊里軍: 주둔군)을 동원하여 한양의 중흥산성(重興山城: 북한산성)을 쌓게 했다. 이는 대륙 방면의 정세가 예측을 불허하는 당시의 상황에서 한양을 제2의 방어거점으로 삼으려는 데에도 그 목적이 있었던 것으로 보인다.

공양왕 2년(1390)에도 한양 천도가 시도되었다. 천도의 이유는 '개경이 임금을 쫓아내는 땅'이라는 도참설(圖讖說) 때문이었다. 개경에서 우왕(禑王)과 창왕(昌王)이 차례로 폐위를 당했던 것이 고려의 마지막 국왕이 되는 공양왕의 마음에 걸렸던 것이다. 유약했던 공양왕이었지만, 천도에 대해서만은 단호했다.

공양왕 때의 천도는 다른 어느 임금 때보다 격식을 차렸다. 각 관서를 나누어서 일부는 개경에 두고 일부는 신도(新都) 한양에 설치했다. 그러나 신도로 옮긴 반년 만에 관서(官署)가 양분되고 행정의 체계가 서지 않아 관민들의 불평이 적지 않았다. 길지(吉地)라고 하는 한양에서 큰 호랑이가 문하부(門下府: 정무를 관장하던 최고의 관청) 관아에 뛰어들어 사람을 물어가기까지 했다. 공양왕 3년 2월, 조정은 다시 구도(舊都) 개경으로 돌아가고 말았다.

8
:

조선왕조 창업기의
서울

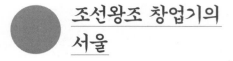

조선왕조 창업기의 서울

定都 제1의 이유는 한강 이용한 조운(漕運)의 편리성

위화도(威化島) 회군으로 대권을 장악한 이성계(李成桂)가 조선왕조를 세운 것은 공양왕 4년(1392) 7월17일이었다. 개경 수창궁(壽昌宮)에서 즉위한 조선 태조는 진작부터 도읍을 한양으로 옮기려 했다. 태조가 개경을 떠나려 했던 것은 고려왕조 후반기 이후 개경의 지기(地氣)가 쇠했다는 설이 끊임없이 제기되어 온 데다 그의 창업 과정에서 고려의 왕실과 신하들이 많은 피를 흘렸던 만큼 그 본거지 개경에서 민심을 잡기가 그리 수월하지 않을 것이라고 판단했기 때문인 것으로 보인다.

새 도읍지로는 한양 이외에 계룡산(鷄龍山) 아래도 후보지로 떠올랐다. 태조는 재위 2년 2월 정당문학(政堂文學: 문하부의 정2품 관직) 권중화(權仲和)의 계룡산 길지설(吉地說)에 따라 일시 계룡산을 답사하고 신도(新都)의 건설계획을 진행시켰다. 그러나 그곳이 지리적으로 남쪽에

치우쳐 있고 또 풍수학적으로도 불길하다는 하륜(河崙)의 주장에 의해 폐기되었다. 이듬해에는 백악(白岳) 남쪽, 지금 서울의 4대문 안을 중심으로 하는 새 도읍지를 정하게 되었다.

그러나 이런 풍수설이 한양 정도(定都)의 결정적 이유는 아니었다. 한양과 계룡산이 도읍의 후보지로 경합했을 때 태조는 "조운(漕運)이 통하지 않는다면 어찌 도회지라고 할 수 있는가"라면서 조운에 대한 적극적인 관심을 보인 바 있었다. 실로 한양은 조운의 적격지였다. 한반도의

조선왕조의 정궁인 경복궁의 근정전.

ⓒ 문화재청

태조 이성계의 왕사 무학대사(왼쪽)와 한성의 설계자 정도전.

중앙을 관통하는 한강변에 위치하고 있어 수로와 해로의 이용이 수월하고, 또한 조창(漕倉)들을 관리하기에도 편리한 곳이었다.

근대화 이전의 우리 사회에서 육상교통은 그리 발달하지 못했다. 우리나라는 산과 하천이 많을 뿐만 아니라 이를 극복하기 위한 노력도 제한적이었다. 비록 전국 각지에 도로가 개설되어 있다고 해도 그것은 역로(驛路)와 파발로(擺撥路) 중심이었고, 화물의 운송은 수로(水路)를 통하는 것이 일반적이었다. 실제로 정도(定都)에 있어 상당한 영향력을 행사한 정도전(鄭道傳), 하륜(河崙), 성석린(成石璘) 등의 언행을 보면 모두 조운을 가장 중요한 입지조건으로 내세우고 있다.

한강 어귀(김포시 월곶면)에 위치한 조강포(祖江浦)는 한강 물류의 요충이었다. 고려시대와 조선시대에 충청도와 전라도에서 올라오는 세곡선(稅穀船)과 물화를 실은 돛배가 개경 또는 한양으로 가기 위해 거쳐 가던 주요 나루터였다. 조선시대는 물론 6·25 남침전쟁 전만 해도 강화도와 통진에 사는 사람들은 수로를 통해 서울로 다녔다. 그때 객선은 목선 두 척(한양호와 한강호)으로, 간조와 만조의 물살을 이용해 강화→조강포→미근포(김포시 하성면)를 거쳐 서울의 마포(麻浦)까지 하루 두 차례 왕복했다고 한다.

태조는 3년 9월부터 신도(新都)궁궐조성도감을 설치하여 건설계획을 진행하는 한편 10월에는 한양 천도를 단행했다. 뒤이어 종묘·사직·궁궐·관아·성곽 등의 시설을 갖추어 나갔다. 이때 왕궁을 어느 방향으로 앉힐 것이냐를 놓고 왕사 무학(王師 無學)과 태조 제1의 참모 정도전의 견해가 팽팽하게 맞섰다. 無學은 인왕산(仁王山)을 주산(主山)으로, 북악을 좌청룡(左靑龍), 남산을 우백호(右白虎)로 삼으려고 했다. 이에 맞서 정도전은 예로부터 제왕은 남면(南面)하고 나라를 다스리는 것이 법도이기에 인왕산을 주산으로 삼으면 궁궐을 남향으로 앉힐 수 없다고 반대하며 북악 주산설(主山說)을 주장했다. 향후 서울의 발전 방향을 결정하게 되는 이 중요한 논쟁에서 정도전이 승리했다.

민본사상을 바탕에 둔 경복궁과 4대문

조선왕조는 민본(民本) 사상을 바탕으로 통치 체제를 정비하면서 국가의 기틀을 마련했다. 1395년 9월, 390여 칸의 새 궁궐 건물이 완성되었다. 궁궐과 종묘가 완공되자 같은 해 12월, 왕과 정부기구가 객사(客舍) 건물에서 새 궁궐로 옮겨왔다. 자축 연회에서 태조는 새 궁궐 여러 전각 (殿閣)들의 이름을 짓도록 정도전에게 청했다.

정도전은 10월7일, 〈시경(詩經)〉 대아편의 '술을 마셔서 취하고 많은 은덕으로 배부르니, 군자께서는 만년토록 큰복[景福]을 누리소서'라는 구절을 인용, 새 궁궐의 이름을 경복(景福)으로 정하자고 주청했다. 그리고 정전(正殿)을 근정전(勤政殿)이라 하여 정사에 부지런할 것을 강조했다. 정무를 보는 전각은 사정전(思政殿)이라 하여 정치행위에 있어 먼저 사색해야 함을 거듭 강조했다.

정도전은 직접 백악, 인왕산, 남산, 낙산에 올라 도성(都城)을 쌓을 자리를 실측(實測)했다. 이어 1396년 1월9일부터 2월28일까지 49일 간에 걸쳐 도성 축조의 제1차 공사를 시작했다. 이어 그해 가을 농한기를 이용하여 제2차 공사(49일간)를 일으켰다. 이렇게 都城 축조공사가 진행되면서 4대문과 4소문을 만들었는데, 그 이름들 역시 정도전이 지었다.

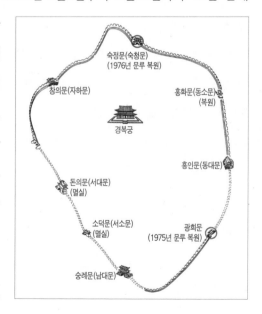

서울 성곽도.

112

정북(正北)은 숙정문(肅靖門), 동북은 홍화문(弘化門: 속칭 동소문), 정동(正東)은 홍인문(興仁門: 속칭 동대문), 동남은 광희문(光熙門: 속칭 水口門), 정남(正南)은 숭례문(崇禮門: 속칭 남대문), 서남은 소덕문(昭德門: 속칭 서소문), 정서(正西)는 돈의문(敦義門: 속칭 서대문), 서북은 창의문(彰義門)이라고 했다. 이렇듯 도성의 문에 유교국가의 정치 이데올로기로 표방되는 인의예지(仁義禮智)의 4大 덕목을 상징적으로 표현, 정치철학과 건축물을 대등하게 결부시켰다.

이듬해 4월, 한성부 5부(部)의 방명표를 세우게 했다. 이에 정도전은 동부 12방, 남부 11방, 북부 10방, 중부 8방의 구획을 정하고, 그 이름을 지었다. 도성 안의 주요 도로 건설계획도 이렇게 행정구역이 분할되는 과정에서 삼사사(三司使) 정도전, 판문하부사 권중화(權仲和)에 의해 수립된 것으로 보인다.

오늘날 서울의 면적은 한강 양안(兩岸)에 걸쳐 605.3km²에 이르지만, 조선조 시대의 서울, 즉 한성은 내사산(內四山)이라고 불리던 북악산(342m)·인왕산(338m)·남산(262m)·낙산(125m)으로 둘러싸인 약 16km²의 아늑한 분지에 한정되어 있었다. 지금의 종로구와 중구에 해당하는 이곳은 땅의 생김새가 풍수지리의 견지에서 정도(定都)를 하기에 이상적인 형국으로 간주되었다.

한성의 도성은 내사산의 능선을 따라 축조되었는데, 도성 바깥의 성저십리(城底十里)도 행정구역에 포함되었지만, 원래의 한성은 도성 안을 가리키는 것이었다. 성저십리는 도성 바깥 10리를 뜻하며 북쪽은 북한산, 동쪽은 우이천(牛耳川)과 중랑천(中浪川), 남쪽은 한강, 서쪽은 모래 내에 이르는 지역을 말한다.

종묘·사직은 왕조에서 서열 제1위의 시설

종로구 종로4가 위쪽의 산자락 끝머리에 푸른 숲이 우거져 있다. 그 안으로 들어가면 나지막해서 오히려 위엄을 지닌, 옆으로 길쭉한 1층 건물이 있다. 이 건물이 조선 역대 왕과 왕후의 신주(神主)를 모신 종묘(宗廟)이다. 우리나라 사적 제125호이며, 유네스코 세계문화유산이다.

동아시아 세계에서 유교를 통치이념으로 삼은 국가들의 대부분은 창업 때 종묘(宗廟)·사직(社稷)부터 설치하고 국가 제례(祭禮)를 올리는 서열 제1의 시설로 받들었다.

조선 건국과 동시에 세워진 종묘는 5개 공간을 만들고 태조(太祖)와 그의 4대조인 목조(穆祖)·익조(翼祖)·도조(度祖)·환조(桓祖)를 모셔 기본적으로 5묘제를 택했다. 그러나 왕위가 계속 이어져 나가면서 세종(世宗) 때부터는 점차 신주를 모실 장소가 부족하게 되었다. 이에 정전(正殿) 옆에 영녕전(永寧殿)을 새로 짓고, 4대조가 지나면 신주를 이곳으로 모시게 했다.

이 원칙에도 예외가 있었다. 예컨대 지나간 4대조라 하더라도 치적이 많은 왕은 영녕전에 옮기지 않고 그대로 정전에 모셨다. 즉, 태조를 비롯하여 태종·세종·세조는 정전에 모셨고, 반대로 재위기간이 짧거나 치적이 적은 정종·문종·단종·예종 등은 영녕전으로 신위를 옮겼다. 역

종묘제례.

세계문화유산이 된 종묘 정전.

대 국왕 중에서 반정(反正)으로 쫓겨난 연산군과 광해군의 신위는 종묘에 없다. 그렇다면 종묘가 세계문화유산으로 지정된 까닭은 무엇일까?

(1) 자연경관을 최대한으로 살려 지은 건물이라는 점이다. 조선왕조는 원칙을 약간 바꾸더라도 자연과 어울리는 쪽을 택했다.

(2) 동아시아에서도 조선 종묘의 건축기법은 독창적이다. 정전 앞에 2단의 넓은 뜰인 월대(月臺)를 만들어 건물이 장중하게 보이도록 지었고, 정전 양 끝에 처마를 덧대어 건물을 배치함으로써 'ㄷ' 자형을 이루는 등 뛰어난 조형미를 보여준다.

(3) 종묘제례악이 단절된 중국 등과는 달리 600년이나 이어오고 있다는 점이다. 지금도 매년 5월 첫째 주 일요일에 종묘제례가 거행되고 있다.

토지신과 곡물신을 모시는 사직단.

　종묘와 더불어 국가를 상징하는 것이 사직단(社稷壇)이었다. 사직단
은 토지신과 곡물신에 국가의 안녕과 풍년을 기원하던 제단이다. 조선시
대의 사직단은 경복궁 정문인 광화문(光化門) 서쪽의 인왕산(仁王山) 자
락에 위치해 있다.

　조선이 한양에 도읍하면서 종묘와 동시에 지어진 사직단은 두 개의
제단으로 이루어져 있다. 동쪽에는 토지신을 모시는 사단(社壇), 서쪽에
는 곡물신을 모시는 직단(稷壇)이다. 가로·세로 각각 8.2m의 정사각형
으로 높이는 약 90cm이다. 네 방면에 3층의 계단이 설치되어 있고, 이
곳으로 올라와 제사를 모신다.

　조선왕조의 신하들에게 있어 "종묘와 사직을 지킨다"는 것은 왕과 나

라에 충성을 다하겠다는 것과 같은 말이었다. 예컨대 임진왜란이 일어나 선조(宣祖)가 서울을 버리고 피난길에 오르자, 신하들은 종묘와 사직의 신위(神位)를 제일 먼저 챙겨서 호종(扈從)했다.

조선시대 서울의 교육기관

조선시대 서울의 교육기관으로는 성균관(成均館)과 사부학당 등이 있었다. 지금도 종로구 명륜동 성균관대학교 안에 그대로 남아 있는 성균관은 오늘날의 국립대학에 해당하는 최고학부였고, 4부학당은 중등교육기관이었다.

성균관 | 성균관은 태조 4년(1395)년에 착공되어 3년 만에 준공되었다. 성균관의 입학생은 140~200명이었다. 입학자격은 서울의 한성시(漢城試)나 지방의 초시(初試)에 합격해 생원(生員)이나 진사(進士)가 된 사람, 사학(四學)에 다니는 학생 가운데 정해진 시험에 합격한 사람, 조상의 공덕이 높아 뽑힌 사람 등이다. 성균관에 입학하면 기숙사 생활을 해야 했다. 아침부터 저녁까지 정해진 학칙에 따라 학문을 익혀야 했으며, 수시로 시험도 보았다. 300일 이상 출석한 학생에게만 관시(館試)에 응시할 자격을 주었다. 이들에게 따로 졸업이 없었으며 문과(文科)에 합격하는 날이 곧 졸업이었다. 한 달에 이틀의 휴일이 있고, 휴일에는 밀린 빨래를 하거나 부모를 찾아볼 수 있었다.

4부학당 | 성균관 밑에는 중등교육기관으로 4부학당이 있었다. 각 학당의 위치를 보면 중부학당이 종로구 중학동 88번지, 동부학당이 종로

명륜당 대성전.

구 종로6가 이화여자대학교 부속병원 안, 서부학당은 중구 태평로1가 60번지 옛 국회의사당 자리(현재 서울시의회 청사), 남부학당은 중구 필동1가 30번지에 있었다. 4부 학당의 정원은 각각 100명이었다.

입학은 사대부와 양반 자제 가운데 8세 이상이면 가능했다. 이곳의 성적이 우수하면 15세 이후 시험을 거쳐 성균관에 진학했다. 학비와 운영비용은 모두 국가가 부담했고, 학생들은 엄격한 규율 속에서 기숙사 생활을 했다.

향교와 서원 | 조선시대 한성부 안에는 서원(書院)이나 향교(鄉校)가 없었고, 4부학당과 성균관에서 모든 공교육을 담당했다. 교육열이 높은 부모들은 그때도 과외 같은 형태로 독선생(獨先生)을 두고 자제들을 가

르치기도 했다.

지방에서는 향교가 초등교육을 담당했다. 지방의 서원에서는 선비들이 모여 학문을 강론하는가 하면 과거(科擧) 준비생들이 공부했다. 이곳에선 석학(碩學) 또는 충절로 죽은 이의 위패를 모셔놓고 제사를 지내기도 했다. 지금도 보존되고 있는 도봉구의 도봉서원이나 강서구의 양천향교 등은 경기도에 속해 있다가 1963년 서울시 행정구역이 확대되면서 서울시 안으로 들어오게 된 것이다.

4대문과 4소문의 역할과 외교 공관

조선왕조 당시에는 4대문과 4소문의 역할이 달랐다. 중국 사신은 돈의문(서대문)을 통해 입성하여 태평관(太平館)에서 묵게 했다. 여진 사신은 혜화문(동소문)으로 들어와 북평관(北平館: 속칭 野人館)에 머물게 했다. 왜국의 사신은 광희문으로 들어와 동평관(東平館)에 숙박시켰다. 광희문은 도성 안의 시체나 상여가 나가는 저승길이었다.

조선 전기 명나라 사신이 묵었던 태평관은 지금의 중구 삼성생명 빌딩 뒤쪽 국민은행 서소문지점 자리이며, 모화관(慕華館)은 서대문구 현저동(홍제원 부근)에 있었다. 조선 전기(前期)에 일본·유구·버마 사신이 묵었던 동평관은 중구 인현동2가 192번지에 있었으며, 여진족 사신이 머물렀던 북평관은 종로구 종로6가 이화여대 동대문병원 자리에 있었다.

조선 후기에는 일본 사신이 조선에 와도 서울까지 올 수 없었다. 임진왜란 때 일본군이 사행로(使行路)인 영남대로(제4대로)를 따라 서울로 올라왔기 때문에 전쟁이 끝난 후에는 아예 일본인의 서울 진입을 원천 봉쇄해버린 것이었다. 그 대신 일본 사신은 부산 왜관(倭館)에서 동래부사(東萊府使)를 상대로 모든 업무를 처리해야 했다.

당시 서울에 들어온 중국 사신에게 가장 인기 높은 곳은 역시 한강이었다. 한강변의 명소 중에서도 용산구 한남동에 있던 왕실 소유의 정자 제천정(濟川亭), 훗날 천주교 성지가 된 잠두봉(용산구), 마포구 망원동에 있던 망원정(望遠亭)을 꼽을 수 있다. 제천정에서 국왕 전용의 정자

일제시대 촬영된 광희문(수구문). 왜국의 사신은 광희문을 통해 한성에 들어올 수 있었다. 광희문은 도성 안의 시체나 상여가 나가는 저승길이었다.

ⓒ국립중앙박물관

선(亭子船)을 타고 망원정까지 유람하는 코스는 여러 시문(詩文)을 통해 절찬되었다. 다음은 제천정의 풍경을 노래한 조선 전기의 문신 노사신(盧思愼)의 시이다.

오랜 비 처음 개니 갠 빛도 좋을시고
누(樓) 앞의 봄 물결 푸른 구름 뭉쳐 있다.
강 연기 막막하더니 바람 불어 걷히고
산 안개 부슬부슬 새가 가지고 오네.
배는 비단 닻줄 끌며 꽃핀 나루터로 돌아가고
술은 은하수 기울이듯 옥잔에 떨어지누나.
즐거운 모임 얼마인데 이별하기는 쉬운 것이
풍경 다시 보려고 배회하고 또 배회하네.

노사신(1427~1498)은 1465년 호조판서가 되어 최항과 함께 〈경국대전(經國大典)〉 편찬을 총괄했으며, 1492년에 좌의정, 1495년에는 영의정에 올랐다. 위의 시에 나오는 '비단 닻줄' '옥잔' 등으로 미뤄보면 명나라 사신과 함께 한강 유람을 하면서 읊은 시로 보인다.

중국 사신이 선유(船遊)를 할 때는 조선 조정에서 으레 학식이 높은 관리를 파견하여 함께 시문을 읊게 하는 등 의전(儀典)에 유의했다. 물론 이런 예우는 중국 사신에 국한된 것이었고, 일본이나 여진(女眞) 사신에 대해선 한강 유람조차 금지되었다.

9

⋮

한성의 인프라를 완성한
태종

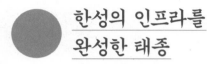

한성의 인프라를
완성한 태종

이방원의 통인동 집이 王子의 난 진원지

새 도읍의 건설을 주도한 정도전은 태조 7년(1398) 4월26일, 6언절구의
신도팔경시(新都八景詩)를 지어 완성된 도읍의 모습을 찬양했다. 개국
(開國) 제1의 공신으로서 조선왕조가 대대로 복록을 누릴 것을 빌었지

만, 그 자신은 곧 제1차
왕자의 난으로 제거되
는 비운을 맞게 된다.

서울이 새 수도로서
정치적·사회적으로 안
정되어 가던 무렵에 제1

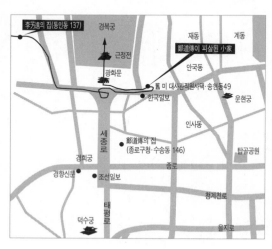

제1차 '왕자의 난' 상황도.

차 왕자의 난이라 불리는 왕실과 정권 내부의 일대 변란이 일어났다.

태조 7년(1398) 8월에 신의왕후 한 씨(조선왕조 개국 1년 전 별세함)의 소생인 정안군 이방원(李芳遠)이 세자책봉과 사병(私兵) 혁파에 불만을 품고 안산(安山) 군수 이숙번(李叔蕃) 등과 함께 私兵을 동원하여 정도전을 제거한 사건이었다. 세자 방석(芳碩)과 왕자 방번(芳蕃: 방석의 同腹兄)은 귀양 가는 도중에 죽임을 당했다.

태조는 계비(繼妃) 신덕왕후 강(康) 씨 소생인 여덟째 아들 방석을 세자로 세우고 정도전에게 보좌의 대임을 맡겼다. 정도전은 당시 군권과 정권을 장악하고 있었다. 이에 조선왕조 창업에 공이 많은 다섯째 아들 방원이 불만을 품고 쿠데타를 감행했다. 때마침 태조는 와병 중이었다.

당시 방원의 집은 준수방(俊秀坊) 즉, 경복궁의 서문인 영추문(迎秋門)과 가까운 지금의 종로구 통인동 137번지에 있었다. 이곳은 바로 한 해 전(태조 6년) 4월, 뒷날에 세종대왕이 되는 방원의 셋째 아들 충녕군(忠寧君)이 태어난 집이기도 하다. 방원은 세력이 약했던 만큼 선수를 쳤다. 경복궁 남쪽에 쿠데타군(軍)을 배치하고 즉각 정도전을 기습했다.

정도전이 피살된 곳은 한국일보 건너편 소실 집

정도전은 현재의 수송동 146번지 종로구청 자리에서 살았다. 그곳을 백자천손(百子千孫)의 명당이라 하여 수진방(壽進坊)이라 명명했다. 그 시각에 정도전은 자택에서 가까운 소실 집에서 개국공신 남은(南誾), 세자 방석의 장인 심효생(沈孝生)과 술잔 놓고 환담을 하던 중 불의의 기습을 받고, 3인 모두 죽임을 당했다. 정도전의 소실 집이 있었던 곳은 구(舊) 한국일보사 건너편 미국대사관 직원 사택이 모여 있는 종로구 송현동 49번지이다. 정권을 장악한 방원은 정도전이 얼마나 미웠던지 그의 수진방 집을 몰수하여 궁중의 말을 먹이는 사복시(司僕寺)의 부속 건물로 사용하도록 했다.

1398년 음력 8월26일 제1차 왕자의 난이 일어나자 신도(新都) 한성에는 불안하고 황량한 기운이 감돌았다. 태조는 둘째 아들 방과(芳果: 定宗)에게 양위했다. 천도 후 1년 만에 사랑하던 신덕왕후 강 씨가 병사하고, 그로부터 5년 만에 발생한 제1차 왕자의 난으로 강 씨 소생의 아들 방번과 방석까지 잃은 태조는 한동안 불덩이 같은 것이 목구멍을 막아 말을 할 수 없는 병을 앓았다.

정종도 피비린내 나는 한성이 싫었다. 정종 원년(1399)에 왕은 생모 신의왕후 한 씨의 능에 참배한다는 구실로 개경에 갔다가 그곳 수창궁에 눌러앉아 버렸다.

그해 3월, 태상왕(太上王)의 신분으로 서울을 떠날 때 이성계는 회한의 눈물을 흘렸다. 신덕왕후의 정릉(貞陵: 지금의 중구 정동 영국대사관 자리) 앞을 지나다가는 좀처럼 발길을 떼지 못하면서 "처음 한양으로 옮긴 것은 내 뜻만이 아니고 국인(國人)들과 의논한 것"이라고 한탄했다. 또 개경으로 간 다음에는 "내가 한양에 천도하여 왕비와 아들을 여의고, 지금 다시 천도하니 정말 도인(都人)들에게 부끄럽다"고 자괴했다.

특히 개경에서 시중 윤환(尹桓)의 옛집을 임시 거소로 삼아 입주할 때 아직 날이 밝지 않은 새벽 시간을 택했다는 것은 당시 태조의 심경을 잘 나타내 주는 일화이다.

정종은 개경을 아예 수도로 삼을 방침이었다. 왕은 "지금 과인이 구경 (舊京)에 있는데, 종묘는 신도(新都)에 있으니 참으로 미안한 일이다. 종묘를 옮겨 모시고 친히 제사를 받들려고 하는데 어떠하냐?"라고 신하들의 의견을 물었다. 新都 한양에 세운 종묘를 다시 개경으로 옮기겠다는 것이었다.

그러던 정종 2년, 개경에서 제2차 왕자의 난이 일어났다. 이번에는 동복(同腹) 왕자들 사이인 다섯째 방원과 넷째 방간(芳幹)이 각각 사병(私兵)을 동원하여 시가전까지 벌였다. 여기서 승리한 방원은 명목상의 임금에 불과했던 정종으로부터 양위를 받으니 그가 바로 태종(太宗)이다.

신촌·연희동에의 定都를 거부한 태종

태종은 야심이 많았던 만큼 과단성도 있었다. 그는 왕권을 강화하면서 조선왕조의 기틀을 다져갔다. 당시 개경에 뿌리를 박고 있던 누대의 양반 가문들은 한양 환도에 반대했다.

그러나 태종은 왕(王)씨의 500년 터에 새 왕조를 정착시키기 어렵다는 점을 꿰뚫어 보고 있었다. 바로 이 점에서만은 태종과 부왕(父王) 태조의 견해가 같았다.

태종은 환도를 반대하는 중론을 천천히 무마하면서 1404년 8월 각 관서의 관원 1인씩을 한양에 보내 관청의 건물을 수리하고, 9월에는 다시 성산군 이직(李稷) 등을 한성이궁조성제조(漢城離宮造成提調)로 임명하여 한양에 새 궁궐 창덕궁(昌德宮)을 짓게 했다.

그러나 태종의 한양 정도(定都)는 우여곡절을 겪었다. 태종의 제1 책사였던 진산군 하륜(河崙)이 또다시 도참지리설을 내세워 지금 서대문구의 신촌과 연희동 일대인 무악(母岳) 아래에 정도(定都)할 것을 청했던 것이다. 하륜은 태조 때부터 무악을 도읍의 적지로 거듭 주장해 온 인물이었다. 태종은 한양으로 오는 길에 무악에 올라가 사방을 두루 살펴보고 여러 신하들의 의견을 물었다. 의견이 분분했다.

태종은 종묘에 참배하고 난 뒤 동전으로 길흉을 점쳐 개경·무악·한양 중의 하나를 선택하기로 했다. 그 결과, 한양은 2길1흉(二吉一凶), 개경과 무악은 이흉일길(二凶一吉)로 나타났다. 이로써 환도에 반대하거나 무악 정도(定都)를 주장하던 신하들의 이견을 완전히 꺾어버렸다.

이렇게 한양을 도읍으로 재(再) 확정한 다음 태종은 환도를 서둘렀다. 이듬해인 태종 5년 2월, 왕은 다시 한양으로 와서 연화방(蓮花坊: 지금의 종로구 원남동)에 있는 영의정부사 조준(趙浚)의 집을 시어소(時御所)로 정하고 시공 중이던 창덕궁 공역 등을 독려했다. 각 관서에서도 모두 한성에 분사(分司)를 설치하고 관청·사택 등을 지었다. 태종은 아직 창덕궁이 준공되기도 전인 그해 10월에 한성으로 환도했다. 환도 후 열흘이 지난 10월20일 성대한 환도 겸 창덕궁 입어식(入御式)을 개최함으로써 한양은 도읍지로서의 위치를 확고히 할 수 있었다. 태종이 경복

창덕궁의 정문인 돈화문.

궁을 두고도 굳이 창덕궁을 건설했던 것은 정적 정도전의 냄새가 물씬 거리는 궁궐(경복궁)을 싫어했던 때문인 듯하다.

都城 안 3개의 간선도로

정도전이 새 도읍의 설계자라면, 태종은 한성의 인프라를 건설했던 임금이었다. 종루(鐘樓)를 중심으로 펼쳐진 상가(商街)인 시전(市廛)의 大행랑을 짓고, 광통교(廣通橋: 광교) 등 청계천의 남북을 연결하는 다리를 건설했다. 개국 초기 운종가의 동편, 즉 동·서대문을 연결하는 대로(지금의 종로)와 대광통교(大廣通橋)에서 남대문을 잇는 대로의 접점에 종루를 세우고 큰 종을 달았다. 그곳이 지금 종로 2가의 보신각 자리이다. 오늘날 서울을 찾는 외국인들은 현대적 빌딩 숲 사이의 전통 한옥 누각인 보신각(普信閣)을 보고 "현대와 과거가 한데 어우러진 현장"이라는 찬사를 보내고 있다.

태조 때부터 종루, 지금의 종각(鐘閣)을 중심으로 상업이 발달했다. 종루에 걸린 종을 쳐서 인정(人定: 통행금지 시작 시각)과 파루(罷漏: 통금 해제 시각)를 알렸을 뿐만 아니라 도성 내에 큰 화재가 나도 종을 쳐서 모든 주민에게 알렸다.

보신각. 오늘날 서울을 찾는 외국인들은 현대적 빌딩 숲 사이의 전통 한옥 누각인 보신각(普信閣)을 보고 "현대와 과거가 한데 어우러진 현장"이라는 찬사를 보내고 있다.

ⓒ조의환

태조 때 쌓은 도성의 성벽 가운데 산지(山地)에 위치한 부분은 토성이었는데, 태종은 이를 모두 석성(石城)으로 개조했다. 시전 가운데 특정 상품 전매(專賣), 즉 독점 판매의 특권과 국역(國役) 부담의 의무를 갖는 육의전(六矣廛) 제도는 인조(仁祖) 이후에 확립된다.

한성의 주요 간선도로가 완성된 시기도 태종 때였던 것으로 짐작된다. 혜정교(惠政橋)-창덕궁 입구, 종루-숭례문 등의 간선도로변에 펼쳐진 시전의 대행랑(大行廊)이 태종 12년에 시작되어 14년(1423)에 완공되었기 때문이다. 혜정교는 종로 1가 광화문우체국 부근에 있었는데, 광화문 북쪽에서 흘러내린 중학천이 청계천으로 유입되는 지점에 놓인 다리였다.

당시 도성 안에는 세 개의 대로가 있었다. 즉 황토현(黃土峴: 지금의 광화문 네거리)에서 경복궁 앞까지 통하는 대로, 역시 황토현을 중심으로 해서 동(東)으로 흥인지문(興仁之門: 속칭 동대문)까지와 서(西)로는 경희궁(慶熙宮: 서울고 옛 자리) 앞까지 연결되는 동서관통 대로, 그리고 숭례문(崇禮門: 속칭 남대문)에서 광통교(廣通橋)까지의 대로다. 조선왕조 당시의 도성지도를 보면 광화문-덕수궁-남대문에 이르는 현재의 간선도로는 없었다.

조선 초기의 숙제… 청계천 물난리

한성의 가장 큰 지형적 약점은 단단한 화강암 지질(地質)인 남산(262m)이 높기 때문에 빗물이 한강으로 잘 빠져나가지 않는다는 점이었다. 큰

ⓒ조희문

청계천 위에 걸린 광교.

비만 내리면 개천(開川: 지금의 청계천)의 물이 범람하여 사람과 다리가 떠내려가고, 이재민이 대량으로 발생했다. 태종은 한성에 환도한 지 3개월 후인 6년(1406) 정월에 창덕궁 등 궁궐 건설에 동원된 장정 3000명 중 600명을 한성부에 나누어 개천(開川) 굴착공사에 종사시켰다. 이어 9월에도 중앙정부의 관리들로 하여금 과품(科品)에 따라 일꾼 수명씩을 바치게 하여 개천을 정비했다.

그러나 이는 근본적인 배수시설이 되지 못했다. 태종 7년 5월부터 다시 수해를 입기 시작하여 거의 매년 되풀이되었다. 〈태종실록〉에는 '큰 비로 도성 안에 물이 넘치고 종루(鐘樓)에서 흥인문까지 사람의 통행이 막혔다'는 등의 기사가 보인다. 태종 10년의 경우 한 해 동안에 5월, 7월, 8월의 세 차례에 걸쳐 큰 홍수 피해를 겪었다.

드디어 태종 12년 1월15일부터 2월15일까지 역군 5만 명을 동원하여 대대적인 하천 정비공사를 벌였다. 하상을 파내고 하폭을 넓히는 한편 제방을 쌓았다. 상류 지역의 제방은 석축으로 하고, 지금의 종로 3·4가에서부터 수구문(水口門: 광희문)까지의 제방은 나무로 쌓았다. 또 광통교·혜정교 등 중요한 다리는 종래의 목교(木橋) 또는 토교(土橋)를 석교(石橋)로 바꾸었다.

이 大역사는 충분한 사전계획과 일꾼 보호를 위한 대비책을 세웠는데도 불구하고 병사자 64명을 냈다. 하지만 1412년에 완공된 이 공사에 의해 600년의 세월이 흐른 오늘날에도 강북의 중심부를 흐르면서 모든 빗물과 하수(下水)를 받아내는 청계천의 원형이 만들어진 것이다.

자연하천을 넓고 깊게, 고르게 파서 여간한 비에도 견딜 수 있는 인공하천으로 만드는 일은 그렇게 간단한 일이 아니었다. 그것은 왕조 초기의 숙제였다. 배수시설이 갖추어졌다고 할지라도 지류와 세천(細川)은 아직 자연 그대로의 상태였으며, 성곽 아래 설치한 수구(水口) 역시 처음 도성을 쌓을 때 설치한 그대로였다. 따라서 집중호우만 내리면 한성은 계속 물난리를 겪었다.

광교에서 바라 본 청계천.

그럼에도 태종은 이미 잦은 부역으로 민력이 소진되었다고 판단하고, 민심 수습 차원에서 더 이상의 공역(工役)을 일으키지 않았다. 태종 같은 강력한 군주도 나라의 기초를 일시에 이룩하려는 것은 지나친 욕심이라며 참을 수밖에 없었던 것이다.

광교의 바닥돌이 된 신덕왕후의 능석(陵石)

태종은 도성 안에 있던 신덕왕후(神德王后)의 정릉(貞陵)을 성 밖으로 이전시키는 등 사감(私感)을 푸는 데도 거침이 없었던 임금이다. 신덕왕후라면 태조의 왕후로서 태종에게는 계모이다. 비록 이성계의 후처이기는 하지만, 조선조 개국 후 첫 왕후의 지위에 올랐던 여성이다. 본처 한

덕수궁 옆에 있었던 원래의 정릉터. 현재 영국대사관 자리.

씨는 이성계의 즉위 1년 전에 별세해 후일 신의왕후로 추증되었다.

신덕왕후 강(康) 씨는 고려 말의 명문 출신으로서 변두리 무장 출신인 이성계가 개국을 하는 데 물심양면으로 뒷바라지를 했다.

이전된 정릉(신덕왕후의 능).

이성계와의 사이에는 제7자 방번, 제8자 방석과 경순(敬順)공주를 두었는데, 신덕왕후는 태조 5년(1396) 8월13일에 별세했다.

태조는 신덕왕후 康 씨가 세상을 떠나자 궁궐과 가까운 황화방(皇華坊: 지금의 중구 정동)의 북원(北原: 지금의 영국대사관 자리)에 능을 축조했다. 그리고 그 원찰(願刹)로 능 동쪽에 170여 칸의 흥천사(興天寺)를 세워 조계종(曹溪宗)의 본산으로 삼았다. 경복궁에서 태조는 시나브로 정릉을 바라보면서 신덕왕후의 명복을 빌었다.

신덕왕후는 전처 소생의 형들을 제치고 자신이 낳은 제8자 방석을 세자로 올리는 데 기어코 성공했다. 그러나 태조의 제5자 방원이 신덕왕후의 사후(死後)에 제1차 왕자의 난을 일으켜 신덕왕후 소생의 세자(世子) 방석과 방번을 죽였던 사실은 앞에서 거론했다. 신덕왕후를 미워한 태종은 왕에 오른 지 3년 만인 1403년 흥천사의 노비와 농지를 삭감하고 능역(陵域) 100보 밖에는 집을 지을 수 있도록 했다. 이에 하륜 등 유력자들은 시세에 따라 정릉의 숲을 베어내고 다투어 저택을 지었다. 상왕으로 물러나 있던 태조에게는 피눈물이 나는 일이었다.

1407년 상왕인 태조 승하 후 도성 복판에 있는 정릉을 옮기자는 의견이 나오고, 태종 역시 지난날의 앙금도 있어 다음해인 1408년 2월23일에 도성 밖인 지금의 성북구 정릉동(貞陵洞)으로 능을 옮겨버렸다. 한 달 후에는 옛 정릉의 정자각을 헐고 목재와 석재는 중국 사신의 숙소인 태평관(太平館)을 짓는 데 썼다. 태평관은 지금의 중구 서소문동 소재 국민은행 서소문지점 자리에 있었다.

뿐만 아니라 1410년에 생모인 신의왕후(神懿王后) 한 씨를 태조의 유일한 정비(正妃)로 삼아 태조와 함께 그 신위를 종묘(宗廟)에 부묘(祔廟)

하면서 신덕왕후를 후궁의 지위로 격하시켰다. 또 그해 광통교(廣通橋)가 홍수로 무너지자 옛 정릉의 석물 중 일부인 병풍석(屛風石)을 광통교 복구에 사용케 했다. 아무나 밟고 지나다니라는 얘기이다. 광통교의 위치는 중구 삼각동 신한은행 광교영업부 바로 아래였다. 신덕왕후가 복권된 것은 그로부터 200여 년 후인 선조(宣祖) 때의 일이다.

사랑했던 아내 곁에 묻히지도 못한 태조 이성계

태조 이성계는 1408년 5월24일, 창덕궁 별전에서 향년 74세로 승하했다. 태조는 생전에 사랑했던 아내인 신덕왕후 강 씨 곁에 묻히기를 바랐다. 그러나 태종은 부왕(父王)의 유언을 따르지 않았다. 태조는 지금의 경기도 구리시 건원릉에 묻혀 있다. 건원릉 주변엔 후대 왕과 왕비의 능 8기가 더 들어와 58만 평의 대지 위에 동구릉(東九陵)을 이루고 있다.

강력한 중앙집권제를 실시하여 500년 왕업의 기반을 닦았지만, 인간적으로는 아버지의 분노를 사고 형제들에게 칼

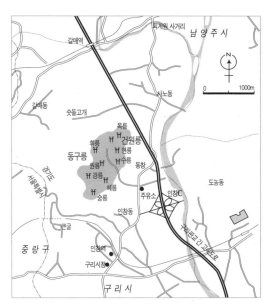

건원릉(태조의 능).

을 들이댄 태종(太宗) 이방원. 그는 왕위를 셋째아들 충녕대군(세종)에게 물려주고 상왕(上王)으로 있으면서도 병권(兵權)만은 놓지 않았던 파워 폴리틱스의 신봉자였다. 세종 원년(1419)에 왜구의 소굴 대마도(對馬島) 정벌을 주도했던 것도 실은 상왕(上王) 이방원의 업적이었다.

그런 태종도 세종 4년(1422)에 별세했다. 태종과 그의 비 원경(元敬)왕후는 헌릉(獻陵)에 합장되었다. 헌릉은 강남구 내곡동 산 13-1번지 대모산 남쪽 기슭에 자리 잡고 있다. 지금 이곳을 헌인릉(獻仁陵)이라고 부르는 것은 제23대 국왕 순조(純祖)와 순원왕후의 인릉(仁陵)이 그 아래에 조영되었기 때문이다.

태종 때의 개천대역(開川大役)이 있은 지 10년 만인 세종 3년(1421) 6월21일 물을 퍼붓는 듯한 큰 비가 계속 내려 많은 익사자를 내었는데, 그 열흘 전인 6월12일에도 큰 비가 내려 개천(開川)이 범람했다. 세종은 한성의 배수시설을 전면적으로 보완해 나갔다. 태종 때와는 달리 일시에 큰 공역을 일으키지 않고, 세종 4년 1월부터 16년 2월까지 12년간에 걸쳐 농한기만 이용하여 꾸준히 보수·확장을 거듭함으로써 개천(開川)의 배수기능을 완비했던 것이다.

세종 치세의 과학도시
서울

세종 치세의
과학도시 서울

수표교—세계 최초로 하천의 우수량을 과학적으로 측정

세종 23년(1441)에는 하천의 수위(水位)를 측정하고 단위시간당 우수량(雨水量)을 측정할 수 있는 수표(水標)와 측우기를 서운관(書雲觀)에 설치했다. 기계에 의한 과학적·수량적 강우량 측정법은 세계 최초의 시도였다. 1958년 청계천이 복개됨에 따라 중구 장충동 장충단공원으로 옮겨져 있는 정교한 수표교(水標橋)도 세종 때 만들어진 돌다리다. 세종은 한글 창제, 6진 개척 등 정치·경제·사회·문화 등 각 방면에 업적을 남긴 우리 역사상 최고의 군주였다.

도성 축조 당시 서대문은 경희궁(慶熙宮: 前 서울고등학교 자리)의 서쪽 담과 거의 맞닿아 있었다. 서대문을 지금의 의주로 네거리 쪽으로 이전한 것은 세종 4년(1422)의 일이었다. 그 후 새로 성 안으로 편입된 지역을 새문안, 그 도로를 신문로(新門路)라고 불렀다.

우리나라는 면적이 넓지 않은데도 불구하고 크고 작은 산맥이 얽혀
있고, 그 사이로 강이 흘러 교통을 방해하고 있다. 전국의 도로가 집중
하는 수도 한성 주위에도 삼각산·인왕산·무악재·관악산·청계산·도봉
산 등이 도성(都城) 진입을 억제하고 있고, 남쪽에는 한강이 가로놓여
있어 이를 건너기가 쉽지 않았다. 당시의 토목기술로는 강폭이 넓은 한
강에 다리를 놓는다는 것은 불가능했던 만큼 양안에 나루터를 설치하
여 사람과 물자를 건네주는 것은 필수적인 일이었다.

세계 최초로 우수량을 과학적으로 측정한 청계천의 수표교.

조선왕조 초기에 이러한 나루터를 조성하여 한강 양안을 연결하는 사업은 태종과 세종 때 그 골격이 완성되었다. 광나루[廣津], 삼밭나루[三田渡], 서빙고나루[西氷庫津], 노들나루[露梁津], 동자개나루[銅雀津], 삼개나루[麻浦津], 서강나루[西江津], 양화나루[楊花津] 등이 그것들이다. 지금 한강에 걸린 다리들은 모두 조선조 당시의 나루터 양안(兩岸)을 연결한 것이라고 보면 된다.

훈민정음의 산실—집현전

우리나라는 일찍부터 한자(漢字)와 이두(吏讀) 등을 사용했다. 그러나 지배층을 포함한 일부 계층만이 문자를 이해할 수 있었고, 백성들은 이를 배우기 어려웠다. 조선의 제4대 국왕 세종(재위 1418~1450)은 집현전(集賢殿)을 설치하여 학문을 장려하면서 1443년 훈민정음(訓民正音)을 창제(1443년)하여 반포(1446년)했다. 집현전의 위치는 경복궁 내에서 경치가 가장 좋은 대한민국 국보 제224호 경회루(慶會樓) 앞쪽이었다.

집현전은 사정전(思政殿)과도 매우 가까웠다. 사정전은 임금이 머물면서 정치하는 경복궁의 편전이다. 왕이 자주 둘러볼 수 있도록 사정전 가까이에 집현전을 설치한 것이다. 신숙주(申叔舟)가 집현전에서 밤 늦게까지 연구를 하다가 깜박 잠이 든 사이 세종이 와서 곤룡포를 덮어 주고 갔다는 일화는 유명하다.

집현전 학사들은 독서와 음주를 마음껏 했다. 왕실로 올라오는 진상

경복궁 내에서 경치가 가장 좋은 경회루. 훈민정음을 창제한 곳인 집현전은 경회루 바로 앞쪽에 있었다.

품인 귤 같은 것도 집현전 학사들에게 우선 배급했다. 또 집현전 생활이 지겨우면 몇 달씩 집현전을 떠나 자가(自家)에서 책을 읽도록 유급휴가도 주었다. 이런 우대조치 속에서 IT 시대 들어 세계 제1급의 표음문자로 각광받는 한글의 전신(前身)인 훈민정음이 탄생했던 것이다.

이에 따라 왕실로부터 양반 사대부, 여성, 심지어 노비에 이르기까지 훈민정음을 사용하게 되었다. 최근 유엔이 문자 없는 나라에 제공한 문자는 한글이었다. 이로써 남북한 이외에 3개 국가가 한글을 국어로 삼고 있다.

세종 하면 떠오르는 과학자가 장영실(蔣英實)이다. 그의 어머니는 관기(官妓)이며 아버지는 원(元)나라 사람이다. 장영실은 조선판 다문화가정 출신이었다. 동래부(東萊府) 소속 관노(官奴)였던 장영실을 정 4품 기술관료로 발탁한 세종은 경복궁 경회루 남쪽에 지은 전각에다, 장영실이 만든 자격루(自擊漏)를 설치해 조선의 표준시계로 사용하도록 했다.

11

수양대군 쿠데타 이후의
서울

수양대군 쿠데타
이후의 서울

김종서가 기습당한 집은 지금 농업박물관 자리

세종의 뒤를 이은 문종(文宗)은 문약(文弱)하여 재위 2년 만인 39세의 한창 나이에 갑자기 세상을 떠났다. 단종(端宗)은 문종이 죽은 지 6일 만인 1452년 5월18일 경복궁 근정전에서 즉위식을 거행했다. 12세의 단종은 혼례도 치르지 않았고, 그를 낳아준 대비(大妃)도 이미 죽고 없었다. 부왕(父王) 문종이 죽기 전에 어린 아들을 위해 취한 조치라고는 김종서(金宗瑞)·황보인(皇甫仁) 등 원로대신들에게 아들을 부탁하는 정도였다.

단종이 즉위한 이후 문종의 고명(顧命)을 받은 대신들과 종친(宗親)들 사이에 대립이 격화되는 상황에서 이를 중재할 만한 권위를 가진 사람은 없었다. 더욱이 단종의 숙부들인 수양대군(首陽大君)과 안평대군(安平大君)이 야심만만했던 인물이었던 만큼 치열하게 권력을 다투었다.

왕위에 오른 지 1년 만인 1453년(단종 원년) 10월10일, 수양대군이 정권을 장악하기 위해 쿠데타를 일으켰다. 이것이 이른바 계유정난(癸酉靖難)이다.

정난(靖難)이란 나라의 위급함을 평정한다는 뜻이다. 그렇다면 수양대군의 쿠데타를 계유년(1453)에 일어난 정난이라고 규정하는 것은 이치에 맞지 않다.

계유정난은 수양대군이 그의 잠저(潛邸)에서 장사패를 데리고 서대문 밖에 있던 좌의정 김종서(金宗瑞)의 집에 가만히 접근해, 집 밖으로 그를 유인한 후 그의 머리를 불시에 철퇴로 가격함으로써 개시되었다. 수양대군으로서는 지용(智勇)을 겸비한 6진(鎭) 개척의 대호(大虎: 별명) 김종서를 먼저 제거해야만 쿠데타가 성공할 수 있었기 때문이다.

김종서의 집은 지금의 경향신문 사옥과 농협중앙회 사이에 있는 농업박물관 자리에 있었다. 세조는 이곳을 여행자에게 말을 빌려주는 고마청(雇馬廳)으로 격하시켜 동네이름도 고마동이 되었다. 예나 지금이나 정치보복은 이렇게 치졸(稚拙)했다.

수양대군의 집은 명례궁(明禮宮)이 되었다.

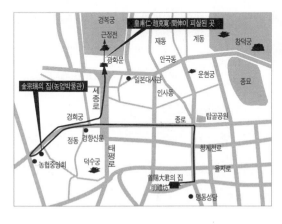

수양대군의
쿠데타(소위 계유정난) 상황도

명례궁은 지금의 중구 명동인 명례방(明禮坊: 진고개)에 있었는데, 조선 후기에 지금의 성공회 서울대성당(중구 정동 3번지) 자리로 옮겨졌다.

수양대군은 이어 경복궁으로 달려가 "김종서가 반역을 꾀했으므로 죽였는데, 일이 매우 절박하여 임금께 아뢸 여가가 없었다"라고 상주했다. 그리고는 왕명으로 신하들을 경복궁으로 불러들인 뒤 미리 준비했던 살생부(殺生簿)에 따라 영의정 황보인, 병조판서 조극관(趙克寬), 이조판서 민신(閔伸), 우찬성 이양(李穰) 등 반대파 중신들을 대궐 문 앞에서 쳐 죽였다. 이들의 죄명은 안평대군을 추대하여 종사(宗社: 종묘와 사직, 즉 국가)를 위태롭게 했다는 것이었다.

그러나 죽은 줄만 알았던 김종서는 다시 깨어났다. 다음날 그는 중상의 몸으로 임금(단종)을 만나기 위해 가마에 탄 채 서대문·서소문·남대문을 전전하며 도성 안으로 들어오려 했지만, 수양대군파(派)에 의해 끝내 입성을 저지당하고 수양대군의 심복들에 의해 살해되었다. 이로써 수양대군은 왕위에 오를 수 있는 기반을 만들었다. 이런 학살에도 불구하고 사후(死後)의 세조가 온전했던 것은 조선왕조의 그 후 왕들이 모두 세조의 후손이었기 때문이다.

사육신이 처형당한 곳은 프레스센터 앞길

1455년 윤 6월11일, 수양대군은 단종을 상왕(上王)으로 밀어내고 경복궁 경회루에서 왕위에 올랐다. 그가 조선 제7대 임금 세조(世祖)다. '조(祖)'란 나라를 창업한 임금이거나 국란을 극복한 임금에게 붙이는 시호

동작구 노량진동에 있는 사육신묘(廟).

(諡號)의 끝 자이다.

단종은 퇴위당한 후 창덕궁을 거처로 삼았다가 다시 금성대군(錦城大君: 세종의 여섯째 아들)의 집으로 옮겼다. 단종이 상왕(上王)으로 물러난 지 1년 여 만인 세조 2년(1456) 6월, 상왕의 복위를 꾀한 사건이 발생했다. 성삼문(成三問), 박팽년(朴彭年) 등이 명(明)의 사신을 환영하는 연회에서 세조와 세자를 비롯하여 한명회(韓明澮), 권람(權擥), 신숙주(申叔舟) 등을 죽이고 상왕인 단종을 다시 세우려고 모의한 것이었다.

그러나 연회 당일, 세조가 한명회(韓明澮: 세조의 모사)의 계교에 따라 갑자기 창덕궁의 연회장 자리가 좁으니 운검(雲劍)을 그만두라고 명했다. 운검이란 임금이 정좌한 앞에 큰 칼을 들고 서는 의전무관(儀典武

官)을 말하는 것으로 당시 도총관 성승(成勝: 성삼문의 아버지)과 유응부(俞應孚)가 그 역할을 맡기로 되어 있었다. 이에 거사가 차질을 빚자, 모의에 가담한 바 있는 김질이 동지들을 배신, 밀고했다.

사육신 등 관련자들은 군기시(軍器司: 지금의 서울시청과 프레스센터 자리) 앞에서 모두 잔혹한 거열형(車裂刑: 수레로 사지를 찢어서 죽이는 형벌)에 처해졌다. 성삼문·박팽년의 아내 등은 이른바 공신들의 비첩(婢妾)으로 넘겨졌다.

그러나 사육신의 시신들은 누군가에 의해 수습되어 지금의 동작구 노량진동 산 344번지 사육신공원 묘소에 묻혀 후인들은 물론 후대의 왕들로부터도 추앙을 받아왔다. 세조에게는 '역적'이었지만, 후대의 왕들에게는 자기 신하들도 본받아야 할 '충신'이었기 때문이다. 역사는 이래서 재미있는 것이다.

성삼문은 지금의 정독도서관(경기고등학교 옛 자리) 뒤편의 종로구 화동 23-9번지, 박팽년은 그 이웃인 화동 105번지에 살았다. 단종은 상왕(上王)에서 노산군(魯山君)으로 강등되어 영월로 귀양을 갔다. 영월에 유배된 그해에 금성대군이 다시 단종 복위를 도모하다가 발각되었다. 이 여파로 단종은 서인(庶人)으로 강등되어 사약을 받고 죽었다.

압구정동의 유래

세조의 모사(謀士) 한명회는 그의 두 딸을 예종(睿宗)의 비(妃)와 성종(成宗)의 妃로 넣고 벼슬이 영의정에 이르는 등 한평생 영화를 누렸다.

그러면서도 '갈매기를 벗 삼아 유유자적'하게 산 사람이란 말을 듣고 싶어 한강의 동호(東湖)가 내려다보이는 강남에 정자를 짓고 압구정(狎鷗亭)이라는 현판을 붙였다. 오늘의 압구정동이란 지명은 여기서 유래한다. 위치는 지금의 동호대교와 영동대교 사이, 한강변의 벼랑과 여울이 돌출된 곳이다.

그러나 사후(死後)의 한명회는 갑자사화 때(1504) 연산군의 생모 윤(尹) 씨가 사약을 마시고 죽은 일에 관여했다는 죄를 받아 무덤을 파서 관을 쪼개고 시신의 목을 베는 부관참시(剖棺斬屍)를 당했다.

세조의 손자 성종(成宗)은 조선왕조의 문물제도를 완성시킨 임금이다. 청계천 보수공사, 시전행랑(市廛行廊) 공사, 전관교(箭串橋: 한양대 아래 살곶이 다리) 등도 성종 때 완공되었다. 성종대(成宗代)에는 수강궁(壽康宮)을 크게 확장하여 창경궁(昌慶宮)이라고 이름을 고쳤다. 수강궁은 원래 세종이 생존한 상왕인 태종을 위해 지었다. 〈동국여지승람(東國輿地勝覽)〉에 따르면 효심이 깊은 성종은 정희왕후(貞熹王后: 세조의 비), 소혜왕후(昭惠王后: 성종의 모후), 안순왕후(安順王后: 예종의 비) 등 살아있던 세 대비(大妃)를 편안히 모시기 위해 창경궁에 명정전·문정전·통명전 등을 증축했다.

조광조의 집은 교동초등학교 자리

성종에 이어 등장한 임금이 조선왕조 제1의 폭군인 연산군(燕山君)이다. 그는 무오사화(戊午士禍)와 갑자사화(甲子士禍)를 일으켜 사림파(士林

서울 종로2가 탑골공원에 서 있는 국보 제2호 원각사지 10층 석탑. 조선조뿐만 아니라 우리 역사상 가장 화려하고 이색적인 석탑이다.

派)를 대량 숙청 학살하고, 언문[한글] 사용을 금하는가 하면 원각사(圓覺寺: 지금의 종로2가 탑골공원)를 헐어 기생들의 놀이터로 만들었다. 민생을 수렁으로 빠뜨리며 유흥과 음행을 일삼던 연산군은 1506년 중종반정(中宗反正)으로 폐위당하고 강화도로 귀양을 가서 죽었다.

서울의 내사산(內四山) 중 하나인 낙산은 지금도 나무가 거의 없는 바위산이다. 민간에서 구전(口傳)되는 얘기로는 연산군이 낙산의 나무들을 모조리 잘라버렸다. 그 이유는 창경궁 안에서 연산군이 나체의 기생들과 노는 모습을 백성들이 낙산의 나무 뒤에 숨어 내려다보았기 때문에 대대적으로 벌목이 되었다는 것이다. 이것이 사실이든 아니든 이렇게 연산군은 백성들 사이에서 주지육림(酒池肉林)의 폭군으로 회자되었던 것이다.

반정(反正) 초기 중종(中宗)은 박원종(朴元宗) 등 억센 공신(功臣)들에 휘둘렸지만, 차츰 왕권을 회복하고 이상국가(理想國家)를 꿈꾼 혁신주의자 조광조(趙光祖)를 중용하여 개혁정치를 시도했다. 조광조의 상주(上奏)로 반정(反正)공신들의 위훈(僞勳)이 삭감당하고, 미신 타파를 위해 궁중의 비빈들의 점이나 굿거리를 맡아서 해주던 소격서(昭格署)가 혁파되었다. 소격서는 경복궁의 동문인 건춘문(建春門) 건너편, 지금의 국군서울지구병원 자리에 있었다.

그러나 조광조는 백성들의 인기가 그의 한 몸에 집중되는 데 대한 중종(中宗)의 두려움과 훈구파(勳舊派)의 반격 때문에 결국 귀양을 가고 거기서 사약(賜藥)을 마시고 죽었다. 조광조의 집은 지금의 종로구 교동(校洞)초등학교 자리에 있었다. 교동초등학교는 고종 31년(1894) 9월18일 우리나라의 첫 근대적 초등교육기관인 '관립 교동소학교'로 개교한 이래 현재까지 윤보선(尹潽善) 前 대통령 등 5만 명에 달하는 졸업생을 배출했다.

이 집에 드나들면서 개혁정책을 논하던 김식(金湜)·안처겸(安處謙)·박훈(朴薰) 등 신진사류도 이때 모두 제거되었는데, 이것이 중종 14년(1519)의 기묘사화(己卯士禍)이다.

개혁가 조광조가 살던 곳.

일제시대 촬영된 봉은사 전경.

봉은사 ─ 불교 중흥의 현장이었지만…

배불숭유(排佛崇儒)를 국시(國是)로 내건 조선왕조에서는 승려의 4대문

안 출입이 금지될 만큼 탄압을 받았지만, 꼭 한번 불교가 중흥할 뻔한

기회가 있었다. 바로 그 중심지가 지금의 강남구 삼성동 아셈회의장 건

물 건너편에 있는 봉은사(奉恩寺)다.

　봉은사는 명종(明宗)의 모후(母后)로서 조정의 실권을 장악한 문정왕

후(文定王后)가 숭배하던 당대의 고승 보우(普雨)를 주지로 맞음으로써

크게 번창했다. 당시 봉은사는 그 산문(山門)이 지금의 인터컨티넨탈 호

텔(강남구 테헤란로 521번지) 자리에까지 뻗어 나와 있을 만큼 경내가

넓었다.

중종 5년(1550) 12월15일, 문정왕후는 선·교 양종(禪·敎 兩宗)을 부활시키는 왕의 비망기(備忘記)를 내리게 했다. 이후 승려의 도첩(度牒) 제도가 부활되는가 하면 승려들의 과거인 도승시(度僧試)도 실시되었다.

도첩은 새로 중이 되었을 때 나라에서 주던 허가증이었다. 봉은사 마당에서 시행된 도승시에서 급제한 승려가 임진왜란 때 승병을 일으켜 큰 공을 세운 서산대사 휴정(西山大師 休靜)과 그의 법제자인 사명당 유정(泗溟堂 惟政) 등이다.

문정왕후는 명종 20년(1565)에 죽었는데, 그녀가 묻힌 곳이 지금의 노원구 공릉동 산 223-19번지 태릉(泰陵)이다. 태릉선수촌과 태릉 국제종합사격장 사이에 위치해 있다. 문정왕후 사후(死後)에 보우는 유생들의 배척과 불교 탄압을 주장하는 거듭된 상소(上疏)에 따라 제주도에 귀양을 갔다가 제주목사 변협(邊協)에게 매를 얻어맞아 죽임을 당했다. 보우는 억불(抑佛)시대에 불교를 중흥시키려 힘썼던 순교승(殉敎僧)으로 평가받고 있다.

임진왜란 시기의
서울

임진왜란 시기의 서울

백성들이 방화한 경복궁·창덕궁·창경궁

연산군 이래 신진사류는 훈구파(勳舊派)에 의해 거듭 수난을 당했지만, 드디어 선조(宣祖) 대에 이르면 사림파(士林派)가 정계의 주류를 형성했다. 그러나 사림파는 곧 동인(東人)과 서인(西人)으로 분열했다. 소장세력의 영수 김효원(金孝元)이 서울 4대문 안의 동쪽인 낙산 기슭에 산다고 하여 그 당파를 동인(東人), 그 반대파의 영수 심의겸(沈義謙)의 집이 서울 4대문 안의 서쪽인 인왕산 기슭에 있다고 하여 그 당파를 서인(西人)이라고 불렀다.

서울은 동인과 서인 간의 당파싸움이 벌어진 주무대였지만, 일반백성의 삶은 비교적 평온했다. 문제는 국방에 너무 소홀히 했던 데서 빚어졌다. 선조 25년(1592) 4월14일, 왜군(총병력 15만 명)이 부산포에 상륙하여 부산진성과 동래성을 함락시키고 북상했다. 선조 조정은 순변사 이일

158

(李鎰)을 남하시켜 왜군을 막도록 하고, 이어 신립(申砬)을 도순변사(都巡邊使)로 삼아 이일 부대의 뒤를 받치도록 했다.

4월25일, 이일은 군사 800명을 거느리고 상주(尙州) 북천 변에 진을 치고 있다가 고니시 유키나가(小西行長)가 지휘한 왜군 제1군(병력 1만8700명)의 공격을 받고 휘하 군사가 전멸하는 가운데 혼자 도주했다. 100년 간의 전국(戰國)시대를 거쳐 온 왜군은 소총에 의한 사격과 기동에 능숙했다.

신립은 보·기병 8000명을 거느리고 충주의 탄금대에서 배수진을 치고 있다가 4월28일 고니시의 제1군에 패전하여 탄금대 뒤편의 한강 지류 달래강에 뛰어들어 자결했다. 조총으로 무장한 왜군의 연속사격에 의해 신립의 기마부대가 전멸했던 것이다. 이때도 이일은 군복을 벗은 알몸으로 도주했다.

임진왜란의 초전에서 조총은 이렇게 전장(戰場)을 지배했다. 왜군은 3교대 사격에 의한 연속사격에 숙달해 있었다. 일본은 1543년 규슈 남쪽의 외딴 섬 다네가시마(種子島)에 표류한 포르투갈 상인들로부터 철포(鐵砲: 소총)를 입수한 이래 50년간 꾸준히 개량하여 내전에 사용하면서 이미 대량생산 체제에 들어가 있었던 것이다. 임진왜란 도발 당시 일본의 철포는 비록 단발총이었지만, 세계에서 가장 명중률이 높은 소총이었다.

전시의 재상 류성룡(柳成龍)이 저술한 〈징비록(懲毖錄)〉에는 임진왜란 중 왜군 득의(得意)의 병기였던 조총(鳥銃)에 대해 다음과 같이 기술되어 있다.

〈종의지(宗義智·소오 요시토모)가 공작 두 마리와 조총 등을 바쳤는데, 임금께서는 공작을 남양(南陽)의 섬에 날려 보내도록 하고, 조총(鳥銃)은 군기시에 두게 했다.〉

종의지는 임진왜란 한 해 전에 도요토미 히데요시(豊臣秀吉)의 국서를 갖고 서울에 들어온 일본국의 정사(正使)였다. 군기시(軍器寺)는 각종 병기와 기치, 의장기재를 만들어 보관하는 관청이었는데, 지금의 서울시청과 프레스센터의 사이에 있었다. 새나 잡는 소총이란 뜻의 조총(鳥銃)은 일본의 철포(鐵砲)를 얕잡아 부르는 말이었다.

종의지는 조선과의 무역으로 큰 이익을 누리는 대마도주(對馬島主)이며, 임진왜란 때는 왜 제1군의 대장이었던 고니시 유키나가의 사위로서 그의 부장으로 종군했다.

그런 그는 자신의 대(對)조선 무역에 악영향을 초래할 전쟁을 가능하면 막아보려고 조선 조정에 히데요시의 침략 의도를 넌지시 귀띔하기도 했다. 그러나 조선 조정은 종의지의 말을 흘려듣고, 그가 제공한 조총을 시험 발사한 후 활보다 비(非)효율적이라 판단해, 군기시 창고에 처박아 두었던 것이다. 조선 조정은 임란 초기의 지상전을 지배한 조총의 위력을 실감하고 전쟁 중에 급히 소총부대를 양성했다. 그래서 훈련도감의 삼수(三手兵) 중 포수를 포함시켰던 것이다.

일본어에서 무뎃뽀(無鐵砲)라는 것은 철포도 없이 덤비는 '무모함' 또는 '분별 없음'을 뜻한다. 이러한 배경을 모르는지 우리나라 TV방송의 일부 시사평론가들은 요즘도 '무뎃뽀'라는 일본말을 남용하고 있다. 말머리를 다시 서울을 향해 북상하는 왜군과 이에 대처하는 조선 조정의 이야기로 되돌린다.

4월26일, 이일의 보고에 의해 상주(尙州) 패보를 접한 조정은 뒤늦게 도성 수비전략을 세우고 병조에서는 도성 안의 군사를 징발했다. 이런 상황에서 곧이어 신립이 충주에서 패전했다는 보고가 올라오자 왕은 피란을 결심하는 한편 한강에서 왜군의 북상을 저지하기로 했다. 이에 따라 이양원(李陽元)을 유도대장(留都大將)으로 삼아 도성을 지키게 하고, 김명원(金命元)을 도원수로 임명하여 군사 1000여 명을 거느리고 한강 도하가 가능한 제천정(濟川亭: 지금의 용산구 한남동) 일대에 배치시켰다. 강남의 나룻배는 왜군이 징발하지 못하도록 모두 강북으로 옮겨 묶어 두었다.

4월30일, 왕이 당시의 제1대로(한성~의주)를 따라 피란길에 오르자, 도성 內에서 백성들이 폭동을 일으켜 노비문서가 보관된 장예원(掌隷院)과 형조(刑曹)에 이어 경복궁·창덕궁·창경궁 등을 방화했다. 이때 많은 관아와 민가도 불탔다.

왜군총사령부는 조선호텔 자리에

5월2일 정오께 가토 기요마사(加藤淸正)가 거느리는 왜의 제2군(병력 2만 8000명)이 한강 남안에 당도했다. 한강 남안에서 왜군은 조총을 쏘아대면서 조선군의 사기를 저하시켰다. 도원수 김명원(金命元)은 싸워보

지도 않고 옷을 바꿔 입고 임진강을 향해 도주했다. 유도대장(留都大將) 이양원도 마찬가지였다. 가토는 병사 한 명을 시켜 한강 북안(北岸)에 매여 있던 나룻배를 남안(南岸)으로 몰고 오도록 한 뒤 그것으로 다른 나룻배들을 징발해 축차적으로 도하를 완료했다.

이 무렵 충주에서 양근(楊根: 지금의 경기도 양평군) 방면으로 북상한 고니시 휘하의 제1군은 남한강을 건너 진격해 동대문을 통해 서울에 1번 입성했다. 뒤이어 가토의 제2군도 남대문을 통해 서울에 입성했다.

임진왜란 당시 한성을 점령한 왜군 총사령부가 설치된 조선호텔 자리. 일제시대에 촬영된 사진으로 현재는 신축 건물이 들어서 있다.

이후 1년간 서울은 왜군의 점령 하에 놓였다. 수많은 서울 사람이 살상되거나 굶어 죽어 그 시체가 길을 메우고 백골이 나뒹굴었다. 〈선조실록〉에는 서울사람이 '인상살식(人相殺食)'했다는 기록이 나온다. 한성 정도(定都) 이래 가장 참혹한 환란이었다.

당시 왜군의 총대장(제8군 대장 겸임)인 우키다 히데이에(宇喜多秀家)는 지금의 조선호텔 자리에 사령부를 설치하고 있었다. 우키다는 약관 20세로 실전 경험이 부족했지만, 히데요시(豊臣秀吉)가 애지중지한 양녀 고히메(豪姫)의 남편이어서 중용되었던 것이다.

왕은 평양을 거쳐 압록강 남안 의주까지 북상하여 명(明)에 원병을 요청했다. 고니시의 제1군은 뒤따라와 평양성을 점령했다. 그러나 이순신 장군의 함대가 남해→서해로 가는 해로를 막아 병량(兵糧) 등을 확보하지 못한 평양 주둔 왜군은 굶주릴 수밖에 없다. 보급품의 육로 수송도 곳곳에서 봉기한 의병의 기습을 받아 실패하고 있었다.

이듬해(1593) 1월6~9일에 걸쳐 이여송(李如松)이 지휘하는 明의 원병 4만여 명과 조선군 1만여 명이 평양성 탈환전을 벌였다. 굶주린 고니시의 제1군은 조–명 연합군의 대포 공격에 견디지 못해 1월9일 밤, 평양성을 버리고 퇴각했다. 고니시의 제1군은 굶주림으로 허덕이면서 개성에 주둔하고 있던 고바야가와(小早川隆景)의 제6군(병력 1만 5700명)과 함께 서울로 후퇴했다.

그러나 명의 제독 이여송은 추격전의 묘리(妙理)를 몰랐다. 그는 진군 로상(進軍路上)에 군량과 마초(馬草)가 없다는 등의 핑계로 추격을 늦추었다. 서울로 후퇴한 고니시 등은 경기도·황해도에 포진하고 있던 왜군을 서울로 집결시켜 결전을 위한 재정비를 마친다.

이여송은 뒤늦게 친병(親兵) 5000기(騎)만 거느리고 개성-파주를 거쳐 서울 외곽인 벽제역(碧蹄驛: 지금의 고양시 덕양구 대자동 최영 장군 묘 북쪽 39번 국도와 67번 지방도로가 만나는 고양동)으로 남하했다. 평양 공략시 대포를 놓아 제1공을 세운 휘하의 절강병(浙江兵)은 평양에 남겨둔 채였다. 1월27일, 벽제관(한성 서북쪽 45리)을 지나 주막리(酒幕里)로 달려오던 이여송의 기병부대 5000기는 복병에 걸려들어 후군(後軍)이 오기도 전에 절반이 꺾이는 참패를 당했다. 빗속에 기병의 기동력이 급격히 떨어져 후퇴조차 어려웠다. 이날 죽을 뻔한 이여송은 이후 서울 탈환을 포기하고, 개성을 거쳐 평양으로 후퇴했다.

권율 장군의 집은 행촌동 고지대

벽제관 전투의 패배로 바닥에 떨어진 조-명(朝-明) 연합군의 사기를 되살리고 왜군의 서울 방위계획을 교란시킨 것이 행주산성(幸州山城) 전투였다. 왜군이 벽제관 전투에서 명군을 격퇴시키고 있을 무렵, 전라관찰사 겸 순찰사 권율(權慄)이 의병 3000여 명을 거느리고 은밀히 한강을 건너 행주산성(지금의 고양시 덕양구 행주내동 산 26-1번지)을 점거했다. 승장 처영(處英)이 거느린 승병 2000여 명도 권율 부대에 합세했다.

서울 주둔의 왜군은 권율이 행주산성에 포진한 것을 뒤늦게 알고 상당한 위협을 느꼈다. 왜군 총대장 우키다 히데이에는 조-명 연합군의 벽제관의 싸움과 행주대첩.

주력(主力)이 접근하기 전에 행주산성의 의병을 격멸하기로 작정하고, 서울 주둔 3만여 병력을 7개 부대로 再편성하여 차례로 공격에 투입했다. 1593년 2월 12일 오전 6시부터 오후 6시까지 파상공격을 감행했던 왜군은 수천 명의 전사자를 내고 한성으로 철수했다. 권율은 기병으로 추격전을 전개, 다시 왜병 130여 명을 사살했다. 이 전투 직후 권율은 도원수로 승진했다.

이후 왜군은 다시 서울 이북으로 출병하지 못하고, 서울 철수를 서두르게 되었다. 임진강을 끼고 조–명 연합군과 왜군이 대치하고 있을 때 고니시의 강화회담 제의로 조선의 예조판서 이덕형(李德馨)과 일본의 야나기가와 초신(柳川調信)·겐소(玄蘇)가 용산에서 만나 강화회담을 벌였다. 일본은 일단 남해안 지역으로 철수했다.

권율 장군은 서울 사람이다. 그는 사직터널 위쪽 종로구 행촌동(杏村洞) 1–113번지의 고지대에 살았다. 지금도 담벼락에는 수령(樹齡) 500년의 은행나무(나무높이 20여 m)가 우뚝 서 있다. 지금의 동명(洞名) 행촌동은 바로 '은행나무골'의 한문 이름이다.

권율은 원래 인왕산 기슭인 지금의 종로구 필운동(弼雲洞) 12번지 배화여중고 자리에서 살았다. 배화여중고 교정에 서면 도성 안이 한눈에 내려다보인다. 이런 점들로 미루어 보면 원래 그의 집안은 대대로 고지대 마을을 체질적으로 선호한 듯하다.

영의정 권철(權轍)의 아들이었던 권율은 이웃집 개구쟁이 소년이었던 이항복(李恒福)을 맏사위로 맞아들여 '필운동 집'을 물려주었다. 이곳 바위벽에는 이항복이 쓴 필운대(弼雲臺)라는 글씨가 새겨져 있다. 이항복은 임진왜란 기간에 왕을 호송했으며, 이후 다섯 차례에 걸쳐 병조판서를 맡아 국난 극복에 공을 세웠고, 선조 35년(1602)에 영의정에 올랐다.

조선왕조 500여 년을 통해 가장 유머러스한 대신(大臣)으로 손꼽히는 오성부원군(鰲城府院君) 이항복은 소년기부터 이덕형(李德馨: 아호 한음)과 단짝이 되어 온갖 장난을 저질러 많은 일화를 남겼다. 그것이 한국판 '톰소여의 모험'인 '오성과 한음의 얘기'다. 이덕형은 임진왜란 발발 직후 明나라에 건너가 원병을 요청, 원병이 들어오자 명장(明將) 이여송의 접반관(接伴官)이 되었고 나중에 벼슬이 영의정에 이르렀다. 이덕형의 집은 지금의 중구 남대문로 5가 대우재단빌딩 자리에 있었다.

명보극장 자리에 있었던 李舜臣 장군집

임진왜란 때 최고의 구국 영웅 이순신(李舜臣) 장군도 서울 출신이다.

임진왜란 당시 한성.

이순신은 명보극장이 들어서 있었던 자리인 중구 인현동 1가 40번지에서 태어나 성장했다. 이 동네를 조선시대에는 마른내골[乾川洞]이라 했다. 오늘날엔 이 동네 앞을 지나는 도로가 마른내길로 명명되어 있다.

임진왜란 발발 1년 전 조정에 이순신과 권율을 장재(將材)로 천거했으며, 국란을 맞아서는 영의정·都體察使(도체찰사)를 역임했고, 조정에서 물러나서는 임진왜란의 교훈을 담은 명저 〈징비록(懲毖錄)〉을 저술한 인물이 류성룡(柳成龍)이다. 류성룡은 이순신과 이웃인 남산 기슭(중구 필동 2가 51의 1번지 대한극장 자리)에서 살았다. 지금 이 동네 옆을 지나 남산으로 오르는 도로의 이름이 류성룡의 아호를 따 '서애(西崖)의 길'로 불리고 있다.

이제는 금싸라기 땅이 된 강남구 삼성동 도심 한복판에 있는 선정릉 (宣靖陵)은 임진왜란 때 왜군에 의해 능묘가 파헤쳐지고 왕과 왕비의 관 [梓宮·재궁]이 불태워지는 수난을 당한 현장이다. 선정릉은 선릉(宣陵)+ 정릉(靖陵)인데, 선릉에는 성종과 계비 장헌왕후, 정릉에는 중종이 묻혀 있다. 도심 한복판에 이런 광대한 녹지의 역사유적을 끼고 있다는 것은 고도(古都) 서울의 프리미엄이라 할 수 있다. 지하철 2호선 선릉역 가까이에 있어 들르기 쉬운 곳이다.

1593년 10월1일, 서울로 환도한 선조는 왕궁이 모두 불타버린 형편에서 지금의 덕수궁(德壽宮)에 행궁(行宮: 왕의 임시거소)을 설치했다. 이곳은 원래 성종의 친형인 월산대군(月山大君: 1454~1488)의 집이었다.

선조의 뒤를 이은 광해군(光海君)은 이곳 행궁에서 즉위한 후 1611년에 경운궁(慶運宮: 훗날의 덕수궁)으로 고쳐 부르면서 왕궁으로 사용하다가 1615년에 창덕궁으로 옮겼다. 경운궁에는 선조의 계비 인목대비(仁穆大妃)가 거처했다.

13

:

임진왜란 후의 동아시아 정세와
전후복구

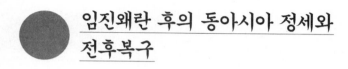

임진왜란 후의 동아시아 정세와 전후복구

7년에 걸친 임진왜란은 조선을 피폐시키고, 명의 국력을 저하시켰으며 일본에서는 전범 도요토미 히데요시의 후계자 히데요리가 도쿠가와 이에야스에게 패망했다. 그 틈에 압록강 북방에서 세력을 얻은 것이 누르하치가 이끄는 여진(만주)족이었다.

조선에서는 누르하치가 후금을 세우기 8년 전에 선조의 뒤를 이어 광해군이 즉위했다. 광해군은 전후 부흥에 적극적이었다. 전쟁에 의해 경지가 황폐해지고 인구는 감소했던 것으로, 토지와 호적의 조사를 시행하고, 우선 경기도에서 대동법(大同法)을 시행했다. 대동법 시행에 의해 농민의 부담은 크게 경감되었다. 이에 대해서는 뒤에서 상세히 설명할 것이다.

후금이 건국되면 광해군은 명과 후금의 쌍방에 중립적인 자세를 취했다.

대동법 시행으로 위기의 백성을 구한 청백리 이원익

조선왕조의 名재상으로는 조선왕조 제1의 명군(名君) 세종의 치세(治世)를 보좌한 황희(黃喜), 임진왜란이란 미증유의 국란을 극복한 선조 때의 영의정 류성룡(柳成龍), 그리고 광해군 때의 영의정으로서 가난한 백성들의 세 부담을 덜어주는 대동법(大同法) 시행에 앞장선 이원익(李元翼) 등을 손꼽을 수 있다. 그렇다면 임진왜란 후에 시행된 대동법이란 무엇일까?

조선시대 백성들이 나라에 바쳐야 할 세금 중 '공납(貢納)'이라는 것이 있었다. 각 지방의 특산물(공물)을 일정량씩 나라에 바치는 것이었다. 그런데 한 지방에서 공물의 종류와 내야 할 수량이 정해지면, 공물을 제대로 생산하지 못하는 지방의 백성들은 다른 고장에서 공물을 비싸게 구해서라도 공납을 해야 했다.

대동법은 공납에 있어 공물 대신 쌀로, 그것도 각자 소유한 땅의 면적에 따라 내도록 한 제도였다. 대동법이 우선 경기도에서 실시되어 그 효율성이 입증되었다. 즉, 가난한 백성은 공납에 대한 부담이 크게 줄었고, 많은 농지를 보유한 양반이나 지주층의 부담은 늘어났다. 이로 인해 가진 층이 심하게 반발하는 탓에 대동법이 전국적으로 완전히 실시되기까지는 약 100년의 세월이 걸렸다.

이원익은 선조-광해군-인조의 3대에 걸쳐 64년의 공직생활 중 재상만 40년간 역임했다. 이렇게 그는 정승의 반열에 있으면서도 성균관에 가까운 낙산 기슭의 초가집에서 살았던 조선왕조의 대표적 청백리

(淸白吏)였다.

임진왜란 이후 조선왕조는 위기에 처해 있었다. 왕권이 무너지고, 당쟁으로 사당(私黨)의 이해(利害)에 급급하여 사리사욕만 앞세우는 부패한 관료들의 발호로 인해 리더십 부재(不在) 속에서 백성은 더 이상 기댈 데가 없는 상황에 몰리고 있었던 것이다.

이원익은 1547년 경기도 금천(지금의 광명시)에서 태어났다. 아호는 오리(梧里). 그가 벼슬하던 시기는 임진왜란→인조반정→정묘호란이 잇달아 일어난 국가 존망의 시기였다. 이런 위기에 그가 영의정만 다섯 번이나 역임할 수 있는 비결은 무엇이었을까?

이원익은 유달리 키가 작고 빼빼 말랐지만, 신념과 원칙을 지켰던 선비관료였다. 광해군과 인조가 잘못된 판단을 내리면 목숨을 걸고 반대하다가 관직에서 쫓겨나 유배당하기도 했다. 하지만 그는 당파를 떠나 나라와 백성을 위해 일했기 때문에 결국은 임금의 신뢰와 백성의 존경을 받았다. 이것이 그의 관직 장기 담임의 배경이었던 것으로 보인다. 수년 전, 그는 '각계 전문가들이 뽑은 대한민국 총리감 제1위의 역사인물'로 꼽히기도 했다.

정궁(正宮) 300년의 창덕궁은 세계문화유산

임진왜란 때 불탄 경복궁(景福宮)을 대신하여 300년 동안 조선왕조의 정궁(正宮) 노릇을 한 곳이 창덕궁(昌德宮)이다. 원래 창덕궁은 태종 4년 (1405) 10월에 착공하여 1년 만인 1405년 10월에 준공되었다. 창덕궁은

동쪽으로 창경궁(昌慶宮)이 붙어 있어 이 두 궁궐을 합쳐 동궐(東闕)이
라고 부른다.

　두 차례에 걸친 왕자의 난 끝에 퇴위하고 개경으로 돌아간 정종(定宗)
에 이어 즉위한 태종(太宗)은 수도를 다시 한양(漢陽)으로 옮기기로 하
고 경복궁 수리와 함께 새로운 궁궐을 짓도록 했다.

　새 궁궐에 입주한 태종은 덕을 쌓아 크게 이루어 교화(敎化)에 힘쓰
라 뜻으로 궁궐 이름을 창덕(昌德)이라고 지었다. 오늘날의 창덕궁은 유

정궁(正宮) 300년의 창덕궁 인정전. 오늘날의 창덕궁은 유네스코가 지정한 세계문화유산이다.

©C영상미디어

네스코가 지정한 세계문화유산이다. 노벨문학상 수상작가이며 친한파인 프랑스 소설가 르 클레지오(78세)는 최근 창덕궁을 산책하면서 다음과 같이 찬탄했다고 보도되었다(조선일보 2018년 3월12일).

"창덕궁에 올 때마다 바깥과는 다른 세계에 도착한 것 같아 놀란다. 대도심 한가운데에 이런 고요가 존재하다니…가끔 너구리를 마주치기도 하는데, 이게 참으로 놀랍고 재미있다. (한국어로) 너구리, 너구리, 너구리…"

1592년 임진왜란 때 경복궁뿐만 아니라 창덕궁도 불탔다. 선조 41년(1608)에 중건하기 시작하여 인정전 등 주요 전각들이 복구되고 광해군 5년(1608)에 완공되었다. 그러나 10년 뒤인 인조반정 때 반정군의 실화(失火)로 인정전을 제외한 대부분의 전각이 불에 타고, 인조 25년(1647) 지어진 전각은 외전 314칸, 내전 421칸 등 모두 735칸이었다.

이후 1917년 일제시대 때도 또다시 화재가 발생하여 대조전과 희정당 일부가 불탔으며, 1920년 경복궁의 교태전과 강녕전을 철거하여 창덕궁에 옮겨지었다.

이런 수난을 겪으면서도 창덕궁은 자연스런 산세에 따라 지형을 변형시키지 않고 산세에 의지하여 인위적인 건물이지만 자연 수림 속에 포근히 자리 잡도록 배치했기 때문에 자연과 인간이 만들어낸 완전한 건축의 표상이라고 평가되었다.

또한 왕들의 휴식처로 사용되던 후원, 즉 비원(秘苑)은 지금까지도 그 모습을 잘 간직하고 있다. 100여 종이 넘는 수종에 수령 300여 년의 거목들이 있고, 계류(溪流)와 연못·정자들이 자연과 조화를 이루며 배치되어 있어 옛 궁궐의 조경 수법을 보여주고 있다.

창덕궁의 건물배치는 법궁(法宮)인 경복궁과는 매우 다르다. 경복궁은 외전과 내전이 앞뒤에 놓이고, 정문과 정전은 남북 직선 축에 나란히 놓여 질서정연한 대칭구조를 보이는 데 비해 창덕궁은 자연 지형조건에 맞춰 자유스럽게 배치되어 있다.

정문인 돈화문은 정남향이지만, 궁 안에 들면 만나는 금천교는 동쪽에 배치되어 있으며, 다시 북쪽으로 돌아야 인정전을 마주하게 된다. 인정전은 창덕궁의 중심 건물로 각종 의식과 외국 사신 접대 장소로 사용되던 곳이다. 인정전의 잡상(雜像)도 예술성이 높다. 잡상은 갖가지 동물 모양을 만들어 궁궐 건물의 추녀마루에 일렬로 장식한 것인데, 화재나 재액(災厄)을 막아준다는 의미를 담고 있다.

창경궁(昌慶宮)―대비 등 왕실의 여인들이 머물던 공간

창경궁(昌慶宮)은 창덕궁과 더불어 동궐(東闕)이라고 부른다. 조선 태조 때는 단순히 별궁(別宮)이라고 부르다가 세종 때 창경궁(昌慶宮)이 되었다. 창경궁은 임금 자리에서 물러난 상왕(上王)이 살던 곳이었다가 성종(成宗) 때 세조(世祖)의 비인 정희왕후(貞熹王后) 한 씨, 예종의 계비(繼妃)인 안순왕후 한 씨가 기거하면서 주로 왕실의 여인들이 머무는 공간이 되었다.

창경궁도 임진왜란 때 완전히 불탔다가 광해군(光海君) 때 중건되었고, 순조(純祖) 때도 큰불이 나서 많은 전각이 소실되었다. 그 후 일제에 의해 많은 전각이 헐리면서 그 대신 동물원과 식물원이 지어졌고, 이름마저 창경원으로 격하되었다.

이는 일제가 조선 통치 공간인 궁궐을 파괴함으로써 조선의 위신을 깎아내려는 의도로 보인다. 개발연대의 창경원은 당시의 수출역군이었던 구로공단 등의 여성노동자들이 가장 선호했던 야유회 장소가 되기도 했다. 창경궁이란 원래의 이름으로 되돌아간 것은 1984년이었다.

명·청 교체기—광해군의 중립외교

선조의 뒤를 이어 즉위한 광해군은 민생 안정과 재정 확충을 위해 전후 복구사업에 주력하는 한편, 파괴된 성곽과 무기를 수리하는 등 국방력 강화에 힘썼다. 이 무렵, 만주에서 흥기한 후금(後金: 훗날의 淸)이 명(明)을 공격했고, 명은 조선에 원군을 요청했다. 임진왜란 때 조선에 원군을 파견한 明의 요청이었던 만큼 조선으로서도 거절하기 어려웠다. 광해군은 도원수 강홍립(姜弘立)이 지휘하는 원군 1만 3000명을 만주에 파병했다. 이때 광해군은 강홍립에게 상황에 따라 대처하도록 다음의 밀계(密計)를 주었다.

"明(명) 장수의 말을 그대로 따르지만 말고, 오직 패하지 않을 방도를 강구하는 데 힘을 써라."

만주의 지배권을 놓고 격돌한 명·후금의 사르후 결전에서 전세가 불리해지자 강홍립은 재빨리 후금에 항복하여 후금과의 충돌을 회피했다. 이후에도 明은 조선에 원병을 요청했지만, 광해군은 전후(戰後) 복구 등의 명분을 내세워 원병 파병을 거절함으로써 명과 후금 사이에서 실리적인 중립외교를 펼쳤다.

창경궁에서 일어난 역사적 사건으로는 두 가지가 손꼽힌다. 하나는 숙종의 사랑을 받던 장희빈(張禧嬪)이 인현왕후(仁顯王后)를 독살하려고 기도했던 곳이 바로 이곳이며, 장희빈은 숙종의 변심으로 사약을 받기 전까지 주로 취선당에서 생활했다. 또 하나는 영조(英祖)의 아들 사도세자(思悼世子)가 8일 동안 뒤주에 갇혀 있다가 죽은 곳도 창경궁 문정전 앞이었다. 경희궁(慶熙宮)과 경운궁(慶運宮)에 대해선 뒤에서 거론할 것이다.

14
⋮

병자호란 전후의
서울

병자호란 전후의
서울

세검정─仁祖反正의 주체들이 칼을 씻었던 곳

광해군(光海君)의 중립외교는 명(明)에 대한 의리를 주장한 서인(西人) 중심의 사대부들로부터 반발을 샀다. 광해군 15년(1623) 3월13일 새벽 김유, 이귀(李貴), 최명길(崔鳴吉), 김자점(金自點), 심기원(沈器遠) 등이 쿠데타군(軍) 6700명을 거느리고 홍제원(弘濟院: 지금의 홍제동)에 모였다. 능양군(綾陽君: 나중의 仁祖)의 친병과 장단부사 이서(李曙)의 부하 700명도 합류했다. 이들은 능양군을 옹위하고 김유를 대장으로 삼아 대오를 가다듬었다. 새벽 3시경이었다.

반정군(反正軍)은 세검정(洗劍亭: 지금의 종로구 신영동)을 거쳐 창의문(彰義門: 도성의 서북문)을 통과하여 창덕궁으로 진군했다. 세검정(洗劍亭)이란 반정군의 지도자 김유·이귀 등이 거사를 앞두고 이곳에 흐르는 내에서 칼을 씻었다고 해서 그 후에 붙여진 이름이다.

반정군이 달려가자 창덕궁을 수위하던 훈련대장 이흥립(李弘立)은 사전 약속대로 궁문[돈화문]을 열어주고 몸을 피했다. 반정군이 창덕궁에 난입하자 광해군은 사다리를 놓고 궁전의 담을 넘은 다음 내시에게 업혀 도망갔다가 생포되었다.

반정군이 내세운 명분은 두 가지였다. 그 첫째가 형(임해군)과 아우(영창대군)를 죽이고 모후(母后: 인목대비)를 폐한 광해군의 反인륜적인 행위였고, 둘째는 明에 대한 의리를 저버리고 오랑캐[後金: 1636년 淸으로 바뀜]와 교분을 맺었다는 것이었다.

광해군은 1618년 선조의 계비인 인목대비의 존호를 폐지하고, 경운궁을 서궁(西宮)이라고 낮춰 부르게 했다. 폐비 문제는 그렇다고 하더라도 후금(後金)과의 관계개선은 국가이익 확보에 있어 오히려 긍정적인 평가를 받아야 할 대목이었다. 따라서 인조반정은 당시의 집권당 대북(大北)의 독주에 대한 반대 정파의 반격이었다는 측면도 없지 않지만, 국가이익과는 반대로 간 거사였다. 인조반정의 주체세력은 광해군 시절에 배척을 받았던 西人들이었으며, 거의 모두 이항복(李恒福: 반정 당시 故人)의 문하생들이었다.

西宮에 유폐되었다가 반정(反正)으로 궁중의 최고 어른이 된 인목대비는 자신의 소생인 영창대군(永昌大君)을 죽인 광해군을 증오하여 "하늘 아래 같이 살 수 없는 원수"라며 "목을 잘라 망령에 제사지내고 싶다"고 고집했다. 그러나 여러 신하들의 만류로 광해군은 신문과 형벌을 겨우 면하고 교동도(喬洞島)로 귀양을 갔다.

인조는 경운궁 즉조당(卽祚堂)에서 즉위한 뒤 옮겨간 창덕궁을 정궁으로 삼았다. 이후 경운궁은 270년 동안 별궁(別宮)으로 사용되었다.

인조반정은 황음무도했던 연산군(燕山君)을 쫓아낸 중종반정(中宗反正) 때만큼 백성들의 지지를 받지 못했다. 그런 가운데 인조반정 당일 군심(軍心)을 잡는 데 결정적인 역할을 했던 이괄(李适)이 논공행상(論功行賞)에 대한 불평을 감추지 않았다. 원래 이괄은 모의(謀議) 단계부터 참여한 주체세력이 아니었으나 용병(用兵)에 능하다고 하여 거사 직전에 포섭된 인물이다. 북병사(北兵使)로 부임하려던 그는 임지로 가지 않고 반정軍에 합류했다. 그런데 거사 전날 밤, 대장 김유가 약속장소인 홍제원 장만(張晩: 서울지구 연락책 격인 최명길의 장인)의 집에 나타나지 않았다. 고변으로 역모 관련자에 대한 체포령이 떨어졌다는 소식을 듣고는 몸을 사렸던 것이다. 이런 소문을 들은 오합지졸들이 무너지려 하자 다급했던 이귀(李貴)가 이괄(李适)의 손을 잡으며 말했다.

"대장 김유가 오지 않고, 일이 이미 이쯤 되었으니 그대가 대장이 되어야만 여러 사람의 마음을 진압할 수 있을 것이오!"

대장으로 추대된 이괄에게 이귀는 이어 "나 자신은 물론 누구든 기율을 어기면 목을 베시오"라고 말했다. 이에 군사들이 줄지어 이괄에게 절하며 복종을 맹세했다. 이괄이 반정군을 진발시키려 할 무렵, 김유는 뒤늦게 수하의 병졸을 모은 다음 전령을 보내어 이괄을 불렀다. 이괄이 크게 노하여 가지 않으려고 하는데, 이귀의 중재로 김유가 다시 지휘권을 잡는 우여곡절을 겪었다.

왼쪽 산은 이괄軍이 관군(官軍)과 싸운 안산(길마재), 오른쪽 산은 인왕산. 그 가운데 도로는 조선왕조 당시의 제1대로였던 지금의 의주로. 이괄軍은 이 길을 통해 서울에 입성했다.

이괄의 반란군 ─ 연세대 뒷산 길마재에서 패전

반정(反正) 성공 후 김유·이귀·김자점·심기원·이홍립 등 주모자들은 모두 1등 공신으로서 판서의 반열에 올랐다. 그러나 이괄은 2등 공신, 한성판윤의 자리밖에 차지하지 못했다. 이괄은 반정 후 아무런 공로도 없는 자기 아들까지 공신으로 만든 김유를 노골적으로 비판했다.

　문제는 인조반정이 당시 東아시아의 최강국이던 후금(後金)을 긴장시켰다는 점이다. 명·청(明·淸)과 등거리 외교를 펼치던 광해군이 쫓겨나고 노골적으로 친명반금(親明反金)을 내건 새로운 정권이 들어섰기 때문이다. 이런 긴장 상황에서 왕은 장만(張晩)을 도원수, 이괄을 부원수 겸 평안병사로 임명하여 서북의 방비를 강화하도록 했다.

인조반정과 이괄의 난 진군도.

弘濟院(홍제동)　洗劍亭　仁祖反正軍의 進路
彰義門
官軍의 방어陣
이괄軍의 공격로
길마재(안산)　이괄軍의 진로
연세대학교
이괄의 퇴각로
경복궁　재동　창덕궁
근정전
광화문　세종로　안국동
제1대로(의주로)　운현궁　종묘
종로
서대문　덕수궁
남대문　이괄, 경기도 利川으로 도주

그러던 인조 2년 (1624), 이괄 부자(父子) 및 한명련(韓明璉)·기자헌(奇自獻) 등이 변란을 꾀한다는 고변이 들어왔다. 국청에서는 우선 서울에 있던 기자헌 등 40여 명을 붙잡아 문초했으나 아무런 단서도 잡지 못했다. 그러나 이귀는 왕에게 이괄을 서둘러 붙잡아 오도록 건의했다. 왕은 일단 이괄은 제외하고 이괄의 아들과 한명련 등을 서울로 붙잡아 올리도록 금부도사를 영변으로 보냈다.

이괄은 분노했다. 그는 부하 장수 이수백(李守白)·기익헌(奇益獻) 등과 대책을 숙의했다. 이괄은 반란을 결심했다. 서울로 잡혀가던 도중의 한명련도 이괄에 의해 구출되어 반란군에 가담했다. 1월24일 영변을 출발할 때 이괄의 반란군은 1만 2000명에 달했다. 임진왜란 때 항복했던 왜인 130여 명이 선봉에 섰다.

반란군은 도원수 장만 부대와의 충돌을 피해 영변-자산-평산-개성을 잇는 샛길로 진군했다. 평양의 도원수 장만은 관군을 동원하여 반란군의 남진을 막으려 했다. 그러나 황주·평산·마탄·송도·청석동, 그리고 수도방위 요새인 임진강의 전투에서 관군은 잇따라 패퇴했다.

임진강의 방어선이 무너지는 그날 밤, 인조는 서울을 떠나 공주로 피난했다. 2월10일, 이괄의 반란군은 아무런 저항 없이 서대문을 통해 서울에 입성하여 백성들의 열렬한 환영을 받았다. 이렇듯 난세의 백성들이란 언제나 승자를 따르게 마련이다. 이괄은 반란군을 경복궁(景福宮)에 주둔시키고 선조(宣祖)의 열 번째 아들 흥안군(興安君)을 새 임금으로 세웠다.

한편 같은 날, 도원수 장만(張晩)은 전부대장(前部大將) 정충신(鄭忠信), 경기감사 이서(李曙) 등과 함께 군사를 이끌고 뒤따라와 안현[길마

경희궁 ― 인조(仁祖)가 거처한 경덕궁

경희궁(慶熙宮)의 본래 이름은 경덕궁(敬德宮)이다. 경덕궁은 광해군 9년(1617) 정원군(훗날 인조의 아버지)의 집터에 짓기 시작하여 3년 만에 완공되었다. 경덕궁은 인조가 즉위한 후 서궐(西闕)로 불리면서 왕궁 구실을 톡톡히 했다. 인조의 반정으로 창덕궁이 불타고, 이듬해에는 창경궁마저 이괄의 난으로 재난을 입음에 따라 인조는 인목대비(仁穆大妃)를 모시고 경덕궁으로 거처를 옮겼다. 이후 역대 왕들도 수시로 경덕궁에 거처하면서 정사를 보았다.

영조 36년(1760)에는 '경덕(敬德)'이 원종(元宗: 인조반정 후 추존된 인조의 아버지)의 시호와 같은 음(音)이라 하여 '경희(慶熙)'로 이름을 고쳤다.

후일, 일제에 의해 경희궁은 해체되었다. 그 후 1985년 발굴을 실시하여 정전인 숭정전 등 일부를 복원했다.

경희궁.

남한산성의 지휘소인 수어장대.

재]에 진을 쳤다. 이튿날 아침에야 이를 안 이괄은 한명련을 선봉장으로 삼아 군대를 출동시켰다. 승전을 확신한 이괄이 전투 구경을 하라고 한성의 백성들을 집 밖으로 내모는 바람에 민초들은 서대문 쪽 성벽과 남산 등에 새카맣게 몰려 올라가 양군의 결전을 관전했다.

처음에는 동풍이 크게 불어 바람을 등진 이괄 軍이 유리했다. 그러나 갑자기 풍향이 서북풍으로 바뀌어 전세가 역전되었다. 관군은 승세를 몰아 이괄의 반란군을 추격했다. 이괄과 한명련은 남대문으로 입성했으나 서울 인심이 싹 변하자 수구문(광희문)으로 빠져나가 이천까지 도주했으나 제 살길을 찾으려고 배반한 부하 기익헌·이수백 등에 의해 목이 달아났다.

남한산성의 남벽.

남한산성의 농성

반정으로 집권한 인조와 서인(西人)은 대외적으로 친명배금(親明排金) 정책을 내세우며 후금(後金)과의 관계를 단절했다. 1627년, 후금은 이괄의 난으로 혼란해진 상황에서 조선을 침략했다. 인조 조정은 강화도로 피신했고, 여러 지역에서 관군과 의병이 후금에 대항하여 싸웠다.

후금은 병참 차단이 우려되고, 明과의 중원 전투가 더욱 중요했기 때문에 조선에 강화를 제의했다. 양국의 협상 결과, 후금과 조선은 형제의 관계를 맺고 일단 전쟁을 끝냈다(정묘호란·丁卯胡亂).

1636년 4월, 후금의 태종(太宗) 홍타이지는 국호를 청(淸)이라 고치고 황제를 칭하면서 조선에 신하의 예를 갖추도록 요구했다. 인조(仁祖) 조정이 이를 거절하자 淸은 그해 12월에 병력 12만 8000의 조선원정군을 편성했다.

그해 12월8일, 청군(淸軍)의 선봉장 마부대(馬夫大)는 기병 6000기를 거느리고 얼어붙은 압록강을 건너 당시의 제1대로(의주~서울)를 타고 한성을 향해 남하했다. 마부대의 부대는 질풍같이 달려 12월14일에는 벌써 한성 근교 양철리(梁鐵里: 지금의 은평구 불광동과 대조동 사이)까지 진출했다. 그런데도 청군 침입의 제1보가 조정에 전달된 것은 12월13일 오후였다.

조정은 크게 당황하여 이튿날 아침 일찍 비빈, 왕자, 종실, 백관의 가족들을 급히 강화도로 피난하게 했다. 이날 오후, 인조도 급히 세자와 백관을 거느리고 강화도로 피난하기 위해 남대문 바깥으로 나갔다. 그러나 이미 불광동에 진출한 馬夫大가 기병 2000기를 보내 양화진과 개화리(開花里: 지금의 강서구 개화동) 일대에 배치하여 강화도 가는 한강 양안(兩岸)의 길을 끊고 있다는 급보가 날아들었다.

최명길이 馬夫大의 진영으로 찾아가서 지연전술을 벌이는 사이에 인조는 수구문[광희문]을 통과하여 왕십리-살곶이 다리-뚝섬에서 송파나루로 건너간 다음 몽촌토성을 거쳐 이날 밤 늦게 서문(西門)을 통해 남한산성으로 들어갔다. 한성의 남부 요충지인 남한산성에는 유사시를 대비하여 국왕의 임시 거처인 행궁(行宮)이 마련되어 있었고, 상당량의 식량과 무기도 갖추어져 있었다.

인조는 산성 內 상주 병력과 왕 을 따라 입성한 어영청, 총융청, 훈련도감 등의 군사 1만 3000명으로 방어군을 편성했다. 그리고 8도의 감사와 병사(兵使)에게 교서를 내려 각 지방에서 근왕병(勤王兵)을 모집하여 남한산성으로 집결시키려 하는 한편, 明에 사신을 급파하여 원병을 요청했다.

12월14일 하루 동안 홍제원(弘濟院: 지금의 홍제동)에 머물고 있던 馬夫大의 선봉부대는 4000여 병력을 이끌고 신천(新川)나루를 거쳐 이날 저녁 삼전도(三田渡)에 당도하여 남한산성 서편에 병력을 분산 배치하고,

17~18세기의 세계.

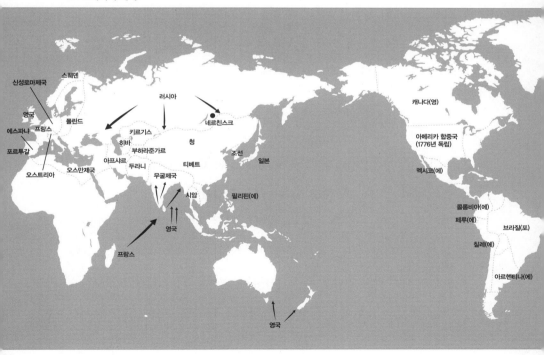

주력부대의 도착을 기다렸다. 12월18일 한성에 입성한 淸의 좌익군은 다음날 2만 4000명의 병력으로 한강을 도하하여 남한산성 동쪽과 남쪽에 포진했다. 이로써 남한산성은 청군(淸軍)에 의해 포위되고 말았다.

12월21일까지 조선군과 청군 사이에는 몇 차례의 소규모 전투가 있었을 뿐인데, 그동안 청군은 조선의 세자(世子)를 인질로 보내는 것을 조건으로 화의를 요구해 왔다. 그러나 인조는 이를 거절하고 항전을 결의했다. 12월22일 아침, 청군은 화포의 엄호 발사 아래 大병력을 동원하여 남한산성의 동·서·남·북문을 동시에 공격했다. 그러나 조선군의 완강한 저항으로 청군은 격퇴되었다.

12월23일에도 청군은 1만여 병력을 동원하여 다시 공세를 취하려 했다. 이번에는 조선군이 먼저 성 밖으로 나가 선제공격을 가했다. 정오까지 전투가 계속되어 조선군 80명이 전사하고, 청군 200여 명이 사살당했다.

치욕의 현장 삼전도는 송파구 롯데월드 남쪽 석촌호수변

청군(淸軍)은 단시일 內 성을 함락시키기 어렵다는 판단 아래 남한산성을 고립시켜 군량을 소진시키는 장기전으로 들어가 산성 주변 요소요소에 목책을 설치하여 통로를 차단했다. 남한산은 평야지대에 홀로 우뚝 솟아 있어 외부와의 연락이 두절되기 쉬운 약점을 지니고 있었다.

한편, 12월29일 한성에 입성한 淸 태종은 다음날 4만여 명의 병력을 거느리고 한강을 도하하여 삼전도에 지휘소를 설치하고 포위망을 강화했다. 이러는 동안 남한산성의 조선군 진영은 군량과 말먹이 사정이 악화되어 굶주림과 추위에 허덕이게 되었다. 지방에서 올라오던 근왕군들도 청군에 각개격파(各個擊破)되어 남한산성의 포위를 풀지 못했다.

1월22일, 淸軍의 우익군이 강화도를 함락시키고, 그곳에 피난해 있던 비빈·왕자·종실·백관의 가족을 포로로 획득했다. 이 소식은 1월26일 청군에 의해 조선 측에 통보되었다. 청군은 1월27~28일 이틀 동안 계속적인 포격으로 무력시위를 벌이면서 인조가 출성 항복할 것을 강요했다.

1월30일 인조는 백관을 거느리고 남한산성 서문(西門)을 나와 지금의 마천동-거여동-가락동-오금동-방이동 길을 거쳐 삼전도로 나가 수항단(受降壇) 아래에서 세 번 절하고 아홉 번 조아리는 수모를 당하며 淸태종에게 항복했다. 이로써 45일간에 걸친 남한산성의 항쟁은 막을 내리고 조선왕조는 청을 황제국으로 섬기게 되었다. 서울과 그 주위는 2개월간 청군의 말발굽으로 무자비하게 유린당했다. 철군 때 청군은 젊은 여성 등 수십만 명을 포로로 잡아갔다. 그 후 그녀들

청의 강요로 세운 치욕의 삼전도비.

은 어떻게 되었을까? 그것은 아래의 박스 기사에서 기술할 것이다.

삼전도(三田渡)는 지금의 롯데월드 남쪽 석촌호수의 서호변에 위치해 있었다. 그때 한강의 본류는 지금의 성내천→석촌호수→탄천 방향으로 흘렀고, 이 나루는 삼밭게·세밭나루·뽕밭나루라고 불렸으며, 세종 21년 (1439)에 설치되었다. 마포나루, 노들나루와 함께 경강삼진(京江三津)의 하나로 상인들이 많이 이용했고, 젓갈류·어류 등이 하역되어 인근 송파 시장이 번성했다.

환향녀(還鄕女)의 슬픔과 염치없는 이 땅의 남자들

병자호란 때 청군(淸軍)에 붙들려간 조선의 여성 수만 명은 청군의 성(性) 노리개로 짓밟혔고, 몸값을 내고 귀국한 후에는 환향녀(還鄕女)라고 멸시당하는 어처구니없는 일들이 벌어졌다. 특히 청군이 장기 주둔한 서울 여성들의 피해가 막심했다.

훗날, 여성을 비하하는 이른바 '화냥년'은 환향녀(還鄕女)에서 유래되었다. 이 땅 남자들의 비겁함, 특히 인조(仁祖) 정권의 외교 실책으로 당했던 씻을 수 없는 국치(國恥)였다. 그렇다면 그녀들의 환향(還鄕)은 어떻게 가능했던 것일까?

필자는 1995년 어느 봄날에 병자호란 당시 淸의 수도였던 심양성(瀋陽城)의 남문(南門) 밖을 답사했다. 지금은 공원이 되어 있는 그곳이 바로 청군에 끌려간 조선 여성들의 인신매매가 자행되었던 노예시장이었다. 누나·아내·여동생 혹은 연인이 청군에 납치된 남자들은 전후(戰後)의 경제난 속에서 어떻게 이른바 '속전(贖錢)'을 마련해 그녀들을 구해 올 수 있었을까?

물론, 부자라면 금덩이를 갖고 가서 노예시장에 '매물'로 나온 조선 여성들을 데려올 수 있었을 것이다. 하지만, 그런 계층은 소수였다. 그렇다면 보통사람은 어떻게 돈을 마련했던 것일까? 그들 중 상당수는 남초(南草: 담배)로 이른바 속전(贖錢)을 마련했던 것으로 전해진다.

청국은 조선조의 항복을 받은 뒤 굴욕의 현장인 삼전도에 '대청관온인성황제공덕비(大淸寬溫仁聖皇帝功德碑)'를 세우라고 강요했다. 이것이 속칭 삼전도비(碑)다. 삼전도비는 '욕비(辱碑)'라고 하여 땅 속에 파묻히기도 했지만, 후세의 경계로 삼아야 한다는 뜻에서 발굴하여 송파구 석촌동 289-3번지 주택가 공원에 다시 세웠다. 그러나 1980년에 송파대로의 확장 시 원래의 위치가 확인되어 롯데월드 남쪽 석촌호수 서호 북단(서울 송파구 잠실동 47)으로 이전시켰다.

서세동점(西勢東漸)의 시기에 서양인에 의해 일본에 먼저 전래된 남초가, 全국토를 초토화시켰던 임진왜란 중에 왜병들을 의해 조선에도 전래되었고, 이어 조선에서도 남초 농사가 시작되었다. 아직 만주에서는 남초 농사가 본격화되지 않았던 시기였다. 조선의 남자들은 추수한 남초 잎파리를 지게로 한 짐 지고 의주(義州)에서 압록강을 건너 심양으로 북상하면 이른바 '속전'을 내고도 여행비가 빠지는 계산이 나왔다. 만주의 남초 시세가 매우 높았던 것이다.

담배는 대마초보다 훨씬 중독성이 강하고 맛도 있다고 한다. 담배 원산지인 터키의 황제 함무라비 3세는 끽연자 3000명을 검거해 본때로 목을 벴지만, 만연해 있던 끽연 습관의 제거에 끝내 실패했다. 어떻든 늦게 끽연을 시작한 만주인들이 '메이드 인 조선'의 남초에 맥을 못 추었던 것 같다.

인신매매에서 풀린 조선 여성이 귀향할 때의 얘기지만, 동구 밖의 못에서 멱을 감으면 '더럽혀진 몸이 깨끗해진다'는 그런대로 인간적인 '통과의례(通過儀禮)'를 만들어 놓은 마을도 있었다. 그러나 그녀들은 많은 경우, 남편에게 소박을 당하거나 마을사람들에게 '환향녀'라고 손가락질 당하는 등 참담한 인생을 살아야만 했다. 참으로 이 땅의 남자들은 예로부터 여성들에게 염치(廉恥)가 없었다. 일제(日帝)에 의해 자행된 위안부 문제도 결국은 이 땅 남자들의 비겁함에서 기인된 것이라 할 수 있다. 그때 조선 남자는 싸워야 할 때 싸우지 못한 나약한 사내였던 것으로 손가락질 당할 수밖에 없다.

15

西學·西教와
조선 선비들의 만남

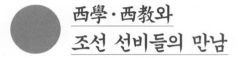

西學·西教와
조선 선비들의 만남

　천주교가 우리나라에 처음 알려진 것은 17세기 들어 북경(北京)을 찾은 사신 등을 통해 한자로 쓴 서학(西學) 서적이 도입되면서부터였다. 이렇게 들어온 서학 서적들은 성호 이익(星湖 李瀷) 등 서울과 그 근교의 南人 실학자를 중심으로 읽히면서 조선 후기 실학(實學) 운동에 새로운 자극을 주었다. 이익 문하의 소장 학자들 가운데는 서학에 대한 학문적 연구 차원을 넘어서서 천주교를 신앙으로 받아들이는 그룹이 형성되었다.

　한국천주교에서 성조(聖祖)로 받드는 이벽(李蘗·정약용의 자형)을 비롯해, 권철신(權哲身)·권일신(權日身) 형제, 숙질간인 이가환(李家煥)·이승훈(李昇薰), 그리고 정약전(丁若銓)·약종(若鍾)·약용(若鏞)의 3형제 등이 그들이었다. 그들은 주자학(朱子學) 원리주의에 물들어 톨레랑스(寬容·관용)를 잃어버린 조선의 학풍(學風)으로는 나라 발전에 희망이 없다고 보았던 것이다.

'운명' 교향곡처럼 自生한 한국천주교회

바바방 바바방 밤바방—베토벤 심포니 제5번 '운명'의 모티브다. 한국천주교 창립은 바로 운명(運命) 고향곡의 모티브처럼 전개되었다.

서기 1779년(정조 3년) 겨울날 밤, 이벽(李檗)이라는 26세의 청년이 서울 수표동(水標洞) 집을 출발해, 지금의 팔당호변 마재(경기도 남양

창덕궁 주합루. 세종(世宗)과 더불어 조선왕조 최고의 군사(君師·임금이자 학문적 스승)로 손꼽히는 정조(正祖)는 창덕궁 후원에 주합루를 지어 '정조스쿨'이라 할 수 있는 규장각을 두었는데, 이는 '정조 개혁의 산실'이라고 할 수 있다. 魚水門이란 문패에는 군신수어지교(君臣水魚之交)를 염원한 정조의 뜻이 담겨있는 듯하다. 그러나 정조는 재위(在位) 24년(1800)에 독살(毒殺)로 보이는 급사를 하고 이후 60년간 안동 김씨에 의한 세도정치가 벌어진다.

ⓒ문화재청

주시 조안면 陵內里)에 있는 정약용의 집을 거쳐 한강을 건넌 다음, 앵자산(지금의 경기도 광주시 퇴촌면 우산리)의 조그마한 암자 천진암(天眞庵)에 등장한다. 그가 바로 이 암자에서 한국천주교회를 세계 전교사상 유일무이하게 성직자 없이 자생(自生)시킨 인물인데, 오늘날 한국천주교회는 그를 창립성조(創立聖祖)로 받들고 있다.

당시 천진암에는 권철신·권일신·이승훈·정약전·정약종·정약용 등 기호남인계(畿湖南人系)의 쟁쟁한 엘리트들이 모여 강학회(講學會)를 열고 있었다. 유교의 경전(經典)을 공부하는 강학회의 리더는 당시 44세의 녹암 권철신(鹿菴 權哲身)이었고, 후일 조선실학(朝鮮實學)을 집대성한

창덕궁 주합루 — 정조(正祖)스쿨의 인재 배출

창덕궁 후원의 호수 북쪽에는 정조 때 지은 2층 누각 주합루(宙合樓)가 있다. 주합루는 인재를 기르고 학문을 연구하며 책을 출판하던 '정조(正祖) 스쿨'의 현장이었다. 어수문(魚水門)이 그 출입문이다. 주합루는 세종과 더불어 조선왕조 제1의 군사(君師)를 겨루는 정조(正祖) 때 만든 것으로 '정조 스쿨'의 자궁(子宮)인 셈이다.

정조는 동궁 시절에 살던 경희궁에 주합루를 만들었고, 보위에 올라 창덕궁으로 옮기면서 새롭게 주합루를 건설했다. 훗날 주합루 1층인 어제존각(御製尊閣)과 주합루를 규장각(奎章閣)이라 했다. 규장각에는 많은 자료와 책자가 모여 있었는데, 지금은 그것을 서울대 규장각으로 옮겨 관리·연구·보존하고 있다.

창덕궁 주합루.

다산 정약용(茶山 丁若鏞)은 그때 나이 18세였다. 그들은 모두 실학자 성호 이익(星湖 李瀷)의 학통을 잇고 있었다.

한국천주교의 성립을 이해하려면 우선 이벽이란 인물부터 살펴야 한다. 그가 서교(西敎)와 서학(西學)에 접한 사연은 참으로 운명적이다. 이벽의 6대조는 병자호란(1636~1637) 때 청군에 볼모로 심양(瀋陽)에 붙잡혀간 소현세자(昭顯世子)의 '경호실장'이었던 이경상(李慶相)이다.

淸의 천도(遷都)와 함께 북경(北京)으로 거처를 옮긴 소현세자는 이경상을 시켜 독일인 선교사이며 대학자인 아담 샬과 접촉하도록 했다. 세자로서는 北京에다 남당(南堂)을 지어놓고 천문학·수학 등 선진학문을 가르쳐 청국 조정에 상당한 영향력을 행사했던 아담 샬을 상대로 다변외교(多邊外交)를 벌이면서 선진 학문을 도입하려 했던 것이다.

소현세자는 8년 만에 볼모에서 풀려나와 귀국하면서 많은 서학·서교의 서적을 휴대한 채 중국인 궁녀와 환관인 가톨릭 신자 5명까지 데리고 왔다. 다음 왕위를 이을 세자가 서교[천주교]와 서학에 관심이 깊었다는 것이다.

그러나 소현세자는 귀국 후 곧 죽어버렸다. 〈조선왕조실록〉에는 '병사(病死)'로 되어 있지만, 다수의 연구자들은 소현세자의 증세와 사체 모습에 대한 기록 등으로 미루어보아 독살(毒殺)이라는 심증을 굳히고 있다. 유별나게 의심이 많았던 인조는 청나라 조야(朝野)에 인맥이 두터운 소현세자를 왕권에 도전하는 정적(政敵)으로 보았던 것이다.

소현세자가 급사하자 이경상은 향리 포천으로 물러나 은거(隱居)했다.

이경상은 "청국에서 가져온 궤짝을 개봉하면 멸문지화(滅門之禍)를 당한다"는 유언을 남기고 죽었는데 호기심 많은 그의 후손 이벽이 판도라의 상자, 즉 가전(家傳)의 궤짝을 열고 말았다.

이벽은 궤짝에서 끄집어낸 서학·서교의 서적을 깊은 감명을 받으면서 자습했다. 이런 이벽이 천진암 강학회에 동참하여 천주교를 전교(傳敎)하기로 마음먹고 서울 수표동 자택을 출발하여 마재를 거치는 100여 리의 길을 걸어 천진암에 당도한 것이었다. 강학회에서 이벽은 천문·지리·철학·수학 등 실학(實學)을 강의하면서 천주학을 논증하고 함께 실천하게 하여 신앙의 싹이 트게 했다.

이후 천진암 강학 멤버들을 중심으로 한 신앙공동체가 형성되고, 1784년에는 한국천주교회로 발전한다. 즉, 1783년 늦가을 이벽은 이승훈(李承薰)을 北京의 천주교회인 북당(北堂)에 보냈다. 이듬해 봄, 이승훈은 프랑스 신부 그라몽으로부터 조선인 제1호로 세례를 받고, 천주교 서적과 성물(聖物)을 갖고 귀국했다. 이에 이벽은 자신의 수표동(水標洞) 집을 임시 성당으로 정하고 전교 활동에 나섰다.

한국천주교 창립 멤버들의 행로

한국천주교회에서 다산 정약용(茶山 丁若鏞)은 절대로 지워버릴 수 없는 특이한 존재이다. 다산(茶山)이 지은 이벽·이가환·이승훈·권철신·정약전의 묘비명(墓碑銘)과 다산의 유고집이 아니면 초기 한국천주교회사는 미궁에 빠질 수밖에 없다. 프랑스 신부 달레가 쓴 〈한국천주교회사〉

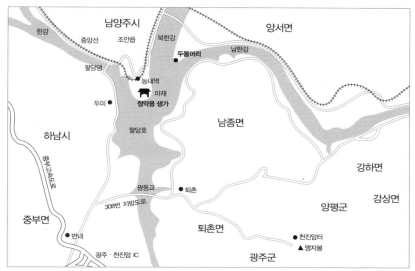

정약용 생가와 천진암터 안내도.

의 저본(底本)도 바로 다산의 기록이다. 특히 이벽은 다산의 큰 자형이며, 이승훈은 다산의 매부이다. 이제 다산의 파란만장한 생애를 더듬어 볼 차례이다.

다산은 영조 38년(1762) 지금의 남양주시 조안면 능내리 한강변(지금의 茶山생태공원)에서 진주목사(晉州牧使)를 지낸 정재원(丁載遠)의 넷째 아들로 태어났다. 천진암 강학 4년 후인 1783년 다산은 22세의 나이로 회시(會試)에 급제해 생원(生員)이 되었다.

이 무렵, 다산은 이익의 유고(遺稿)를 보고 민생(民生)을 위한 경세(經世)의 학문에 뜻을 두기로 결심했다. 이를 위해 서학(西學)에 더욱 매진했던 다산은 이벽이 전한 서학·서교의 서적을 탐독했다.

그러나 정조 9년(1785)에 천주교에 대한 을사박해가 시작된다. 형조(刑曹)의 수사관들이 이벽의 주재로 명례방(明禮坊: 지금의 서울 명동성당 자리)의 김범우(金範禹: 譯官과 醫員을 겸업한 中人)의 초가집에서 진행 중이던 미사 현장을 덮친 것이다. 참석자들은 정약용과 그의 형들인 약전·약종, 그리고 이승훈·권일신 등 한국천주교 창립 멤버들이었다.

이때 김범우는 혹독한 매를 맞고 경상도 밀양(密陽)으로 귀양 가서 죽음으로써 한국천주교 순교자 제1호가 되었다. 형조에서는 이벽·이승훈·권일신, 그리고 정약용 형제 등 양반 집안 자제들에 대해서 그들의 가문에 알아서 처리하도록 통고했다. 이때 이벽의 아버지 이부만(황해도 병마절도사 역임)은 대들보에 목을 매 자결을 시도했다. 이에 이벽은 식음을 전폐하고 기도와 명상을 하다가 탈진해 죽었다고 한다.

그러나 남인(南人)을 등용하려고 애썼던 정조(正祖) 때여서 천주교도들에 대한 극단적인 탄압은 없었다. 다만 정계의 주류인 노론 벽파(僻派: 영조 때 정조의 아버지인 사도세자의 죽음에 찬동했던 당파)를 의식해 부모의 신주를 불태운 천주교 신자 윤지충(尹持忠) 등을 사형에 처했을 정도였다. 이후 천주교는 성호좌파(星湖左派)로 불리던 소장학파의 테두리를 벗어나 지역적·계층적으로 광범위하게 전파되었다.

당시 서학(西學)에 대한 대응방법을 놓고 정계가 두 파로 갈라지는데, 서학을 받아들인 세력을 신서파(信西派)라 하고 서학을 사교(邪敎)라 공격한 세력을 공서파(攻西派)라 불렀다. 신서파는 대부분 야당인 남인(南

人)과 시파(時派: 영조 때 사도세자의 죽음을 동정하던 당파)였고, 공서파는 정계의 주류인 노론 벽파였다.

엘리트 관료 정약용의 전성시대

을사박해(乙巳迫害)의 회오리가 불긴 했지만, 정약용 일가에는 별다른 타격이 없었다. 정조 13년(1789), 정약용은 문과(文科: 대과)에서 제2등으로 급제하고, 이후 '정조(正租)스쿨의 최우등생'과 엘리트 관료로서 빛나는 길을 걷는다. 정조는 세종과 더불어 조선왕조에서 군사(君師)의 쌍벽으로 손꼽힌다. 君師는 임금인 동시에 높은 학덕을 지닌 스승을 의미한다. 다음은 정약용의 연령별 특기사항이다.

● 28세(1789)─정조의 아버지(사도세자) 묘소(수원 남쪽)에 참배하러 가기에 편리하도록 한강 배다리(舟橋·주교) 공사의 설계도를 만들어 올렸다. 배다리라는 것은 나룻배를 옆으로 돌려 가지런히 정박시킨 후 그 위에 나무판자를 깔아 인마(人馬)가 통과할 수 있도록 만든 다리를 말한다.

● 31세(1792)─거중기(擧重機: 크레인)를 설계·제작하여 화성(華城)의 건설비용 4만 량을 아꼈다. 이로써 노동력을 절감하면서도 공기(工期)를 앞당겨 단 2년9개월 만에 화성을 완공시켰다. 당시 다산은 왕실서고인 규장각(奎章閣)에 비치된 첨단서적, 그리고 청국에서 들여온 〈고금도서집성(古今圖書集成)〉과 서양 선교사들이 지은 토목·건축·물리 등의 한

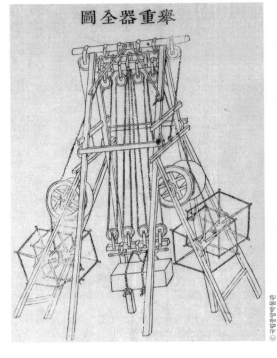

圖全器重擧

〈화성성역의궤(華城城役儀軌·수원 화성의 건축 보고서)〉에 수록된 거중기(擧重機). 정약용이 서양의 역학기술서(力學技術書)인 〈기기도설(奇器圖說)〉을 참고해 제작했다. 당시 40근의 힘으로 무려 625배나 되는 2만 5000근의 돌을 들어 올려 사람들을 놀라게 했다고 한다.

문 서적을 섭렵해 새로운 모습의 성곽을 설계했다. 2017년 12월, 그가 설계한 화성은 유네스코가 지정하는 세계 문화유산이 되었다. 다산은 서양의 근대 선진문물을 우리 것으로 만들기 위해 고뇌했던 엘리트 관료였다.

● 33세(1794)—경기도의 암행어사가 되어 백성들을 위해 탐관오리(貪官汚吏)를 잡아냈다.

● 36세(1797)—좌부승지가 되었으나 또다시 서교(西敎) 신자로 찍혀 공서파(攻西派)로부터 탄핵을 받고, 천주교와의 관계를 해명하는 변방소(辨謗疏)를 올리고 사직했다. 정조는 그런 그를 몇 달 뒤 황해도 곡산부사(谷山府使)로 슬그머니 기용했다. 때마침 전국적으로 천연두가 창궐하자 그는 〈마과회통(麻科會通)〉 12권을 지어 우리 역사상 처음으로 서양

식 종두법(種痘法)을 소개했다.

● 38세(1799)—또다시 내직(內職)으로 돌아와 형조참의(형조의 정3품 당상관 벼슬)가 되어 과학수사에 힘썼으나 곧 반대파의 공세로 물러나고 말았다. 후일(1822년)에 간행된 다산의 저서 〈흠흠신서(欽欽新書)〉는 형사사건을 다루는 관리들의 자세에 관하여 적고 있다. 조선은 물론 중국의 역대 모범적인 판례를 선별하여 해설과 비평을 담고 그 자신의 형조참의 시절의 경험도 살린 30권 10책의 역작으로 살인사건 심리 등의 실무지침서라 할 수 있다.

천주교 박해와 정약용의 행로

1800년 6월, 정약용을 미래의 재상으로 지목했던 정조가 급사했다. 노론벽파(老論僻派)를 견제하기 위해 남인시파(南人時派)를 옹호했던 정조의 사인(死因)에 대해 독살설이 끊임없이 제기되어 왔다. 어떻든 정조의 급사로 영조(英祖)의 계비(繼妃)로서 골수 노론벽파 가문 출신인 대왕대비 정순왕후(貞純王后) 경주 김씨가 12세의 순조(純祖)를 섭정(攝政)하면서 수렴청정(垂簾聽政)을 했다.

그녀는 정조 재위 시절에 등장한 혁신세력 또는 탕평책(蕩平策)을 추진했던 인물들을 숙청하기 시작했다. 정순왕후를 중심으로 하는 노론벽파가 시파(時派) 및 신서파(信西派)를 공격하기 위한 구실로 삼은 것은 천주교였다.

이런 판에 정약용의 셋째 형 약종이 신유년(1801) 1월19일 교리서(敎

理書)·성물(聖物) 등을 담은 책롱을 안전한 곳으로 옮기려다가 한성부(漢城府)의 포교(捕校)에게 적발되었다. 드디어, 20일 후인 2월9일, 이가환(前 공조판서), 이승훈(前 천안현감), 정약용을 국문하라는 사헌부(司憲府)의 대계(臺啓: 공소장)가 올라갔다.

순조 원년(1801), 남인 신서파(信西派) 등 가톨릭 신자에 대한 신유박해(辛酉迫害)가 일어났다. 숙질간인 이가환·이승훈(조선가톨릭 제1호 세례교인), 다산의 셋째 형인 정약종(조선가톨릭 초대 전교회장)과 그의 장남 철상(鐵祥) 등 200여 명이 서소문(西小門) 밖 형장(지금의 서소문공원)에서 참수당했다. 청국인 신부 주문모(周文謨)도 이때 자수하여 사형을 당했다.

다산과 그의 둘째 형 정약전은 혹독한 고문을 받았지만, 천주교와의 관계를 청산한 정황이 있어 각각 멀리 귀양을 갔다. 다산은 경상도 장기와 전라도 강진에서 18년간 귀양살이를 하면서 대작 〈목민심서(牧民心書)〉 등을 저술했다. 〈목민심서〉는 1818년(순조18년)에 발간되었다. 목민관, 즉 고을 수령이 지켜야 할 지침을 밝히면서, 관리들의 폭정을 비판한 책(48권)이다. 백성을 잘 살게 하는 '목민(牧民)'을 하고 싶은 마음은 있으나 마음에 담아둘 수밖에 없다고 하여 '심서(心書)'라고 했다는 것이다.

다산의 형 정약전은 유배지에서 물고기의 생태 등을 연구한 〈자산어보(玆山魚譜)〉를 저술하고 귀양 17년째에 병사했다.

신유박해는 이 정도로 끝나지 않았다. 그해 가을에 황사영(黃嗣永)의 백서(帛書)사건이 일어났다. 백서사건이란 도피 중이던 천주교도 황사영이 청국에 주재하던 프랑스 선교사에게 흰 비단에 써서 보내려던 밀서(密書)가 적발되어 빚어진 사건이다. 백서의 내용은 조선국왕이 천주교도에 대한 박해를 중지하도록 청국황제가 압력을 넣게 해 달라는 청탁이었다. 발끈한 조선조정은 황사영을 체포해 능지처참(陵遲處斬)에 처했다. 능지처참은 머리·몸·팔·다리를 토막 내는 극형(極刑)이다. 황사영이라면 16세 때 진사시에 장원급제한 수재로, 정약용의 조카사위이다.

신유박해로 양반 지식층이 탈락한 가운데 이후 천주교는 크고 작은 박해를 거치면서 주로 평민층을 중심으로 은밀히 교세를 확장해 나갔다.

천주교를 자생시킨 현장

천진암(天眞庵)은 지금의 경기도 광주시(廣州市) 퇴촌면 우산리 500번지 앵자산 기슭에 자리 잡은 작은 암자였다. 광주(廣州)라면 글자 그대로 넓은 고을이었다. 지금의 서울 서초구·강남구·송파구·강동구도 1963년 서울 편입 이전엔 모두 광주군(廣州郡)에 속해 있었다. 지금의 하남시·성남시도 광주시로부터 독립해 나갔다. 성남시와 하남시의 발전 배경엔 어떤 이유에서든 서울살이가 곤란해 그곳으로 이주해간 사람과 그 후손이 주류를 이루고 있는 것이다.

천진암은 정약용 3형제 등 20세 전후의 청년들 10여 명이 맑은 마음으로 모여 조선왕조의 개혁을 위한 방안을 연구하는 강학회(講學會)의 장소로서 그 실천도구로 선택한 것이 선진학문인 서학(西學)이었고, 서학에의 동경(憧憬)은 그들을 자생적(自生的) 천주교인이 되게 했다. 대중

인기 영합주의에 오도(誤導)되어 가짜 개혁이 판치고 있는 오늘날, 애국심을 주제로 한 천지암 강학은 진정한 개혁을 향한 우리 역사상의 등불이었다는 점에서 더욱 주목된다.

한국천주교에서 성지(聖地)로 잡아놓은 천진암 일대의 면적은 30만 평에 달한다. 한국천주교 창업 300주년이 되는 2079년에 맞춰 준공 예정인 '천진암 대성당'은 일시에 3만 명을 수용할 수 있는 기념비적 건물이 되리라 한다. 대성당 부지 위쪽으로 난 강학로(講學路)로 접어들면 한국천주교 200년 기념비가 세워져 있다. 기념비 뒷면에는 녹암 권철신 묘지명(墓誌銘), 찬암 정약전 묘지명초(墓誌銘抄)로 시작되어 다산 정약용 작(作)으로 끝나는 205자의 한문이 새겨져 있다. 즉, 다산이 지은 권철신과 정약전의 묘지명을 발췌·인용하여 한국천주교의 창립을 설명한 것이다.

여기서 산길소로를 20분쯤 오르면 옛 천진암 터가 있다. 천진암 터 주변에는 이벽·이승훈·권철신·권일신·정약종 등 '한국천주교 창립 선조' 5인의 묘역이 조성되어 있다.

대성당 부지 동쪽 앵자봉 기슭에는 '조선교구 설립자 묘역'이 있는데, 정약용 집안의 가족묘지를 방불케 한다. 그곳에는 조선교구의 설립자이자 다산의 조카인 정하상(丁夏祥: 1795~1839)의 묘가 있다. 정하상은 서소문 바로 밖에서 참수당한 정약종의 둘째 아들로서 그 역시 38년 후 같은 장소에서 순교했다. 이런 이유에서 한국 초기 천주교회사는 정약용 가문의 가족사로 해도 과언이 아니다.

500여 권의 저서 남긴 茶山

나이 마흔에 모진 고문을 받고 '재야인사'가 된 다산은 18년의 유배생활에서 풀려나 고향 마재로 돌아와 17년을 살고 헌종 2년(1836) 75세의 나이로 별세했다. 당시 내로라하던 사람들은 그의 집 앞을 지나면서도 다산을 외면했다. 그는 외로웠다. 고독 속에서 그는 〈민보의(民堡議)〉 5권, 〈경세유표(經世遺表)〉 44권, 〈흠흠신서(欽欽新書)〉 30권, 〈아언각비(雅言覺非)〉 3권, 〈여유당집(與猶堂集)〉 등 대작을 완성했다.

● 〈민보의〉는 1812년(순조 12) 국토방위 책략에 관해 자신의 견해를 밝힌 책으로 조선 후기 속오군제가 무너져 복원하기 힘든 상황에서 민간 자치의 상비적인 방위체계를 구상한 책이다. 민보군(民堡軍)이 민간을 주도한다는 점에서 관군과 구분되고 전략 요충지에 민보(民堡)를 설치하여 유사시에 대비한다는 점에서 방위체제의 새로운 구상이었다.

● 〈경세유표〉는 1817년(순조 17) 해배(解配) 1년 전에 지은 책으로 1表 2書의 첫 번째 작품으로 행정기구의 개편을 비롯하여 관제, 토지제도, 부세제도 등 조선의 모든 제도의 개혁 원리를 제시한 것으로 부국강병을 이루는 것에 목표를 두고 저술하였다. 44권 15책.

● 〈아언각비〉는 1819년(순조 19) 국민의 언어, 문자생활을 바로 잡기 위해 지은 3권의 책이다. 우리나라 어휘 450여 개를 대상으로 중국의 고문헌이나 시문 등을 상고하여 그 변화와 잘못을 고증하고 있다. 이 책은 총 200여 항목으로 나뉘어져 있는데, 바른 말로써 그릇된 점을 깨닫

수종사에서 바라본 두물머리 운해. 마재 상류에 남한강과 북한강이 합류하는 두물머리가 있다.

게 한 귀중한 자료가 되고 있다.

● 〈여유당집〉은 다산의 문집(文集)이다. 1800년 정조의 죽음 후 다산은 고향집으로 돌아와 경전 공부와 저술활동을 하면서 그 당호(堂號)를 여유당(與猶堂)이라 했다. 여유(與猶)란 겨울에 시내를 건너는 것처럼 신중하게 하고 밖에서 나를 엿보는 것을 두려워하듯 경계하라는 뜻이다. 노자의 〈도덕경(道德經)〉에 나오는 말이다.

흔히 정치범에게 감옥은 대학원이라고 하지만, 다산의 유배지 강진과 아무도 찾아주지 않았던 마재의 고향집이야말로 우리 역사상 최고의 실학자(實學者)이며 최다작(500여 권) 저술가를 위한 천부적(天賦的) 산

남양주시 조안면 능내리 정약용의 생가 뒤편 동산에 위치한 다산의 묘소.

실이었다. 필자는 다산의 고택 앞 한강변에 조성된 다산(茶山)생태공원에 서서 팔당호의 한강을 바라볼 때마다 시대를 앞서간 다산의 업적을 기리면서도 그가 주자학(朱子學) 근본주의 국가인 조선조에서 용납되지 못했던 점을 아쉬워한다.

다산이 그토록 아끼고 사랑했던 한강에는 오늘날 팔당댐과 팔당호가 만들어져 2500만 수도권 주민의 생명수를 공급하고 있다. 바로 이런 사실에 저 세상의 그도 보람을 느낄 것 같다. 그의 시신은 한강을 굽어보는 여유당(與猶堂) 뒤쪽 작은 동산 위에 묻혀 있다. 그의 아호는 여러 개 있지만, 귀양에서 돌아온 후에는 열수(洌水)를 애용했다. 열수는 한강의 여러 이름들 중 하나이기도 하다.

조선왕조 말기의
한성

조선왕조 말기의 한성

세도가 '장동 김씨'의 거주지는 종로구 청운동과 교동

노론벽파가 시파(時派)에 대해 정치적 보복을 하는 와중에 노론 가문의 김조순(金祖淳)이 정권을 장악했다. 그는 자신의 딸을 순조의 비(妃)로 들이는 데 성공함으로써 이후 63년간 지속된 안동 김씨(安東金氏)의 세도정치(勢道政治)를 개막시킨다. 더욱이 1804년 정순왕후가 사망하자 김조순은 안동 김씨 일족 지배의 정치구도를 만들었다. 그의 권력은 그의 가문에서 계속 왕비를 들임으로써 그의 아들과 손자대로 이어졌다.

김조순의 집은 자하동(紫霞洞: 지금의 종로구 청운동)에 있었다. 자하동은 경복궁의 서북쪽 창의문 아래 북악과 인왕산 사이다. 자하동을 줄여서 '자동'이라고도 했는데, 급하게 부르면 장동(壯洞)으로도 들렸다. 이런 까닭으로 세상에서 서울의 안동 김씨를 장동 김씨 또는 장김(壯金)이라고 불렀다. 壯金이란 호칭은 김조순이 집을 교동(校洞)으로 옮긴 후에

214

도 그대로 사용되었다. 교동에는 김조순 사후에도 그의 아들 김좌근(金左根)과 손자 김병기(金炳冀)가 살면서 후일 대원군이 되는 흥선군을 '상갓집 개' 쯤으로 보는 등 세도를 부렸다.

순조·헌종·철종은 모두 壯金의 세도정치에 휘둘리는 허수아비 임금이었다. 더욱이 철종은 부모와 함께 강화도에 유배되어 농사를 짓다가 壯金에 의해 갑자기 서울로 불려 올라와 창덕궁 인정전에서 즉위했다. 壯金의 부패는 극에 달했다.

조선시대 양반가들이 모여 사았던 북촌에는 지금도 기와집을 한 한옥들이 그대로 남아있어 옛 모습의 일부를 엿볼 수 있다. 최근에는 국내외 관광객들이 워낙 많이 몰려와 출입자 수를 제한할 정도이다.

ⓒ서울특별시

세도정치가 계속되면서 토지세를 거두는 전정(田政), 군역을 부과하는 군정(軍政), 구휼 제도인 환곡(還穀)의 삼정(三政)이 문란해졌다. 전정이 문란해지면서 경작하지 않은 토지에도 세금을 부과했으며, 지주가 내야 하는 세금도 소작인에게 전가하여 농민의 부담이 가중되었다.

삼정 중에서 환곡의 폐해가 가장 심했다. 환곡은 춘궁기인 봄에 농민에게 곡식을 빌려주고 가을에 거두어들이는 빈민 구제 제도였다. 그러나 세도정치기에 환곡은 관리들이 허위로 문서를 작성하여 고리대로 변했다. 즉, 원하지도 않는 농민에게 강제로 환곡을 떠맡기거나 심지어 곡식을 빌리지 않았는데도 이자를 납부하게 했다. 청천강 이북 지방(평안북도)에서 일어난 홍경래의 난(1811년)과 진주(경상남도)에서 일어난 임술농민봉기(1862년)도 모두 삼정의 문란 때문이었다.

대원군 개혁정치의 산실 운현궁

1863년 음력 12월 말 '강화도령' 철종(哲宗)이 후사도 없이 세상을 떠났다. 새로 왕위에 오른 이가 흥선군 이하응(李昰應)의 둘째 아들 명복(命福), 즉 고종(高宗)이다. 열세 살의 명복이 왕위에 오르게 된 것은 순전히 아버지 흥선군(興宣君)이 익종(翼宗: 순조의 아들인 효명세자로 왕위에 오르지 못하고 21세에 요절하여 추존됨)의 비(妃)인 조(趙) 대비와 밀의(密議)하여 상호 동맹관계를 굳혀 놓았기 때문이다.

왕실의 관례상 임금이 후사 없이 사망할 경우 후계 왕 지명권은 왕실의 최고 어른에게 있었다. 이 시점에 趙 대비는 왕실의 최고 어른이었다.

대원군 이하응의 아들 명복(훗날의 고종)이 태어난 운현궁.

趙 대비는 장김(壯金)에 한이 많이 맺혀 있었다. 야망을 감추고 보신(保身)을 위해 파락호 행세를 함으로써 장김에게 '상갓집 개'로 취급당했던 흥선군도 그 점에서는 마찬가지였다. 고종이 즉위하자 흥선군을 대원군(大院君: 임금의 아버지에 대한 호칭)으로 높였다.

고종이 태어난 잠저(潛邸)는 옛 서운관(書雲觀: 觀象監) 자리에 있었기 때문에 운현궁(雲峴宮: 지금의 종로구 운니동 114-10번지)이라 불렸다. 흥선대원군(興宣大院君)의 저택으로 사용되던 운현궁은 크게 증축되었다. 한때 대원군은 운현궁과 창덕궁 사이에 특별한 통용문을 만들어서 그만이 이곳을 통해 입궐했다.

대원군이 권력을 장악하려 들자 세도가 壯金의 일원인 김흥근(金興

根)은 흥선대원군의 집정(執政)을 드러내 놓고 반대했다.

"옛날부터 임금의 아버지는 정치에 간섭하지 않았습니다. 그러니 집으로 돌아가 부귀나 누리게 해야 합니다."

대원군이 壯金에게 뺏은 별장 석파정

대원군은 이런 김흥근을 壯金 가운데서도 가장 미워했다. 김흥근의 별장이 북문 밖 삼계동(지금의 종로구 付岩洞의 자하문 터널 윗동네)에 있었는데, 서울에서 경치가 제일 좋았다. 대원군은 그 별장을 사려고 했지만, 김흥근은 들은 척도 하지 않았다.

"팔 수 없으면 하루만이라도 거기서 놀 수 있도록 빌려주시오!"

원래 정자는 누가 빌려 놀기를 청하면 빌려주는 것이 당시 양반들의 풍습이었다. 이쯤 되자 김흥근은 마지못해 별장을 빌려주었다.

김흥근에게 정자를 빌린 대원군은 정자 구경을 하자면서 그곳으로 고종을 모시고 갔다. 일이 이렇게 되자 김흥근은 그 정자를 다시는 사용할 수 없게 되었다. 임금이 노닐던 곳은

신윤복이 그린 흥선대원군 이하응 초상.
'상갓집 개'로 괄세받다 대권을 장악했다.

대원군이 안동 김씨에게서 뺏은 별장 석파정(石坡亭)에 딸린 사랑채로 1958년 지금 있는 자리로 옮겼다.

신하가 감히 놀 수 없기 때문이었다. 그래서 다시는 삼계동에 가지 않아 별장은 마침내 대원군의 소유가 되고 말았다. 대원군의 아호를 따서 명명한 별장 석파정(石坡亭)의 사랑채는 원래 자리에서 가까운 세검정의 궁중요리점 석파랑(石坡廊: 종로구 홍지동 125번지)에 이축되어 있다.

대권을 장악한 대원군은 壯金의 세력을 삭감하기 위해 세도정치의 중심기구인 비변사(備邊司)를 폐지하고 부정부패에 철추를 가했다. 또한 안으로는 유교적 민본정치의 부흥과 부국강병을 추구하고, 밖으로는 열강의 도전과 침략을 배격하는 쇄국양이(鎖國攘夷) 정책을 강행했다.

특히 그는 민생 안정과 재정 확충을 위해 삼정(三政) 개혁을 추진했다. 세금 부과 대상에서 누락된 땅을 조사했고, 관리의 부정과 횡포가 심했던 환곡의 폐단을 시정하기 위해 민간이 주도해 가난한 농민에 곡식을 꾸어주는 사창제(社倉制)를 시행했다. 또 호포제(戶布制)를 시행해 종래 상민(常民)에게만 부과되던 군포(軍布)를 양반에게도 징수했다.

이와 더불어 유생들의 강한 반발에도 전국의 서원을 47개만 남기고 대폭 정리했다. 지방 양반세력의 근거지였던 서원은 면세의 특권이 있어 국가 재정에 큰 부담을 주었고, 선현 제사 비용 등의 명목으로 백성들을 수탈하고 있었기 때문이었다.

그러나 이런 그의 개혁정책이 결실을 맺기 전에 서구 세력의 파도가 먼저 밀어닥쳤다. 러시아는 수차례에 걸쳐 두만강을 넘어와 통상을 강요했다. 대원군은 천주교도를 통해 조선·프랑스·영국 간에 3국동맹을 맺어, 러시아의 남하를 저지하려는 비밀 교섭을 추진했다. 당시 조선에는 베르뇌 등 프랑스 신부 12명이 포교활동을 하고 있었고, 신도수가 2만여 명에 달했다.

서소문공원은 천주교도 학살 장소

천주교도들은 이 비밀 교섭을 성사시켜 신앙의 자유를 얻으려고 했다. 하지만 대원군의 밀명을 받은 천주교도 남종삼(南鍾三)의 지지부진한 행동, 그리고 趙 대비 등 왕실과 조정 중신들의 강력한 반대에 부딪쳐 교섭이 이뤄지지 못했다. 이에 대원군은 태도를 돌변하여 천주교 탄압령을 내리고 1866년 1월부터 수개월 간에 걸쳐 프랑스 신부 9명과 천주교도 8000여 명을 학살했다. 이것이 병인박해(丙寅迫害)다.

남종삼 등 많은 천주교도가 처형된 장소는 서소문(西小門) 밖이었다. 이곳은 조선조 500년 동안 중죄인의 처형장이어서 '참(斬)터'라고 불렸다. 당시 백사장이었던 참터는 오늘날엔 서소문공원이 되었는데, 경내엔 '순교자현양탑'이 세워져 있다. 서소문공원이 내려다보이는 중구 중림동 언덕 위에는 천주교 약현성당(藥峴聖堂)이 건립되어 있다. 1892년에 건축된 약현성당은 벽돌로 된 고딕 성당으로 후세 한국교회 건축의 모델이 되었다.

천주교도들을 처형한 서소문 밖 참터 윗쪽 언덕(중구 중림동)에 세워져 있는 약현성당.

©조의환

병인박해 당시의 또 다른 처형장은 절두산(切頭山)과 새남터다. 절두산은 강 건너로 여의도 국회의사당이 보이는 마포구 합정동 한강변에 위치한 나지막한 야산이다. 이 야산이 절두산이라고 불린 것은 이곳에서 무수하게 천주교도의 목이 잘렸기 때문이다.

새남터는 사남기(沙南基)라고도 불리던 곳으로 용산역에서 한강철교에 이르는 강변에 위치해 있다. 병인박해보다 20년 전에 일어났던 기해박해(1846년: 헌종 12년) 때 조선인 최초의 신부 김대건(金大建)이 참수된 곳도 바로 새남터다. 천주교는 이들 순교의 현장 가까이에 모두 성당을 세워두고 있다.

이때 박해를 모면한 프랑스 신부 리델은 조선을 탈출하여 중국 천진(天津)에 체재 중이던 프랑스 인도차이나함대 사령관 로즈 제독에게 조선에 남아 있는 신부와 신도들을 구출해 주도록 요청했다. 로즈 제독은 1866년 9월18일에 3척의 군함을 이끌고 강화도 주변과 지금의 양화대교가 위치한 양화진(楊花津)까지 정찰하고 돌아갔다.

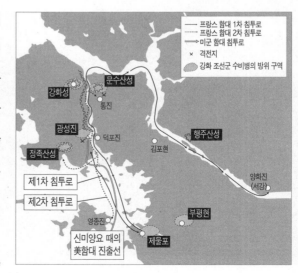

병인·신미양요(1866·1871).

다시 이해 10월13일, 로즈는 7척의 함선과 해병대 600여 명을 이끌고 한성 방어의 외곽 요충인 강화도(江華島)를 침범했다. 프랑스군(軍)은 강화성과 강화읍을 마주보는 문수산성(文殊山城)을 점령한 뒤 한강 어귀를 봉쇄하여 조선을 굴복시키려 했다. 그러나 프랑스軍은 강화도 소재 정족산성의 전투에서 패배하자 1개월 만에 철수했다. 이것이 병인양요(丙寅洋擾)이다.

행방불명된 보신각의 척화비

1871년 6월1일에는 미국의 아시아함대 사령관 로저스 제독이 5척의 군함과 1230명의 병력을 이끌고 강화도를 공격했다. 이는 1866년 7월 미국 선박 제너럴 셔먼호(號)가 대동강을 거슬러 올라와 평양성 밖에서 통상을 요구하다가 평양 관민의 공격을 받아 불타버린 사건을 빙자하여 통상조약을 체결할 목적이었다.

미군은 우세한 화력으로 해안포대를 제압하고 강화도에 상륙했다. 미군은 6월10~11일 양일간의 광성보(廣城堡: 강화군 길상면) 전투에서 승리하기는 했지만, 조선군의 결사적 저항을 보고 서울 진격이 어렵다고 판단하여 7월3일 철수했다. 이것이 신미양요(辛未洋擾)이다.

대원군이 종로 보신각에 세웠던 척화비.

신미양요를 전후하여 대원군은 척화비(斥和碑)를 만들어 종로의 보신각(서울 지하철 1호선 종각역 앞) 등지에 세웠다. 비문의 주문(主文)은 '양이침범 비전즉화 주화매국(洋夷侵犯 非戰則和 主和賣國)'의 12자다. 서양 오랑캐가 침범하는데 싸우지 않으면 화해할 수밖에 없고, 화해를 주장하면 나라를 파는 것이라는 뜻이다. 보신각의 척화비는 그 후 경복궁 근정전(勤政殿) 서쪽 회랑에 옮겨져 있었는데, 현재 국립중앙박물관에 전시되어 있다.

경복궁 重建과 당백전

흥선대원군은 실추된 왕실의 위엄을 세우기 위해 임진왜란 때 불탄 경복궁(景福宮)을 중건(重建)했다. 그 과정에서 많은 백성을 공사에 동원했으며, 부족한 재정을 충당하기 위해 8도의 부호 명단을 뽑아 강제로 원납전(願納錢)을 거두었기 때문에 파산하는 사람이 속출했다. 이를 세상에서는 원(願)납전이 아니라 원(怨)납전이라고 빈정거렸다.

그래도 재원이 부족하자 상평통보(常平通寶)의 액면보다 무려 100배가 되는 당백전(當百錢)이란 악화(惡貨)를 만들어 유통시킴으로써 인플레를 일으켜 재정 혼란이 가중되었다. 흥선대원군은 순조 이후 세도정치(勢道政治)의 악폐를 척결하는 데는 상당한 성과를 올렸지만, 무리한 경복궁 중건의 후유증에서 벗어나지 못했다.

흥선대원군의 집권시대는 10년 만인 고종 10년(1873)에 막을 내렸다. 고종과 민비의 조종으로 동부승지(승정원의 정3품 벼슬) 최익현(崔益鉉)

이 대원군의 실정(失政)을 조목조목 탄핵하는 상소를 올렸다. 고종은 그
해 11월3일, 친정(親政)을 선포하고 대원군의 정치 간여를 금했다. 대원
군은 운현궁을 떠나 양주(楊州)의 직곡산장(直谷山莊)으로 은퇴했다. 대
원군이 정권에서 물러나자 국왕 친정이란 이름 아래 외척인 민비(閔妃)
일족이 정권을 장악했다.

경복궁 근정전. 한국에 현존하는 최대 목조건물로, 임진왜란 때 불탄 것을 흥선대원군이 중건했다.

ⓒ조의환

불평등조약 속에
국제무대로 데뷔한 서울

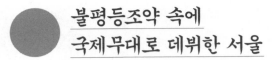

불평등조약 속에 국제무대로 데뷔한 서울

일본은 메이지유신(明治維新·1868년) 이후 조선에 새로운 국교 수립을 요청하기 위해 외교문서를 보냈다. 그런데 그 문서에 황제국에서나 쓰는 표현이 있는 등 기존의 외교 격식과 달라 대원군 정권의 조선은 문서의 접수를 거부했다. 1873년 흥선대원군이 물러나고 민비 정권이 들어섰다. 일본은 조선의 정세 변동을 감지하고 1875년에 다시 외교문서를 보냈으나, 여전히 기존의 격식을 따르지 않아 조선은 또다시 외교문서의 접수를 거부했다.

그러자 일본은 군함 운양호(雲揚號·운요호)를 강화도에 파견했다. 운양호가 강화도에 무단 접근하자, 조선군은 경고 포격을 가했다. 그러자 운양호는 강화도의 초지진(草芝鎭)을 공격한 후 그 남쪽 영종도(永宗島)에 상륙하여 관민을 살상했다(1875년 운양호 사건). 서양 열강을 흉내 낸 일본의 포함외교(砲艦外交)였다.

임오군란의 발원지는 남대문시장 수입상가 자리

고종 13년(1876), 민씨 정권은 군함 운양호를 파견·위협하며 개항을 요구한 일본에 굴복해 강화도조약을 체결했다. 이것은 근대적 국제법 토대 위에서 맺은 최초의 조약이긴 했지만, 불평등조약이었다. 또한 조선은 일본과 '조일수호조규 부록' '조일무역규칙'을 체결했다. 조일수호조규 부록에는 개항장에서의 일본 화폐 사용, 조일무역규칙에는 쌀과 잡곡의 수출입 허용, 일본 선박에 대한 항세(港稅) 면제 등이 규정되는 등 일본에 일방적으로 유리한 내용이 담겨 있었다. 어떻든 이런 조약 등에 의한 개항(開港)으로 일본의 조선 진출이 가속화된다. 이런 가운데 민씨 정권은 부패·타락하여 민심을 잃었다.

고종 18년(1881)의 군제개혁으로 신식군대가 우대받는 반면 푸대접을 받은 6영(營)의 구식군대는 불만에 가득 차 있었다. 그러다 고종 19년(1882) 6월, 13개월이나 밀려 있던 봉급미의 부당한 지급을 계기로 구식군대의 분노가 폭발했다. 주무관청인 선혜청(宣惠廳) 관리들이 내주는 쌀은 물에 잠겨 썩은 것이 아니면 쌀겨나 모래가 절반이나 섞인 것이었고, 그나마도 양이 차지 않았다.

이때 무위영(武衛營) 소속 군졸들이 반발하여 선혜청 관리들을 구타했다. 구타 사건의 현장은 지금의 중구 남창동 284번지 남대문시장 수입상가 자리에 있었던 선혜청 창고였다. 이 소식을 들은 선혜청 당상(堂上)이며 병조판서인 민겸호(閔謙鎬)는 김춘영·유복만 등 난동 주동자들을 체포하여 감옥에 가두었는데, 곧 사형에 처할 것이라는 소문이 장안

임오군란 상황도.

에 쫙 퍼졌다.

체포·투옥된 군인들이 위험에 처하게 되자 김춘영의 아버지 김장손, 유복만의 아우 유춘만 등은 6월9일 통문(通文)을 돌려 구원운동을 벌였다. 통문을 받은 군인들은 곧 동료를 구원하기 위해 먼저 자기들의 직속상관인 무위대장 이경하(李景夏: 병인박해 당시의 포도대장)를 집으로 찾아가서 자기들의 억울한 사정을 풀어줄 것을 호소했다. 이경하의 집은 지금의 을지로 입구 롯데호텔 자리에 있었다.

典獄署는 동아일보 사옥 옆 청계한국빌딩 자리에 위치
대원군파인 이경하는 민겸호에게 서신으로 영병(營兵)들의 뜻을 전하고 선처를 요망했으나 반응이 없었다. 이경하는 운집한 군졸들에게 안국동 민겸호의 집(운현궁 뒤쪽 前 국세청 자리)에 가서 호소하라고 했다. 군졸들이 민겸호의 집 앞에 이르렀을 때 공교롭게 봉급미를 지급하던 문제의 아전을 발견해, 그를 뒤쫓아 민겸호의 집 안으로 난입했다. 민겸호는 집에 없었고, 문제의 아전도 놓치고 말았다.

이에 격분한 군인들은 민겸호의 집을 불지른 다음 동별영(東別營)으로 몰려가 무기고를 깨고 무장을 갖추었다. 동별영의 위치는 지금의 종로 5가 담배인삼공사 자리다. 난병들은 포도청 감옥인 전옥서(典獄署)를 습격·파괴하여 구금된 동료들을 구출하고, 계속하여 의금부를 습격하여 위정척사(衛正斥邪)의 상소문을 내어 체포·투옥되었던 백낙관을 석방시켰다. 전옥서는 동아일보 사옥 옆 청계한국빌딩(前 갑을빌딩) 자리에 있었고, 의금부는 지금의 종로 2가 종로타워(국세청 청사) 자리에 있었다.

난병들은 대원군이 자기들을 도와줄 것이라고 생각하여 다시 운현궁으로 몰려가 호소했다. 대원군은 난병들을 달래는 척하면서 가만히 난군의 지도자 유춘만(柳春萬) 등에게 밀계(密計)를 주는 한편 그의 심복 허욱(許煜)에게 난병을 지휘하도록 했다.

운현궁에서 물러나온 난병들은 여러 대오로 나누어 한 대오는 강화유수 민태호(閔台鎬)를 비롯한 민씨 척족의 집을 차례로 습격·파괴하고, 별기군(別技軍) 병영을 습격하여 일본군 교관(소위) 호리모토(掘本禮造)를 죽였다.

다른 한 대오는 직전의 선혜청 당상(堂上)으로서 부정부패가 심했던 김보현(金輔鉉)이 감사로 있던 경기감영을 습격하여 병기를 탈취한 다음에 그 길로 일본공사관으로 달려갔다. 당시 경기감영은 지금의 서대문구 평동 164번지 서울적십자병원 자리에 있었고, 일본공사관은 그 조금 서쪽편의 청수관(靑水館) 건물에 들어 있었다.

날이 저문 가운데 난병들은 난민과 합세하여 일본공사관에 불을 질렀다. 이때 일본공사 하나부사(花房義質) 이하 공사관원들은 어둠을 틈타 인천으로 도피하였으나 난중에 일본인 13명이 살해되었다.

궁녀 옷차림으로 변장해 창덕궁에서 탈출한 민비

백성들이 폭동에 합류하고 나서자 6월10일 아침, 대원군의 친형이면서도 민비파에 붙은 영돈영부사(정1품) 이최응(李最應)의 집을 습격하여 그를 창으로 찔러 죽였다. 기세가 오른 난군은 창덕궁의 정문인 돈화문을 향해 몰려들었다. 사태가 급박해진 가운데 고종은 곧 대원군을 청해 들였다. 그러나 궁내로 밀고 들어온 난군은 창덕궁에 은신 중이던 민겸호·김보현 등을 학살한 다음 민비까지 해치려고 했다.

민비는 궁녀의 옷차림으로 변장하고 무감(武監) 홍계훈(洪啓薰)이 멘 가마를 타고 창덕궁을 탈출했다. 무감은 훈련도감에 소속된 군인 가운데 무예에 뛰어나 궁중에서 숙직하는 무예별감(武藝別監)을 말한다.

민비는 지금의 중부고속도로와 거의 일치하는 조선시대의 제5대로를 따라 남하하여 장호원에 있는 충주목사 민응식(閔應植)의 집에 숨었다.

정권을 다시 장악한 대원군은 민비의 실종을 '훙거(薨去)'라면서 국상(國喪)을 공포했다.

이때 민비는 영선사(領選使)로 천진(天津)에 가 있던 김윤식(金允植)을 통해 청국의 원조를 요청했다. 영선사는 고종 18년(1881) 청나라에 신학문을 배울 사람을 골라 보낼 때 제정했던 벼슬이다.

당시 조선에 대한 내정간섭을 바라고 있던 청(淸)의 북양대신(北洋大臣)으로서 최고 실권자인 이홍장(李鴻章)은 정여창(丁汝昌)·마건충(馬建忠)·오장경(吳長慶)이 이끄는 군함과 병사 4500명을 조선에 파견했다. 이들은 한성에 들어와 대원군을 납치하여 천진의 보정부(保定府)에 3년간 유폐시켰다. 은신처 장호원에서 환궁한 민비는 다시 권력을 잡았다.

청은 마건상과 묄렌도르프를 고문으로 파견하여 재정과 외교에 간섭했다. 또한 조청(朝淸) 상민수륙무역장정(1882)을 체결하여 조선이 청국의 속국임을 강조하고, 청 상인의 내륙 무역을 보장받는 등 경제적 특권을 확보했다.

한편 조선은 일본의 위협에 굴복하여 제물포 조약을 맺었다. 이 조약에는 임오군란 때 사망한 일본인에 대한 배상금 지급, 일본 공사관 경비를 위한 군대 주둔 등이 포함되었다.

갑신정변의 3일天下

임오군란을 계기로 청과 일본이 크게 대립하자 조선의 정계도 두 갈래로 갈라져 날카롭게 대립했다. 일찍이 대원군의 쇄국정책에 반대하던 민

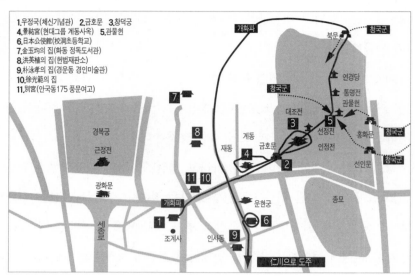

1.우정국(체신기념관) 2.금호문 3.창덕궁
4.景福宮(현대그룹 계동사옥) 5.관물헌
6.日本公使館(校洞초등학교)
7.金玉均의 집(화동 정독도서관)
8.洪英植의 집(헌법재판소)
9.朴泳孝의 집(경운동 경인미술관)
10.徐光範의 집
11.別宮(안국동175 풍문여고)

갑신정변 상황도.

비는 이제 청국에 기대는 사대당(事大黨)이 되었다. 그 핵심 인물로는 민
영익(閔泳翊)과 민승호(閔升鎬) 등 척족과 정계의 김홍집·김윤식·어윤
중 등이었다. 한편 일본의 메이지유신을 본받아 개혁을 단행하려 한 김
옥균(金玉均)·박영효(朴泳孝)·홍영식(洪英植)·서광범(徐光範) 등 소장
파를 개화당(開化黨) 또는 독립당(獨立黨)이라고 했다.

고종 21년(1884), 청불(清佛)전쟁의 패전으로 청국의 위신이 흔들리자
김옥균 등 개화당은 일본 공사 다케조에(竹添進一郎)와 밀의, 쿠데타를
일으켜 혁신정부를 세우기로 작심했다. 동원병력은 개화당 행동대원 50
명과 일본공사관 수비대 150명. 거사 장소는 우정총국(당시 典洞: 지금
의 종로구 견지동 39번지 체신기념관)의 낙성 기념 연회장이었다. 우정

갑신정변의 거사 장소인 우정국, 지금의 견지동 체신기념관.

총국은 근대적인 우편업무를 담당하기 위해 설치된 기구로 현재 거사 현장에 복원되어 있다.

거사 시나리오는 서광범의 집과 담이 붙은 별궁(別宮: 현재의 풍문여고 자리)에 방화하고, 그 혼란을 틈타 연회 현장에서 군권을 장악한 친청(親淸) 수구당인 민영익(右營使·우영사)·이조연(左營使·좌영사)·한규직(前영사)·윤태준(後영사) 등 4영사(營使)를 격살한 다음 창덕궁으로 달려가 개혁에 대한 왕의 윤허를 받아낸다는 것이었다.

12월4일 저녁, 우정국 총판 홍영식의 초청으로 낙성 연회에 참석한 인사는 서울 주재 외교관과 조정 요인 등 모두 19명이었다. 그러나 별궁 방화는 순라군에게 들켜 실패했다. 방화 실패의 보고를 받은 김옥균은 우정국 바로 뒷집에 불을 지르라고 지시했다.

밤 9시경, 우정국 건물 바로 뒤편에서 불길이 솟아올랐다. 전영사 한
규직이 먼저 달려 나갔다가 칼에 찔려 피를 흘리며 연회장으로 되돌아
왔다. 이어 우영사 민영익도 우정국 대문 앞에서 행동대원의 칼을 맞고
쓰러졌다. 9시30분경 김옥균·박영효·서광범은 교동(校洞)에 있던 일본
공사관으로 달려가 일본 수비대의 지원 의지를 확인했다.

현대그룹 계동 사옥 자리에 있었던 경우궁(景祐宮)에 피신한 高宗

교동의 일본공사관 건물이 있었던 곳은 중종(中宗) 때 도학정치(道學政
治)의 이념을 내걸고 급진적인 정치개혁을 시도하다가 기묘사화(己卯士
禍)로 목숨을 잃은 조광조(趙光祖)가 살던 집터. 이곳은 나중에 우리
나라 최초의 초등학교인 교동소학교가 들어서 오늘에 이르고 있다.

12월5일 새벽, 김옥균이 금호문(金虎門: 창덕궁의 서문)을 두들기자
수문장이 문을 따주었다. 수문장은 김옥균의 심복이었다. 김옥균 일행
은 임금이 자고 있는 편전으로 갔다. 대청 바깥에 나와 있던 유재현(柳
在賢) 등 내시들이 앞을 가로막자 김옥균은 호통을 쳤다. 김옥균의 목소
리를 알아들은 고종이 "무슨 일이냐?"고 물었다. 김옥균 일행은 왕의 침
실로 들어가 "변란이 일어났다"고 아뢰고 정전(正殿)을 옮길 것을 상주
했다.

이때 하늘을 진동하는 폭발음이 들렸다. 김옥균의 지시를 받은 행동
대원들이 통명전(通明殿)에서 터뜨린 폭약소리였다. 통명전의 위치는 후

236

원(後苑)인 비원(秘苑) 입구. 편전까지는 400m 남짓하다. 패닉현상을 조성한 것이었다.

김옥균은 왕에게 일본공사에 호위 병력을 요청할 것을 건의했다. "그렇게 하라"는 고종의 윤허가 채 끝나기도 전에 민비는 "청국군에도 요청하라"고 말했다. 김옥균은 일·청 양측 모두에 사람을 보내는 척했지만, 청국군에는 사자를 보내지 않았다.

임금과 김옥균 일행은 창덕궁을 빠져 나와 경우궁(景祐宮)으로 갔다. 경우궁은 순조의 생모인 수빈 박 씨의 사당으로서 왕으로 등극한 아들을 낳은 후궁의 위패를 모셨던 조선왕조 7궁 중의 하나다. 그 자리는 휘문고교의 부지가 되었다가 지금은 현대그룹의 계동 사옥이 들어서 있다. 김옥균은 청국군의 공격에 대비, 창덕궁보다 방어가 유리한 경우궁으로 고종을 이어(移御)시킨다는 시나리오를 준비하고 있었다.

왕이 경우궁 정전 뜰에 이르자 박영효와 다케조에가 일본군을 거느리고 달려왔다. 임금과 비빈이 자리를 잡은 뒤 개화당 요인들과 일본공사가 좌우에 도열했다. 서재필(徐載弼)이 사관생도 13명을 이끌고 임금의 옆에서 시립했다. 개화당 행동대원들은 입시(入侍)하려고 경우궁에 들어오던 민태호(閔台鎬)·민영목(閔泳穆)·조영하(趙寧夏) 등 사대당 대신들을 죽였다. 이조연(李祖淵)·윤태준(尹泰駿)·한규직(韓圭稷) 등 영장(營將)과 사대당에 동조하던 내시 유재현(柳在賢)도 격살되었다.

이 무렵 청국군 1개 소대가 경우궁 근처에서 동태를 살펴보고 자기 진영으로 돌아갔다. 당시 한성(漢城) 주둔 청군 1500명은 창덕궁·창경궁

과 인접한 지금의 연건동 서울대학병원과 을지로 6가 국립의료원 자리
에 분산하여 군영을 설치하고 있었다.

피를 많이 흘린 12월5일 새벽이 지나고 날이 밝았다. 쿠데타 이틀째인
이날, 정부요직에 대한 인사가 단행되었다. 전·후영사에 박영효, 좌·우
영사에 서광범, 병조참판에 서재필이 임명되었다. 거사의 주역인 김옥균
은 호조참판으로서 재정권을 장악했다.

이어 각국 공사들에게 새 정부의 수립을 통고하고 14개 개혁정책을
발표했다. 그 내용은 청국에 대한 조공 폐지, 청국에 유폐된 대원군의
환국 요구, 문벌의 폐지, 내시부·규장각 혁파 등이었다.

이런 가운데 고종과 민비는 창덕궁으로의 환궁을 요구했다. 다케조에
도 경우궁이든 창덕궁이든 능히 수비할 수 있다고 장담했다. 개화당 정
부는 고종을 옹위하고 창덕궁으로 되돌아오고 말았다.

개화당 정권은 창덕궁 내 관물헌(觀物軒)을 지휘본부로 삼고, 경계를
강화했다. 서재필이 사관생도들과 함께 전내(殿內)를, 일본군 140명이
대궐 안을, 4영(營)의 군사들이 대궐 밖을 지켰다.

서울대 병원 자리가 청군 진영(淸軍 陣營)

쿠데타 3일째인 12월6일, 원세개(袁世凱·위안스카이)가 청병 1500명을
이끌고 창덕궁과 창경궁을 공격했다. 총소리와 포성이 들리자 왕과 민비
는 북한산 쪽으로, 대왕대비와 대비는 북관묘(北關廟) 쪽으로 피신했다.
김옥균은 왕을 뒤쫓아 나섰다. 고종은 이미 궁문을 빠져나가 뒷산 기슭

을 오르고 있었다. 김옥균은 임금을 만류해 다시 연경당(延慶堂: 창덕궁 중앙에 위치)으로 모셨다. 창덕궁 안으로 총탄이 비오듯 날아왔다. 개화당 정권의 지휘를 받던 조선군 800명은 어느덧 청국군에 가담했다.

대세가 기울자 김옥균은 왕을 모시고 인천으로 피신, 훗날을 꾀하려 했다. 고종은 완강히 거부했다. 다케조에도 임금을 호위하는 것이 더 위험해질 수 있다며 일본군을 퇴각시키려고 했다. 고종과 민비는 북관묘 쪽으로 피신한 대왕대비 등을 뒤쫓아 갔다. 북관묘는 중국인에게 관제(關帝)라고 추앙받는 촉한의 장수 관우(關羽)를 모시는 사당(종로구 명륜동 성균관대학교 쪽)인데, 임진왜란 후 건립되었다.

북관묘는 이미 청국군이 점령하고 있었다. 그런데도 홍영식과 박영교(朴泳敎: 박영효의 형)는 임금을 따라갔다. 홍영식·박영교는 청병(淸兵)들의 칼을 맞고 목이 떨어졌다. 김옥균·박영효·서광범·서재필 등은 일본군과 함께 급히 일본공사관(현재 교동초등학교 자리)으로 퇴각했다.

이어 일본공사관은 조선군과 난민의 습격을 받았다. 김옥균·박영효 등 개화당 11명은 다케조에와 함께 일병(日兵)의 호위를 받으며 서대문을 거쳐 인천으로 도주했다. 12월9일, 이들은 일본 상선 치도세마루(千歲丸)를 타고 일본으로 망명했다.

이후 사대당은 더욱 수구적이 되고, 청일(淸日) 간의 각축은 더욱 치열하게 전개되었다. 국내에 잔류했던 개화당 관련자들은 서소문 밖 형장(지금의 서소문공원)에서 모두 참수되었다. 그들의 집도 역적 처벌의 관례에 따라 모두 헐려 못으로 파여졌다.

김옥균의 집은 前 경기고 자리, 박규수의 집은 헌법재판소 자리

김옥균의 집터 종로구 화동 106번지에는 경기고등학교가 위치해 있다가 강남으로 옮겨가고 이제는 정독도서관이 들어서 있다. 이 집터는 원래 사육신의 한 사람인 박팽년(朴彭年)이 살았던 곳이다. 철종의 부마였던 박영효의 집터는 지금의 경인미술관(종로구 경운동) 자리다. 영의정을 지낸 홍순목의 둘째 아들인 홍영식은 지금의 헌법재판소(종로구 재동 83번지: 前 창덕여고) 자리에서 살았다.

'홍영식 참판댁'은 갑신정변 실패 후 몰수당하여 1885년 4월10일 우리나라 최초의 서양식 병원인 광혜원(廣惠院)이 되었다. 이 왕립(王立) 병원은 개원 10여 일 만에 제중원(濟衆院)으로 이름이 바뀌었고, 1887년 구리개(을지로 2가 외환은행 본점 자리)로 이전되었다.

일찍이 김옥균·박영효·홍영식 등은 우의정을 지낸 박규수(朴珪壽·1807~1876)로부터 개화사상을 배웠다. 〈열하일기(熱河日記)〉를 쓴 실학자 박지원(朴趾源)의 손자인 박규수는 고종 3년(1866) 평양감사로 있을 때 관민을 동원해 대동강을 침범한 미국의 무장상선 제너럴 셔먼호(號)를 불배[火船]와 충돌·침몰시켜버렸지만, 개항(開港)을 적극 주장한 인물이었다.

박규수의 집 사랑방에는 김옥균·박영효·홍영식 등 북촌(北村)의 명문자제들뿐만 아니라 역관 오경석(吳慶錫), 한의사 유대치(劉大致) 등 중인(中人)들과 봉원사(奉元寺: 서대문구 봉원동)의 이동인(李東仁) 등 승려들도 드나들며 세계 대세와 개항을 논했다. 수령이 600여 년이나

개화파의 스승이었던 박규수의 집터(현재 재동 헌법재판소 구내).

되는 백송(白松)이 아직도 고고한 자태를 뽐내고 있는 박규수의 집터는 홍영식의 집터 바로 뒤에 있는데, 두 곳 모두가 지금은 헌법재판소 구내로 들어가 있다.

박규수와 오경석의 사후에는 유대치가 개화파 청년들을 지도하여 백의정승(白衣政丞)이라고 불렸다. 오경석과 유대치는 中人들의 거리인 광교 부근에 살았다. 유대치는 갑신정변 실패 직후 사라져 다시는 세상에 모습을 드러내지 않았다.

갑신정변의 진압으로 일본세력을 견제하는 데 성공한 원세개는 그 후 10년간 통리조선통상교섭사의(統理朝鮮通商交涉事宜)라는 직함을 달고 마치 총독처럼 행세했다. 그는 대원군의 심복이며 갑신정변 당시 무위대장으로서 파직당한 이경하(李景夏)의 집을 **빼앗아** 들었는데, 세상 사람들은 이곳(롯데호텔 자리)을 '원대인진전(袁大人陣前)'이라고 부르며 피해 다녔다. 그때도 청병들은 조선 관민에게 구타를 일삼는 등 마구 설쳐댔다. 이로부터 청상(淸商)들은 구리개(지금의 을지로 입구) 일대에 진출하여 상권을 장악했다.

한편 일본으로 망명한 김옥균은 그 후 10년간 민비 정권에서 파견한 자객들을 피해 일본 각지를 방랑한 후 1894년 3월 이홍장과의 면담을 위해 상해(上海)로 건너갔다가 황포강(黃浦江) 북안의 호텔인 동화양행(同和洋行·1995년 필자가 답사했을 때는 그 건물에 병원이 들어서 있었음)의 2층 객실에서 자객 홍종우가 발사한 권총 세 발을 맞고 사망했다. 김옥균의 시신은 청국 군함에 실려와 조선정부에 인도되었다. 민씨 정권은 양화진(지금의 양화대교 아래)에서 김옥균의 시신을 능지처참한 후 '대역부도 옥균(大逆不道 玉均)'이라는 팻말을 달아 효수했다.

청일전쟁과 갑오경장(甲午更張)

1894년 전라도에서 동학농민군이 봉기하자 민씨 정권은 자기 힘으로 진압하지 못하고 청국에 파병을 요청했다. 청국군의 진입에 이어 일본군도 뒤따라 들어왔다. 신흥 일본을 두려워한 이홍장은 양국의 공동철병안을 제의했으나, 일본은 이를 거부하고 조선에 대한 공동간섭안을 제기했다.

일본군이 한성에 들어오자 지난 10년 동안 안하무인(眼下無人)의 총

청일전쟁 관계도.

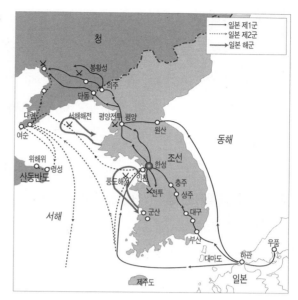

독처럼 설치던 원세
개는 일본과의 교전
을 겁내 급히 중국으
로 도망쳤다. 원세개
의 야반도주로 조선
정부는 친일 일변도
로 기울었다. 이로써
친일 개화정권이 수

립되어 갑오경장(甲午更張)이 단행되었다. 갑오경장의 정책 방향은 남산
노인정(老人亭)에서 열린 조선대표 신정희(申正熙)와 일본공사 오오토리
(大鳥圭介)의 회담에서 결정되었다.

　노인정은 지금의 남산 동북쪽 기슭의 국립극장과 동국대 사이(중구
필동 2가134-2번지)에 있던 헌종의 장인 조만영(趙萬永)의 별장이었다.
이해 7월10~15일까지 세 차례에 걸쳐 진행된 노인정 회담에서 오오토리
는 5개 조항의 내정개혁안을 제시하고 이를 실시할 것을 강압했다. 조선
정부가 이 개혁안에 반발하자 일제는 7월23일 경복궁을 무력으로 점령
하고 친일(親日)정권을 세웠다.

　일본의 조종을 받은 친일정권은 청국과의 국교단절을 통고했고, 일본
해군은 서해 풍도(豊島: 경기도 안산시) 앞바다에서 청국 군함과 병력

수송선을 선제공격함으로써 청일(淸日)전쟁의 막이 올랐다. 일본군은 성환전투·평양전투 등에서 연전연승하고, 요동반도의 요충 여순(旅順)과 북양함대의 모항인 산동반도의 위해위(威海衛) 등을 함락시켰다. 힘의 부족을 느낀 청국이 화의를 제의, 1895년 4월 양국 간에 시모노세키(下關) 조약이 체결되었다.

장충단(獎忠壇)은 을미사변(乙未事變) 희생자의 제단

시모노세키 조약으로 일본은 청국으로부터 요동반도(遼東半島)·대만(臺灣)·팽호열도(彭湖列島)를 할양받았다. 그러나 러시아가 일본의 독주를 견제하려고 프랑스·독일과 함께 '3국간섭'을 하여 요동반도의 할양을 중지시켰다. 이로부터 조선을 노린 러시아의 남하정책이 본격화된다.

이런 국제상황에 처한 민씨 정권은 세력균형을 위해 친로(親露·친러시아)정책을 구사했다. 일본은 친일정권 수립에 방해가 되는 민비 일파와 친로파를 거세하려고 획책했다. 고종 32년(1895) 10월8일 새벽, 일본공사 미우라(三浦梧樓)는 공사관 수비대를 보내 공덕동 아소정(我笑亭)에 칩거하던 흥선대원군을 호위하고 서대문으로 향했다.

한강변 공덕리에 있던 아소정은 실각한 대원군이 물러나 한을 달래던 곳이었다. 지금은 백범로변(白凡路邊)에 위치한 동도중학교의 운동장이 되어버려 그 흔적조차 찾을 수 없다.

이날 새벽 5시경, 파루의 종이 울리면서 서대문이 열리자 미우라는 일본수비대 병사와 낭인 등을 이끌고 경복궁으로 침입, 옥호루에서 민

을미사변 등으로 희생된 신료와 장병들에게 제사를 올렸던 장충단.

비를 찾아내 칼로 난자하고 시신을 불태워 버렸다. 이때 훈련대 연대장이며 민비의 심복인 홍계훈(洪啓薰)과 궁내부대신 이경식(李耕植) 등도 피살되었다. 이것이 을미사변(乙未事變)이다.

을미사변·갑신정변·임오군란 때 순국한 신료와 장병들을 제사하기 위해 1900년에 설치한 제단이 중구 장충단공원 한복판에 있는 장충단(獎忠壇)이다. '獎忠壇'이라는 예서체의 글씨는 고종황제가 썼다.

대원군은 미우라에 업혀 정권을 장악했으나 미우라 등이 본국 법정으로 소환되자(재판 결과는 전원 증거 불충분으로 무죄가 되었음), 정권을 내놓고 다시 은퇴했다. 1898년 그가 죽었을 때 아들 고종이 장례식에도 나타나지 않을 만큼 부자관계는 악화되어 있었다. 하지만 고종은 상여가 공덕리(孔德里: 마포구 공덕동) 묘지를 향해 나갈 때만은 서대문(西大門) 밖에 나가 전송을 하면서 대성통곡했다고 한다.

아관파천(俄館播遷)과 친로내각

을미사변으로 국민의 대일(對日)감정이 극도로 악화되고 각지에서 의병이 일어났다. 고종은 강원도 원주(原州)와 충청도 홍성(洪城)에서 봉기한 의병들을 은근히 지원했다. 전국이 소란해지자 러시아 공사 웨베르는 공사관 보호라는 명목으로 수병(水兵) 100명을 서울로 데려왔다.

이에 친로파(親露派) 이범진(李範晉: 포도대장 李景夏의 아들) 등은 웨베르와 공모하여 1896년에 국왕을 궁궐로부터 정동(貞洞)에 있는 러시아공사관으로 모셨다. 이것이 아관파천(俄館播遷)이다.

이때 친일내각의 총리 김홍집(金弘集) 등은 지금의 세종로인 육조거리에서 난민들에게 돌멩이로 맞아 죽고, 내부대신 유길준(俞吉濬) 등은 일본으로 망명했다. 이어 이범진(李範晉)·이완용(李完用)의 친로내각이 조직되었다. 국왕이 러시아공사관에 체류하고 있던 1년 동안 모든 정치는 러시아의 수중에 있었다. 당시 탁지부 고문 알렉세예프는 사실상 대한제국의 재무대신이나 다름없었다.

러시아공사관은 경향신문사 뒤 언덕에

지금의 경향신문사 사옥 뒤쪽 언덕에 위치한 러시아공사관은 이후에도 러시아 남하정책의 전진기지가 되었다. 볼셰비키 혁명 뒤에는 소련의 영사

아관파천 당시의 러시아공사관. 경향신문 뒤쪽 언덕 위에 탑부분만 남아 있다.

관으로 재차 개설되어 공산주의 선전본부가 되었으며, 광복 후에도 한동안 존속하다가 철수했는데, 6·25 사변 때 건물이 파괴되고 말았다. 웨베르가 활약하던 시기에 한성 사교계의 무대가 되었던 것이 정동의 손탁호텔이었다. 손탁은 러시아공사 웨베르의 처형이었다. 손탁호텔은 러시아공사관 입구인 지금의 이화여고 동문 쪽에 있었다.

고종은 러시아공사관에 머물면서 경운궁(慶運宮: 훗날의 덕수궁)과 경희궁(慶熙宮) 사이를 잇는 홍교(虹橋)를 건설하여 두 궁을 연결하고 경성역을 남대문에서 홍교 아래로 옮겨놓았다. 1889년 서대문~청량리 간 전차가 개통된 이후에는 홍교 아래로 전차가 왕래했다. 이 거대한 석조(石造) 육교는 폴란드계(系) 러시아인의 설계로 우리나라 서양건축의 원조(元祖)라 할 수 있는 심의석(沈宜碩)이 시공했다.

1910년 촬영된 손탁호텔.

영자신문 '서울프레스'에 실린 손탁호텔 광고.

심의석은 원래 목수로서 미국 감리교 선교사들이 배재학당을 지을 때 서양건축 기술을 배웠다. 그는 이어 독립문·석조전·원구단 등의 건설에도 참여했다. 홍교는 일제시대에 서대문로를 확장하면서 헐렸다.

고종이 환궁할 장소로 택한 곳은 민비가 시해당한 정궁(正宮) 경복궁이 아닌 경운궁(慶運宮)이었다. 경운궁은 영국·미국·러시아의 공사관과 이웃해 있어 우려되는 일본군의 침입에 대처하는 데 유리한 위치였다.

1891년 정동 배재학당 공사 진행 중 촬영된 사진.

　고종은 경운궁을 正宮으로 삼기 위해 아관파천 기간 중 궁궐의 신축공사를 진행시켰다. 중화전·함녕전·선원전·경효전·흥덕전·사성당 등 여러 전각들이 이때 완성되었으며, 특히 준명당·정관헌·구성헌 등의 양관(洋館)들도 궁궐 안에 들어섰다.

　당시의 경운궁은 그 후 거듭된 도시계획 등으로 축소된 지금보다 훨씬 넓었다. 1897년 2월, 고종은 러시아공관을 나와 경운궁에 이어(移御)했다.

　경운궁 공사는 移御 이후에도 계속되었다. 경운궁 內의 본격적인 양식건물인 석조전(石造殿)은 1900년에 착공되어 1910년에 완공되었다. 고종은 석조전 2층에서 기거했다.

18
⋮

대한제국의 근대도시 건설,
그 꿈과 좌절

대한제국의 근대도시 건설, 그 꿈과 좌절

고종(高宗)의 황제 즉위식이 거행된 곳은 지금의 조선호텔 자리

당시 정동(貞洞)은 서구인들의 거주지였다. 지금 정동 덕수궁 뒤쪽 미국 대사관저는 당시의 미국공사관 자리다. 미국공사관 자리는 고종이 미국의 선교사(북장로회 목사)이자 의사였던 호레이스 알렌에게 하사한 토지다. 알렌은 갑신정변 때(1884) 중상을 입은 민영익(閔泳翊)을 치료한 것이 고종의 신임을 받는 계기가 되었다.

이후 알렌은 우리나라 최초의 서양식 근대병원인 광혜원(廣惠院)을 세우는 사업을 주도하는 한편 서양의술을 가르쳤다. 그는 대한제국 시절에 미국의 대리공사가 되었다.

경운궁으로 환궁한 직후, 고종의 황제 즉위를 촉구하는 조야(朝野)의 상소가 쇄도했다. 1897년 8월, 자주국(自主國)임을 표방하기 위해 연호를 광무(光武)라고 정했다. 이어 10월 초에는 회현방(지금의 소공동)의 남별궁(南別宮) 자리에 원구단(圓丘壇)을 지었다.

1897년 10월12일, 고종은 거기서 하늘에 제사를 올린 다음 황제 즉위식을 거행했다. 대한제국(大韓帝國)의 탄생이었다. 이어 11월에는 비명에 간 민비를 명성황후(明成皇后)로 올려 국장을 거행했다.

원구단 자리는 조선호텔 경내(境內)에 있다. 남별궁은 원래 태종의 차녀 경정(慶貞)공주가 조대림(趙大臨)에게 출가하여 살던 저택이어서 소공주댁(小公主宅)으로 불렸다. 오늘날 이 일대를 소공동(小公洞)이라 부르

원구단. 1897년 10월 고종은 새로 지은 원구단에서 하늘에 제사를 올린 다음 황제 즉위식을 거행했다. 대한제국 강점 후 일제는 여기에 조선호텔을 건립했다.

조갑제닷컴 편집실에서 내려다본 정동 일대의 오늘. 구한말 시기에 덕수궁 뒤쪽의 정동은 한성의 외교가이자 서구인들의 거주지였다.

는 것은 여기에 연유한다. 소공동은 일제시대에는 조선주차군사령관이었던 하세가와(長谷川好道)의 이름을 따 장곡천정(長谷川町)이라고 했다.

이곳은 임진왜란으로 서울이 점령된 후 왜군의 총대장 우키다 히데이에의 주둔지가 되었다. 이듬해에는 명장(明將) 이여송도 여기서 머물렀다. 그 뒤에도 남별궁은 명(明)·청(淸)의 사신을 접견하는 장소로 사용되었다.

개화기의 황도(皇都) 서울

1897년 10월 국호를 대한제국으로 바꾼 조선은 근대화를 향해 서서히 움직이고 있었다. 1392년 조선이 도읍을 정한 지 500여 년 후 구미 열강에 조금씩 문호를 개방하던 한성이 새로운 시대를 맞은 것이다.

한성은 500년 왕조의 역사에서 다져진 문화적인 축적을 지니고 있었지만, 아직은 새로움에 대한 두려움이 섞여 있는 세기말의 도시였다. 4대문 안에 자리 잡은 궁궐과 세도가의 기와집들, 그리고 초가의 상점과 여염집이 가득 찬 서울은 이제 변화를 위한 시동을 걸기 시작했다.

19세기 끝 무렵에 서울은 분명 낙후된 도시였다. 당시 서울을 다녀간 외국인들의 기행문에 따르면 집들은 대부분 처마가 잇닿아 있었고, 그 사이로 사람이 간신히 빠져나갈 정도의 좁은 골목이 구불구불 이어져 있었다.

집들마다 장작을 때느라 낮은 굴뚝 사이로 매캐한 연기가 자욱했으며, 드러난 하수도는 골목길을 타고 흘렀고, 변소는 모두 길가로 내어 오물이 골목에 질펀했다. 그 시절, 한 스웨덴 기자는 개 두 마리가 똥덩이 하나를 놓고 서로 차지하려고 종로 대로에서 난투극을 벌이고 있는 모습을 답사기에 적기도 했다.

그러던 서울의 모습이 바뀌기 시작했다. 1896년부터 시행된 도로 정비 사업으로 길이 넓어지고 불결한 골목이 깨끗이 정화되었다. 1899년 제물포~노량진 간 철도가 놓이고, 서대문에서 청량리까지 전차가 운행하면서부터 서울은 근대도시의 겉모습과 함께 대한제국 수도로서의 면모를 갖추어 나가기 시작했다.

대한제국이 되면서 서울은 조선의 왕도에서 대한제국의 황도(皇都)가 됨으로써 상징적 위상이 바뀌게 되었다. 서울을 황도로 개조하기 위한 노력은 경운궁의 건설 이외에도 여러 방면으로 진행되었다. 가장 두드러진 것은 조선 초 이래 큰 변화가 없던 서울의 도로체계가 경운궁을 중심으로 개조되었다는 점이다.

즉, 경운궁을 중심점으로 북쪽으로 현재의 태평로에서 세종로로 이어져 경복궁에 이르는 길, 동쪽으로는 구리개길(현재의 을지로), 동남쪽으로는 현재의 소공로, 남쪽으로는 남대문으로 이어지는 길 등으로 방사형 체계를 이루었다. 그러나 근대도시를 지향한 대한제국의 황도 건설은 곧 일본의 침략으로 중도에서 좌절되고 만다.

前 배재고 자리에서 〈독립신문〉 발간

1896년 4월7일, 우리 역사상 최초의 민간신문인 〈독립신문〉이 창간되었다. 아관파천 2개월 후의 일이었다. 〈독립신문〉의 대표자는 서재필(徐載弼)이었고, 부책임자는 한글학자 주시경(周時經: 1876~1914)이었다.

서재필은 갑신정변 후 미국으로 망명, 갖은 고초를 겪으면서 워싱턴 대학 의학과를 졸업하고 개업의로

독립신문 창간호.
1896년부터 1899년까지 발행된 한글 전용 신문으로 한국인을 근대인으로 계몽하는 데 크게 기여했다.

배재학당. 이곳에서 독립협회가 태동되고 독립신문이 발간되었다.

활동하다 김홍집(金弘集) 내각에 의해 사면을 받고 10년 만에 귀국했다. 〈독립신문〉의 사옥은 지금의 기독교 대한감리회 정동제일교회(1898년에 설립된 한국 최초의 개신교 교회당) 남쪽 배재공원(옛 배재학당 자리) 안에 있었다.

배재학당은 우리나라에 최초로 서양문물을 소개한 신교육의 발상지다. 그 교가는 "우리 배재학당! 배재학당! 노래합시다~"로 시작된다. 이 학당은 미국 선교사 아펜셀러 목사가 1885년 3월에 설립했는데, 대한민국 초대 대통령 이승만(李承晩) 등의 졸업생을 배출했다. 배재학당 자리에는 1984년 2월 배재중고등학교가 강동구 고덕동으로 이전한 뒤 체이스맨해튼은행의 서울지점 건물과 러시아대사관이 들어서 있다.

중국 사진을 영접하던 사대의 상징 '영은문'을 헐고 그 자리에 독립문을 세웠다.

현재의 독립문.

258

1896년 7월, 서재필을 중심으로 이상재(李商在)·윤치호(尹致昊)·李承晚이 적극 참여한 독립협회가 결성되었다. 독립협회가 태동된 곳도 배재학당이었다. 결성 초기에는 안경수·이완용(李完用) 등 정부 요인도 다수 참가했다. 1897년 11월, 독립협회는 청국 사신을 맞던 영은문(迎恩門)을 헐고 그 자리에 독립문(獨立門)을 세웠다. 또한 중국 사신을 접대하던 모화관(慕華館)을 허물고 그 자리에 독립회관을 지었다.

1898년 독립협회 주최로 종로 광장에서 만민공동회가 열려 시국에 대한 6개조의 개혁안이 결의되었다. 〈독립신문〉은 친로파 정부와 탐관오리를 서슴없이 비판하고, 러시아의 내정간섭과 이권개입을 폭로함에 따라 정부로부터 탄압을 받아 1899년 12월4일자로 폐간되었다.

매년 4월7일에 거행되는 '신문의 날'은 우리나라 근대 언론의 출발점인 〈독립신문〉의 창간일(1896년 4월7일)을 기념하기 위해 언론인들 스스로가 제정한 것이다. 그 제정 취지는 신문의 사명과 책임을 자각하고 언론의 자유와 품위를 지키기 위해서라지만, 요즘 언론이 과연 그러려고 노력하는지 매우 의심스럽다.

1899년 서대문~동대문~청량리 간 전차 통행

우리나라에 근대적 교통수단으로 전차(電車)가 처음 등장한 것은 1899년이었다. 고종은 비명에 간 명성황후(민비)의 묘가 있던 홍릉(洪陵: 당시엔 청량리 천장산 언덕에 소재: 1919년 경기도 남양주시 금곡동 141-1로 이전함)에 자주 행차했다. 행차 때마다 가마를 탄 많은 신하들

개화기의 첨단문물이었던 한성(漢城) 전차. 전차 지붕에는 담배 광고가 붙어있다.

을 거느려 그 경비가 적지 않았다.

이것을 본 미국인 콜브란이 고종에게 전차의 부설을 건의했다. 이 전차 사업은 황실과 콜브란 등 미국인이 50 대 50으로 합작한 한성전기회사가 설립됨으로써 급속히 추진되었다. 동양에서는 일본 동경(東京)에 이어 두 번째로 한성에서 전차가 다니게 되었다.

전차 개통일은 마침 초파일이었다. 여덟 대의 전차에 내외 귀빈들을 태우고 서대문에서 동대문으로 달렸다. 그러나 개통 열흘 만에 불상사가 발생했다. 당시 가뭄이 심했는데, 전차가 공중의 물기를 모두 흡수해 버린 탓이라는 유언비어가 시중에 번져나갔다. 그런 판에 어린아이가 전차에 치어 사망한 사건이 일어났다. 이를 본 시민들이 돌을 던지며 달려

들자, 일본인 운전사는 도망갔다. 전차는 방화로 불타버렸다.

하지만 전차는 속도가 빠르고 편했기 때문에 곧 서울의 교통수단으로 자리 잡았고, 채산성이 좋아지자 노선도 점차 확장되어 갔다.

서대문에서 청량리까지 전차가 운행되고, 제물포(인천)~노량진 간 경인(京仁)철도 부설공사가 시작된 1898년부터 인구 20만의 서울은 근대도시의 겉모습과 함께 대한제국 수도로서의 얼굴을 갖추어 간다.

이 무렵, 동대문 밖에서 홍릉에 이르는 길은 우리나라 최초로 가로수가 있는 길로 다듬어졌다. 또한 원각사 터에 우리나라 최초의 근대적 공원인 탑골공원이 조성되었다.

러·일전쟁과 을사늑약(乙巳勒約)

1904년 2월8일 밤, 여순(旅順)과 인천에서 일본군의 기습으로 러·일전쟁이 발발했다. 1905년 1월2일에는 러시아의 극동 요새 여순이 함락되고, 3월10일 봉천회전(奉天會戰)에서도 일본이 승리했다.

이어 5월27일 러시아의 발틱함대가 동해해전(東海海戰)에서 일본 연합함대에 의해 궤멸됐다. 미국의 중재로 9월5일, 러·일간에 포츠머스 강화조약이 체결되었다. 이로써 南만주는 물론 한반도까지 일본의 지배下에 들어가게 된다.

1904년 8월에 체결된 한일(韓日)의정서에 의해 남대문 밖 용산 일대는 거대한 일본군의 군사기지로 변모하기 시작한다. 韓日의정서 제4조는 일본이 '군략상 필요한 지점을 수시로 사용할 수 있을 것'이라고 되어 있었다. 이 조항을 내세워 일제의 한국주차군사령관은 군용지로서 용산의 300만 평을 수용하겠다고 한국정부에 통고했다.

일본은 남대문 밖에서 한강에 이르는 광활한 땅을 탈취하여 마음대로 경계를 정하고 군사기지를 건설했다. 군사기지 건설을 위해 갈월동, 남영동을 거쳐 한강에 이르는 현재의 한강로를 1906년 6월에 완성하였고, 이어 그 동쪽으로 후암동에서 용산고등학교를 거쳐 남쪽으로 이어지는 도로를 1908년 12월에 완성했다. 이 두 도로의 완성으로 신(新)용산 군사기지의 간선도로 체계가 만들어졌다.

경운궁(慶運宮)이 덕수궁으로 바뀐 까닭

경운궁은 광해군 3년(1611) 10월 '정릉동 행궁'을 '경운궁'으로 개칭하면서 기록에 처음 등장한다. 임진왜란 때 서울의 궁전은 모두 불탔다. 의주로 피난 갔다가 돌아온 선조가 월산대군(성종의 친형)이 살았던 집을 임시 거처로 삼았다. 이후 이 집은 '정릉동 행궁'이라 불렸다.

선조가 이곳에서 죽고 1608년 광해군이 정릉동 행궁의 서청(西廳)에서 즉위했다. 이후 행궁의 이름을 경운궁(慶運宮)이라 고쳤다. 1618년 광해군은 창덕궁으로 옮겨간 후 인목대비(仁穆大妃)를 이곳 경운궁에 유폐시키고, 대비의 칭호도 삭탈했으며, 궁궐 이름도 서궁이라 격하시켰다. 이어 반정으로 왕위에 오른 인조는 경운궁 즉조당(卽祚堂)에서 인목대비로부터 옥쇄를 받고 즉위했다.

1897년(광무원년), 경운궁은 황제국의 궁궐이 되었다. 그러나 고종황제는 1907년 헤이그 밀사사건을 빌미로 일제에 의해 강제 퇴위당했다. 이어 순종이 이곳에서 즉위한 후 곧 창덕궁으로 거처를 옮겼다.

고종은 퇴위 후 태황제(太皇帝)가 되어 경운궁에 그대로 머물렀다. 이때 경운궁은 태상황제의 장수를 비는 뜻에서 덕수궁(德壽宮)으로 개칭되었다. 고종은 1919년에 덕수궁에서 세상을 떠났다. 고종의 국상이 3·1운동의 단초가 되었다.

이에 앞선 1905년, 러·일전쟁에서 승전한 일제는 이토 히로부미(伊藤博文: 당시 추밀원장)를 특파대사로 파견하여 대한제국의 외교권 박탈을 골자로 하는 조약 체결을 강요했다. 11월18일 새벽 2시, 을사늑약은 다섯 대신에 의해 서명되었으나 최고 주권자인 고종의 재가를 받지 못했다.

민영환(閔泳煥)의 집은 조계사 경내에

조약 강제 체결의 소식이 알려지자 전국은 분노에 휩싸였다. 시종무관장 민영환(閔泳煥)은 2000만 동포에게 보내는 유서를 남기고 칼로 목을

忠武公 민영환의 집이 있었던 지금의 견지동 조계사.

찔러 자결했다. 다음날 특진관 조병세(趙秉世)가 국민과 각국 공사에게
보내는 유서를 남기고 자결하는 등 분사자가 잇따랐다. 민영환의 집터는
현재 종로구 견지동 조계사 경내(境內)로 들어가 있다.

1906년 2월에는 통감부(統監府)가 설치되었다. 통감부는 조선왕조 역
대 왕의 신위를 모신 종묘를 정남(正南)에서 마주보는 자리, 대한제국의
본궁(本宮)인 경운궁이 내려다보이는 남산 아랫자락에 세워졌다. 지금
그 자리엔 숭의여자대학과 리라초등학교가 들어서 있다.

1907년 4월20일, 고종 황제는 만국평화회의가 열린 네덜란드의 헤이
그에 3명의 밀사를 파견했다. 헤이그 밀사 파견은 자신이 비준하지 않은
을사늑약(乙巳勒約)의 무효화를 거듭 꾀한 것이다. 늑약은 억지로 맺은

시종무관장 복장의 민영환. 자결하기 두어 달 전 모습이다.

약정을 말한다. 일본은 이를 기회로 고종을 제위(帝位)에서 축출할 방침을 세웠다.

　1907년 7월3일, 경운궁으로 입궐한 일본 외무대신 하야시(林權助)와 통감 이토 히로부미는 고종 황제에게 "그와 같은 음험한 수단으로 일본의 보호권을 거부하려거든 차라리 일본에 대해 선전포고하라"고 협박했다. 그때 남산에 배치된 일본군은 대포로 궁궐을 조준하고 있었다.

　고종은 끝까지 수락하지 않았다. 그러나 일제(日帝)는 7월19일에 고종을 강제로 퇴위시켰다. 7월20일 오전 8시, 경운궁의 중화전(中和殿)에서 고종의 양위식이 거행되었다. 그러나 고종은 참석하지 않았다. 고종 황제는 순종에 의해 황궁이 창덕궁으로 옮겨진 후에도 경운궁에서 거처했다. 이때부터 경운궁은 고종의 장수(長壽)를 비는 뜻에서 덕수궁(德壽宮)이라 부르게 되었다. 새 황제 순종(純宗)은 고종의 둘째 아들로서 1874년 창덕궁 관물헌에서 태어났다.

서소문(西小門) 시가전

순종 즉위 5일째인 1907년 7월24일, 이완용(李完用)과 이토 히로부미 사이에 정미(丁未) 7조약이 체결되었다. 거기에는 조선 정부가 시정(施政)의 개선에 관하여 통감의 지도를 받을 것과 재정 및 중요 행정상의 처분은 미리 통감의 승인을 얻을 것 등이 규정되었다. 특히 정미 7조약의 부속 각서에는 군대 해산에 관한 조항이 들어가 있었다.

1907년 8월1일, 군대 해산의 명령이 떨어지자 시위대 제1연대 제1대대장 박성환 참령(소령)이 분노하여 권총으로 자신의 머리를 쏘아 자결했다. 그가 남긴 유서는 이러했다.

'군인으로서 나라를 지키지 못하고 신하로서 충성을 다하지 못했으니 만 번 죽어도 아까울 것이 없다.'

박성환의 유서는 사실상 궐기를 촉구하는 격문이었다. 시위대 제1연대 제1대대와 제2연대 제1대대는 해산을 거부하고 일제히 봉기했다.

이들은 병영 주위에 경계병을 배치하고, 일본군과 결전할 태세를 갖추었다. 시위대가 주둔한 남별영(南別營)은 지금의 서소문동 58-17번지

서소문 부근의 시위대 항전 요도.

명지서소문빌딩(부영 태평빌딩 건너편) 일대에 위치하고 있었다.

이때 이 두 대대의 병영과 무기를 인수하기 위해 일본군 보병 제51연대 제10중대가 접근했으나 시위대 병사의 집중사격을 받고 퇴각했다. 일본군은 제10중대에게 제1연대 제1대대를 계속 공격케 하면서, 기관총 등으로 화력을 증강한 제51연대 제9중대와 공병을 투입했다.

또 기관총 2정을 남대문 벽루에 고정시켜 원거리 사격으로 일본군 제9중대와 제10중대의 공격을 지원했다. 그러나 시위대의 저항이 완강하여 접근이 어렵게 되자 다시 1개 중대를 더 투입했다. 교전 중 일본군 제9중대장 가지오(梶原) 대위가 전사했다.

서소문동 명지빌딩 개축으로 성벽 파괴

일본군은 교착상태를 타개하기 위해 공병 폭파조를 투입하여 시위대 병영을 폭파했다. 진지가 파괴되고 탄약마저 떨어진 시위대 병사들은 병영에 돌입한 일본군과 백병전을 벌였으나 오래 버티지 못하고 병영에서 철수하여 성 밖으로 탈출했다. 패세를 만회하지 못하자 이충순(李忠純) 참위(소위)는 지금의 〈중앙일보〉 사옥 정문 앞에서 장렬하게 자결했다.

이 전투에서 일본군은 25명의 사상자가 났다. 시위대는 68명이 전사하고, 104명이 부상했으며, 516명이 포로가 되었다. 탈출한 시위대 병사들은 지방으로 내려가 의병 대열에 합류함으로써 이후 의병 투쟁이 확대되는 계기를 마련했다. 아무튼 이렇게 전투가 벌어진 서소문 일대에는 천주교도를 집단 학살한 사형장도 이웃해 있어 예로부터 '기(氣)가 센 땅'으로 지목되어 왔다.

명지서소문빌딩~대한상공회의소 건물 뒤편 서소문 골목길에는 불과 20여 년 전만 해도 조선시대의 석축(石築) 성벽이 50m쯤 남아 있었다. 그런데 명지서소문빌딩이 개축되면서 그 자취가 완전히 사라져 버렸다.

1908년 7월, 일제는 한국주차군사령부를 완공하고, 10월에는 그때까지 남산 아래 현재의 필동2가에 자리 잡고 있던 사령부를 용산으로 이전시켰다.

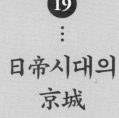

日帝시대의
京城

日帝시대의 京城

전통 파괴와 역사의 단절

1909년 10월26일, 이토가 만주 하얼빈 역에서 안중근(安重根) 의사에게 권총 세 발을 맞고 사망했다. 이를 기회로 삼아 일본은 조선을 병합하려고 했다. 1910년 5월, 육군대신 테라우치(寺內正毅)가 제3대 통감으로 임명되었다. 대한제국에 부임한 그는 헌병경찰제를 강화했다. 만반의 준비를 마친 그는 친러파에서 친일파로 전향한 대신 이완용(李完用)을 앞세워 8월22일 한일(韓日) 합방조약을 체결했다.

1910년 8월29일, 이 조약에 따라 대한제국은 일본제국의 식민지가 되었다. 이날 경복궁 근정전에는 일장기가 게양되었다. 순종 황제가 퇴위당한 직후 창덕궁 인정전(仁政殿)에도 황제를 상징하는 일월도(日月圖) 대신 봉황도(鳳凰圖)가 내걸렸다.

일제는 합병과 동시에 식민지 지배의 총본산으로 조선총독부를 설치했다. 조선총독부 청사로는 남산의 통감부 건물이 한동안 그대로 사용되었다. 1910년의 국권 강탈 직후인 그해 10월 일제는 수부(首府)였던 한성부(漢城府)를 보통의 부(府)인 경성부(京城府)로 개칭하는 동시에 경기도에 소속시켰다. 그리고 성저십리(城底十里)의 일부를 포함한 36km²를 관할토록 했다.

일제는 광화문 앞의 6조(曹) 관아와 도성의 일부를 헐어내고, 가로를 정비하기 시작했다. 결국 광화문도 헐어내고 총독부 청사를 웅장하게

1930년대 조선총독부 및 경성시가의 전망. 사진 중앙에 광화문대로가 펼쳐져 있고 그 길 끝에 보이는 석조 건물이 조선총독부이다. 청사 안쪽에 경복궁이 보인다.

건설하면서 조선왕조의 정궁(正宮)이며 얼굴인 경복궁의 앞을 가로막아 버리는 폭거를 자행했다. 일제는 서대문의 목재·기와·석재 등을 경매했다. 1914년에는 대한제국의 자주권을 상징하던 원구단이 철거되고, 그 자리에 총독부 철도국이 운영하는 조선호텔이 신축되었다.

한국 강점 직후, 조선총독부는 남대문에서 서울역에 이르는 도로를 개수한 데 이어 1911년에 황금정(黃金町: 지금의 을지로), 1912년에는 태평통(太平通: 지금의 태평로)을 확장했다. 태평로의 서울시청, 남대문로의 한국은행 등의 건물은 일제시대의 식민통치의 기반으로 건설된 것들인데, 워낙 야무져 지금까지 사용되고 있다. 황금정은 일본인의 거주지인 남촌(南村)의 主도로가 되었으며, 총독부에서 서울역을 거쳐 용산에 이르는 남북 축 도로와 함께 경성(京城) 도로망의 기본골격이 되었다. 서대문은 1915년 市구역 개수(改修)계획이라는 명목으로 도로를 확장하면서 헐리고 말았다. 1917년 10월에는 한강에 걸린 최초의 도로교인 한강대교가 준공되었다.

그리고 명동·충무로·남대문로 일대는 일본인 상가지구, 종로는 한국인 상가지구로 발전했으며, 주거지구도 한국인과 일본인의 동네가 분리되었다.

전차가 유일한 대중교통수단이었기 때문에 주거지구는 전차노선을 따라 뻗어나갔는데, 남대문 밖의 청파동·용산·원효로 일대는 일본인 거주 지구였고, 서대문 밖의 아현동·만리동과 동대문 밖의 숭인동·신설동 등지에는 한국인 주거지역이 형성되었다.

1936년에는 영등포(본래 시흥군에 속해 있었음)와 그 밖의 주변지역이 서울에 대폭 편입되어 1910년에 약 24만이던 인구가 70만을 돌파했다. 영등포는 한강 남안(南岸)의 땅으로서 최초로 서울에 편입되었던 지역이다. 이리하여 당시 농촌지역이었던 돈암동·안암동·청량리·신당동과 한강 남쪽의 상도동·대방동 등지에는 구획정리에 의한 주택단지가 조성되었고, 영등포·용산·답십리 등지에는 공업지구가 지정되어 공장이 집단적으로 들어서게 되었다.

일본군의 홍등가였던 삼성제일병원 자리

일제의 식민지 지배방식은 기본적으로 무단통치(武斷統治)였다. 강점 초기 일제는 헌병을 경찰로 둔갑시켜 1919년까지 헌병경찰제를 시행했다. 조선헌병대사령부는 지금의 중구 필동 1가 남산골 한옥촌마을(前 수경사 자리)에 있었다. 조선헌병대사령부는 1919년 3·1운동을 진압한 주역이었다.

당시 일본은 공창(公娼)제도를 인정하는 나라로서 군인들을 위한 성적(性的) 하수도가 필요했다. 그래서 지금의 동국대 후문에서 삼성제일병원에 이르는 곳에 '신마치(新町)'라고 부르는 홍등가가 들어섰다.

지금 청와대 자리로 옮기기 전의 조선총독 관저는 남산 중턱에 있었다. 지금의 서울시정개발연구원(前 南山 안기부 청사) 자리다. 이곳에 오르면 종묘와 창덕궁이 정면으로 내려다보인다. 조선총독부의 제2인자인 정무총감의 관저는 지금의 중앙대학병원과 이웃한 중구 필동2가

3·1운동 상황도.

80의 20번지 '한국의 집' 자리에 있었다.

일제의 대한제국 강점 이후에는 충무로~명동에 이르는 지역이 완전한 일본인 거주지역으로 변했다. 황금정(지금의 을지로)도 본정통(지금의 충무로)과 함께 일본인 거주지의 중심가로 성장한다. 일제의 식민통치가 지속되면서 1910년대까지만 해도 균형을 이루던 북촌(北村)과 남촌(南村)의 경제력이 1920년대에 이르러 현저한 차이를 보이게 되었다. 일제당국의 재정지출이 일본인 거류지에 편중되었기 때문이다.

3·1운동과 총독에 대한 폭탄 투척사건

1919년 3월1일 정오, 탑골공원에서 터져 나온 '대한독립만세'의 함성은 곧 전국 각지로 확산되었다. 3·1독립선언서 2만 매가 인쇄된 곳은 천도교(天道敎) 계통의 인쇄소인 보성사(普成社)였다. 보성사는 지금의 조계사 후문 뒤쪽 종로구 수송동 44번지에 있었다. 민족대표 33인 중 28인이 모여 탑골공원 쪽과는 별도로 독립선언식을 거행한 장소는 요리집 태화관(泰和館)이었다. 태화관은 지금의 인사동 태화빌딩과 하나로빌딩 사이에 있었다. 이 자리는 장동 김씨의 세도가 김흥근(金興根)의 집터였는데, 한때 이완용이 살기도 했다.

3·1운동의 진원지 탑골공원은 1467년에 세워진 불교사원 원각사 자리였다. 이곳에는 국보 2호로 지정된 원각사지 10층 석탑 등이 보존되어 있으며 3·1운동 때의 민족대표 손병희(孫秉熙)의 동상이 세워져 있다. 당시 시위의 중심지는 보신각 일대 종로거리였다.

3·1운동 직후 무단통치를 강행하던 현역 육군대장인 테라우치 총독이 물러나고 현역 해군대장인 사이토(齋藤實) 총독이 부임했다. 9월 12일 남대문역에서 강우규(姜宇奎) 의사가 승용차를 탄 사이토 신임 총독에게 폭탄을 던졌다. 사이토는 무사했으나 경호원 등 3명이 사망하고 34명이 부상했다. 강우규 의사는 거사 15일 후 체포되어 1919년 11월 29일 서대문형무소에서 처형당했다.

3·1운동은 무단통치로서는 조선 지배가 어렵다는 것을 일본도 깨닫게 했다. 사이토는 헌병경찰제를 보통 경찰제로 바꾸고 관리 및 교원의 대검(帶劍)을 폐지하며 소위 '문화통치'의 간판을 내걸었다. 그 시책의 하나로 〈동아일보〉와 〈개벽(開闢)〉 등 조선어 신문 및 잡지의 간행을 허가했다. 그러나 경관의 수는 개정 전의 6300명에서 1만 6800여 명으로 늘렸고, 경찰서와 순사파출소를 4배 가까운 2746개 소에 설치했다. 겉보기만의 '문화통치'였다.

일제시대 촬영된 3·1 독립운동 진원지 탑골공원 內 국보 제2호 원각사 터 10층 석탑.

1900년에 건설된 남대문역은 현재의 서울역과 염천교 중간(중구 봉래동 2가 288번지)에 위치한 2층 목조 건물이었다. 현재 서울역 청사로 사용되고 있는 경성역은 1922년 6월에 착공되어 1925월 6월에 준공된 것이다.

1921년 9월12일 오전 10시 중국에서 잠입한 의열단원 김익상(金益相) 의사가 조선총독부에 폭탄을 던졌다. 당시의 총독부는 南山의 숭의여자대학과 리라초등학교 자리에 있었다. 거사 후 김익상은 다시 중국으로 망명했는데, 일제(日帝)의 총리를 지낸 죠슈(長州: 지금의 야마구치縣) 군벌 타나카 기이치(田中義一)를 상해(上海)에서 암살하려다 미수에 그치고 현장에서 체포되는 바람에 총독부 폭탄 투척사건까지 드러나 20년 형을 살았다.

종로2가 SC제일은행 자리는 日帝의 종로경찰서

지금의 종로2가 영국계 SC제일은행 건물(구 제일은행 본점)은 일제 때 종로경찰서 자리였다. 당시 종로경찰서는 독립운동가 탄압으로 악명을 떨치던 곳이었다. 이런 종로서에 중국으로부터 잠입한 의열단원 김상옥(金相玉) 의사가 1923년 1월12일 폭탄을 던져 경찰관 등 10여 명에게 중경상을 입혔다. 현장에서 몸을 피한 그는 후암동 친척집에 은신하다가 1월17일 새벽에 무장경찰 20여 명에게 포위되어 총격전을 벌였다. 김상옥은 순사 1명을 사살하고 수명에게 중상을 입힌 후 눈이 쌓인 남산으로 잠적했다.

일제는 경찰과 군대를 동원하여 남산 일대를 수색했으나 김상옥은 포위망을 벗어났다. 이후 그는 승복 차림으로 변장하고 왕십리, 수유동 등지로 전전하다가 효제동에 살던 동지 이혜수의 집에 은신했다. 이 사실을 탐지한 일본 경찰 1000여 명은 경기도 경찰부장 우마노(馬野)의 지휘 아래 효제동 일대를 겹겹이 포위했다.

김상옥은 양손에 권총을 쥐고 1시간 이상의 접전 끝에 쿠리다(栗田) 경부 등 16명을 살상했다. 실탄이 다하자 그는 마지막 남은 한 발로 자결했다. 이때 그의 나이 34세였다. 김상옥의 묘는 동작동 국립묘지에 있다.

조선식산은행과 동양척식주식회사(이하 東拓·동척으로 표기함)는 일제의 대표적 경제 수탈 기구였다. 조선식산은행은 현재의 중구 소공동 롯데호텔 자리에, 동척은 중구 을지로 2가 외환은행 본점 자리에 있었다. 1926년 12월 말 의열단원 나석주(羅錫疇) 의사는 후원자 김창숙(金昌淑) 등의 밀명을 받고 폭탄과 권총을 휴대하고 중국에서 서울로 잠입했다.

12월18일 오후 2시경, 나석주 의사는 식산은행에 폭탄 한 개를 던졌으나 불발에 그쳤다. 그는 식산은행에서 나와 길 건너 동척으로 진입, 동척 사원 수명에 대해 총격을 가해 살상하고 폭탄을 던졌으나 역시 터지지 않았다. 이어 그는 현장으로 달려오던 경기도 경찰부 경부 다하타를 사살했다. 그러나 추격을 더 이상 피할 수 없었던 그는 자신의 가슴에 권총 세 발을 쏘아 자결했다.

민족 대표가 태화관에서 독립선언서를 낭독하는 동안 탑골공원에는 수많은 학생과 시민들이 모여 독립선언식을 거행하고 '독립만세'를 외치며 서울 곳곳에서 만세 운동을 전개하였다.

천도교 중앙대교당은 3·1 운동의 발원지

일제시대 조선인들의 대표적인 옥내 집회 장소는 천도교 중앙대교당(종로구 경운동 88번지)과 황성기독교청년회(종로2가 YMCA)였다. 당시엔 이 두 곳 이외엔 많은 사람을 수용할 만한 조선인 소유의 건물이 없었다.

YMCA는 일제 하 기독교계를 대표하는 학생운동 조직이었다. 천도교 중앙대교당은 3대 교주 손병희(孫秉熙)가 全교인 매호당 10원(圓) 이상씩 갹출하여 모은 돈으로 1918년 12월에 준공시킨 건물이다. 여기가 바로 1919년 3·1 독립선언문을 검토하고 독립선언서를 배부한 곳이다. 1920~1926년에 천도교를 배경으로 발행된 종합잡지 〈개벽(開闢: 통권 90호)〉의 발행처도 바로 이곳에 있었다.

천도교 수운회관.

日帝는 독립회관이 있던 자리에 서대문형무소를 세웠다.

일제는 식민지 통치를 수행하면서 체제에 저항하는 조선인은 가차 없이 체포·투옥했다. 일제시대의 서울에는 현저동의 서대문형무소와 마포 공덕동의 경성형무소가 있었다. 정치범이나 사상범은 주로 서대문형무

수양동우회 사건과 안창호의 죽음

안창호는 1922년 서울에 수양동맹회, 평양에 동우구락부를 만들었다. 이 단체는 미국에 본부를 둔 흥사단의 한국 지부의 역할을 했다. 흥사단은 1913년 안창호가 샌프란시스코에서 독립운동에 앞장설 인재를 양성하기 위해 미국 유학 중인 청년들 중심으로 조직한 독립운동 단체이다.

　1932년 4월29일 윤봉길(1908~1932) 의사가 상하이 홍커우(鴻口)공원에서 열린 일본 왕 생일 경축행사에 참석한 일본군 고위 장성들을 향해 폭탄을 던져 시라가와(白川義則) 육군대장 등을 폭사시킨 사건이 벌어졌다. 이때 상하이에서 흥사단 해외지부를 조직하고 있던 안창호가 이 사건의 연루자란 의심을 받고 일제 경찰에 체포되어 서대문형무소에 수감되었고, 2년6개월 형에 처해졌지만, 복역 중이던 1935년 2월 가석방되었다. 그러나 안창호는 1937년 수양동우회 사건으로 다시 서대문형무소에 수감되었다.

　수양동우회란 1926년에 수양동맹회와 동우구락부를 합쳐 결성한 민족운동단체였다. 이들은 〈동광(東光)〉이라는 잡지를 발행하면서 조선인들에게 독립심을 심어주는 계몽 활동을 폈다. 회원은 소설가 이광수 등 변호사·의사·교육자·목사 등이었다. 이를 못마땅하게 여긴 일본 경찰은 1937년 6월부터 수양동우회와 연관된 지식인들을 마구 잡아들이기 시작했다. 이때 서대문형무소 등의 감옥에 끌려간 사람들은 안창호를 비롯해 소설가 이광수, 음악가 홍난파, 시인 주요한, 소설가 현재명 등 181명에 달했다.

　안창호는 수감 중 병을 얻어 위독한 상태에서 긴급 방면되었으나 1938년에 별세했다. 재판 중 건강 악화로 풀려나온 이광수와 주요한은 그 후 변절했다. 반면 4년5개월간 감옥에서 지내며 일제의 모진 고문을 받은 최윤세·이기윤은 옥중에서 별세했고, 김성업은 불구가 되었다.

　서대문형무소의 위치는 독립회관이 있던 자리를 차지해, 독립문이 내려다보이는 곳이다. '독립운동을 하면 감옥에 간다'는 메시지를 전달하려는 일제의 의도로 보인다.

일본인 거류 중심지였던 경성 혼마치(本町), 현재 충무로의 1920년대 후반 모습이다.

소에 수용되었다.

　3·1 운동 때는 서대문형무소에 독립선언서의 첫 번째 서명자 손병희(孫秉熙)·한용운(韓龍雲) 등 관련자 30여 명이 수감되었다. 아우내 장터에서 독립만세를 부른 열다섯 살의 이화학당 여학생 유관순(柳寬順)이 서대문형무소에 수감된 것도 이때의 일이다. 서대문형무소에는 1937년 6월 수양동우회 사건으로 도산 안창호(安昌浩) 등 181명이 무더기로 갇힌 곳이기도 했다. 그렇다면 수양동우회 사건은 무엇일까? 앞 쪽의 박스 기사에서 그 전후 과정을 약간 짚어보았다.

　서대문형무소는 광복 후 서대문교도소로 이름이 바뀌어 1998년까지 존속했다. 이곳 사형장에서 1959년 진보당(進步黨) 사건으로 조봉암(曺

조선신궁. 일제는 1925년 남산에 신궁을 지어 한국인의 참배를 강요했다.

奉岩)이, 박정희(朴正熙) 대통령 시해사건의 범인 김재규(金載圭)가 1980년 처형되었다. 지금은 역사교육의 현장인 '서대문형무소 역사관'으로 탈바꿈해 있다.

일본인 거리, 진고개~필동

일제시대의 남산 기슭은 일본인 거주지였다. 일본인이 많이 살았던 곳은 남대문로에서 동쪽으로 들어간 진고개(泥峴·니현)에서 필동에 이르는 일대였다. 진고개는 원래 좁은 진흙탕 길이었다. 그러나 일본 사람들이 많이 들어와 도로가 확장되고 상가가 번성했다. 남대문로에서 들어가는 진고개 입구에 일본영사관이 있었고, 배후의 남산 중턱에는 일본공사관

이 있었다. 1906년 2월1일 제2차 '한일협약'에 따라 한국통감부가 설치
되자 공사관이 폐지되어 통감 관저로 되었다.

　현재의 명동(일제시대에는 明治町·명치정) 일대는 경성부(京城府)청
사, 조선은행, 미쓰코시(三越)백화점 경성지점을 비롯한 각종 기관 등
이 집중되어 있어 상업과 행정의 중심지 역할을 했다. 지금은 한국은행
이 조선은행, 신세계백화점이 미쓰코시백화점 경성지점, 스탠다드차타
드 제일은행이 조선저축은행 본점, 롯데백화점 영플라자 명동점이 조지

옛 서울역(경성역)은 1925년에 신축된 붉은 벽돌의 르네상스식 건물이다. 현재는 역 청사로서의 기능을
중단하고 문화복합 공간으로 활용되고 있다.

아(丁子屋)백화점의 옛 건물을 각각 차지하고 있다.

일제는 조선왕조가 개국 초에 '목멱대왕(木覓大王)'이라는 작위를 부여한 남산을 그들의 국교인 신토(神道)의 성지(聖地)로 만들어 훼손시켰다.

1925년, 이들은 조선왕조 시절 국태민안(國泰民安)을 기원하던 국사당(國師堂)을 허물고, 그 자리에 조선신궁(朝鮮神宮)을 건립했다. 조선신궁을 그들이 국조(國祖)로 받드는 천조대신(天照大神)과 메이지(明治) 천황을 제신(祭神)으로 하는 일제의 최대급 관폐신사(官幣神社)였다. 남대문의 동쪽 끝에서부터 조선신궁에 이르는 참배로의 조성에는 남대문—남산 꼭대기 구간의 성벽을 부수어 건재(建材)로 사용했다. 조선신궁이 있던 자리에는 지금 남산식물원이 들어서 있고, 그 아래쪽에는 안중근 의사 동상과 기념관이 건립되어 있다.

조선총독부는 1926년 10월에 경복궁 근정전 앞에다 새 청사를 짓고 이전했다. 근정전은 왕이 백관을 거느리고 정무를 보던 조선왕조의 심장부였다.

근정전을 가로막아 버린 지상 4층의 이 화강암 총독부 건물은 일본을 상징하도록 日자 형으로 설계되었다. 조선총독부 건물은 일제 패망 후 美군정청→중앙청→국립박물관으로 사용되었는데, 김영삼(金泳三) 정부 시절인 1995년에 해방 50주년을 기하여 철거되었다. 그때 필자는 철거되는 옛 총독부 청사의 돔 바로 곁에까지 올라가 돔 해체작업을 취재하면서 그것이 제아무리 르네상스식 건물의 걸작이라 해도 용납할 수 없는 건물임을 확인했다.

1926년 11월에는 지금 서울시청 건물로 쓰이고 있는 경성부(京城府) 청사도 완공되었다. 일제 강점 초기 경성부 청사는 지금의 신세계백화점과 SC제일은행 제일지점 자리에 있던 통감부 시절의 이사청(理事廳: 일본영사관) 건물을 그대로 사용했다. 이후 직원 수와 업무량이 늘어나자 넓은 청사가 필요하게 되어 덕수궁이 내려다보이는 자리에 신축하게 되었던 것이다.

일제는 광화문에서 남대문으로 이어지는 조선왕조의 남북축을 조선총독부–경성부청–서울역–용산으로 이어지는 축으로 대치했다. 경복궁이 위치한 북악에서 남산의 국사당으로 이어지던 상징축도 조선총독부에서 조선신궁으로 이어지도록 탈바꿈시켰다.

신라호텔 자리는 이토 히로부미(伊藤博文)의 명복 빌던 곳

1932년, 일제는 이토 히로부미(伊藤博文)의 명복을 빌기 위해 남산 기슭에 박문사(博文寺)를 지었다. 박문사의 산문(山門)은 경희궁(慶熙宮)의 정문인 흥례문(興禮門)을 뜯어 옮긴 것이었다. 현재 신라호텔이 들어선 박문사에서는 을미사변 때 순국한 영령을 모시는 장충단(奬忠檀)을 굽어볼 수 있었다.

1926년 이전 경성(京城)의 모습이 총독부 권력의 주도로 형성된 것이라면, 이후의 경성의 모습은 식민지 자본주의 토대 위에서 형성되었다는 점에서 차이가 있다. 미나카이상점, 히라다상점, 미쓰코시백화점 등 진고개 일대에 자리 잡은 일본인 상점들이 '불야성을 이룬 별천지'로 비쳐

미쓰코시 백화점(左)과 조선저축은행(右). 현재 신세계 백화점 건물로 사용되고 있다.

아직 근대 시가의 모습을 갖추지 못한 조선인들의 전통적 상가인 종로를 압도했다.

그러나 종로도 변하기 시작했다. 1928년 무렵에는 동아부인상회나 유창상회 등 신축 상점이 잇따라 들어서기 시작했다. 1930년대 종로 상권의 중심이었던 화신백화점은 박흥식(朴興植)이 종로 네거리에 있던 신태화의 화신상회를 1931년에 인수하여 1937년 지하 1층 지상 6층으로 신축한 것이었다. 화신백화점은 시설 면에서 당시로는 첨단을 걸어 엘리베이터와 에스컬레이터가 설치되었다. 화신백화점은 1990년대에 헐리고 지금은 超현대적인 종로타워(국세청 청사)가 들어서 있다.

1937년 7월 일본이 중국대륙에 대한 본격적인 침략을 감행함으로써

광복 직전의 독립운동 중 하나인 폭탄의거가 있었던 경성부민관의 모습이다. 정부수립 후 1974년까지 국회의사당으로 사용되었으며, 현재는 서울시의회 청사로 사용되고 있다.

조선은 전시체제로 들어갔다. 경성에서 주목할 만한 변화가 일어나기 시작한 것은 1941년 태평양전쟁 발발 전후의 시기였다. 변화의 중심은 군수산업 공장지대인 영등포와 물류의 중심인 용산이었다.

1930년 이후 용산의 철도부지 50만 평 위에는 철도국, 철도병원, 철도국 관사, 철도공장 등이 잇따라 들어섰고, 1940년대에는 주둔군의 규모가 커짐에 따라 병영화(兵營化)했다. 일찍이 시흥군의 군청 소재지였던 영등포는 일제시대 방적공장, 기계공장, 장유공장, 맥주공장 등 근대

덕수궁 돌담길의 복원과 가요 '광화문연가'

이제 모두 세월 따라/ 흔적도 없이 변하였지만/ 덕수궁 돌담길엔/ 아직 남아 있어요/
다정히 걸어가는 연인들/언덕 밑 정동 길엔 아직 남아있어요/눈 덮인 조그만 교회당

　　1959년 영국대사관이 점유하면서 단절되었던 덕수궁 돌담길 일부 구간(170m)이
2017년 8월부터 개방되었다. 이 돌담길 구간은 문화재청에서 복원을 추진 중인 '고종
의 길' 110m 구간과 연결된다. 서울시는 과거 회극문이 있었던 덕수궁 담장에 출입문
을 설치할 계획이다. 이렇게 되면 시민들은 대한문으로 들어와 덕수궁을 둘러보고 돌
담길을 이용해 '고종의 길'이나 덕수초등학교 방향으로 나갈 수 있게 된다. 덕수궁 돌담
길의 개방에 협력한 찰스 헤이 주한영국대사는 2018년 2월 박원순 서울시장으로부터
명예시민증을 받았다.

　　위의 가사에서 "언덕 밑 정동
길엔 아직 남아 있어요, 눈 덮
인 조그만 교회당"은 그냥 그런
교회당이 아니라 우리 땅에서
최초로 건립된 개신교 교회당
인 정동제일교회이다.

적 공장이 집중되었다.

　　1944년 11월 미군기의 도쿄 폭격의 충격으로 조선총독부는 소개(疏
開) 정책을 시행했다. 소개지구 가운데 종로-필동 사이(폭 50m, 길이
1200m)와 경운동-남산 사이에 이르는 소개공지대(疏開空地帶) 조성사
업이 1945년 6월 말에 완료되었다. 이 공터에 광복 직후 행정 공백기 때
판잣집이 들어차는 바람에 두고두고 서울의 골칫거리가 된다.

　　8·15 광복을 꼭 3주 앞둔 1945년 7월24일, 부민관(府民舘: 중구 태평

로 1가 61번지)에서 개최된 친일강연회장에서 폭탄이 터졌다. 박춘금(朴春琴) 등 친일파가 일제의 '대동아전쟁' 수행에 조선인의 협력을 촉구하는 연설을 하던 연단을 향해 조문기(趙文紀)·유만수(柳萬秀)·강윤국(康潤國) 등 3인의 의사가 폭탄을 던졌던 것이다. 일제 때 종합공연장이었던 부민관은 광복 후 국회의사당으로 쓰이다가 이제는 서울시의회 청사가 되었다.

20

⋮

광복과 정부수립 시기의
서울

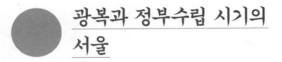

광복과 정부수립 시기의 서울

　우리는 1945년 8월15일 일제의 식민 통치에서 벗어나 광복을 맞이했다. 그날, 라디오 방송에서 일본이 연합국에 항복한다는 내용을 골자로 하는 일본 국왕의 떨리는 목소리가 흘러나오자 서울시가지는 온통 활기가 흘러넘쳤다. 사람들은 거리로 뛰어나와 '대한독립 만세'를 외쳤다. 건국준비위원회(이하 建準·건준)가 결성된 것이 그날 밤이었고, 이튿날 서울거리에는 건준이 활동을 시작한다는 전단이 나붙었다. 독립운동을 하다 서대문형무소에 갇힌 '사상범'들이 석방되어 종로까지 시가행진을 벌였고, 거리는 '독립만세'를 외치는 인파들로 가득했다.

현대그룹 사옥 건너편에 건국준비위원회 본부가…

1945년 8월15일, 일본제국이 연합국에 무조건 항복했다. 해방된 서울에서는 좌익세력이 먼저 활동했다. 이날 아침, 여운형(呂運亨)은 조선총독

292

부에서 엔도 정무총감과 만나 행정권의 인계·인수에 관한 요담을 나누었다. 이날 저녁, 여운형은 재동(齋洞) 84-2번지 임용상의 2층 양옥집에다 건국준비위원회(建準)의 본부를 설치하고 조직 활동에 들어갔다. 여운형은 1944년에 조선건국동맹을 조직했던 독립운동가이다.

임용상은 마포 객주(客主: 브로커) 출신의 부호로서 400여 평에 달하는 그의 재동 집(현대그룹 계동 사옥 주차장 건너편)을 여운형에게 헌상했다. 지금은 LG그룹의 공동 창업자였던 許 씨의 가족이 살고 있다.

일왕의 항복 선언이 발표된 뒤 서울 시민들이 서대문 형무소 앞에서 출옥하는 독립투사들과 함께 환희의 독립만세를 부르고 있다.

8월16일, 여운형은 서대문형무소로 가서 소위 사상범·경제범의 석방에 입회했다. 같은 날 오후 1시, 지금의 현대그룹 자리인 계동의 휘문중학교에서 광복 후 첫 정치집회가 열렸다. 건준 위원장 여운형은 수천 명의 군중 앞에서 정무총감 엔도와의 협상 내용을 알리는 한편 건국 사업에 나서자고 열변을 토했다.

여운형의 집터는 현대사옥 주차장 뒷담에 붙어 있는데, 지금 그 절반이 '안동손칼국수집'으로 사용되고 있다. 여운형은 1947년 7월19일, 혜화동 로터리에서 달리던 그의 승용차 안으로 난입한 한지근(韓智根)이란 자가 쏜 총을 맞고 그 자리에서 절명했다. 그의 기념관은 노무현 정부 때 경기도 양평군 양서면 소재 중앙선 신원역(新院驛) 바로 뒤편 그의 옛 집 터에 세워져 있다.

계동과 길 하나를 사이에 둔 재동도 해방정국에서 중요 행사가 개최되었던 곳이다. 지금의 헌법재판소(종로구 재동 83) 자리에는 경기여고가 있었다. 1945년 9월6일부터 8일까지 경기여고 강당에서 전국인민대표자회의가 열렸다.

남·북한 전국에서 상경한 '인민대표' 1000여 명은 대회 첫날 조선인민공화국 수립을 선포했다. 조선인민공화국의 주석에는 아직 귀국하지 않았던 이승만(李承晩)이 추대되었다. 상해임시정부 주석인 김구는 내무부 장관으로 발표되었다. 이승만은 좌익세력도 주석으로 추대할 만큼 해방정국의 최고 지도자였다.

8월16일 아침, 명망가이기는 했으나 전향 경력이 있던 사회주의자들

여운형이 建準 본부로 삼았던 재동의 2층 양옥집. 지금도 당시 그대로 남아 있다.

이 종로2가 YMCA 옆 장안(長安)빌딩에 모여 공산당을 결성하고, 조선공산당 간판을 내걸었다. 그러나 이 공산당은 박헌영(朴憲永)의 조선공산당이 창당되자 8월24일 자진해산을 했다. 그래서 세상 사람들은 장안빌딩에서 창당된 공산당을 '長安派 공산당' 또는 '15일 공산당'이라고 불렀다. 장안빌딩은 그 후 화재를 겪고 재건되었는데, 지금도 '長安빌딩'이라는 문패를 달고 있다.

조선호텔 건너편에 조선공산당사

美군정 초기에 강력한 조직력을 발휘한 조선공산당은 박헌영 일파에 의해 재건되었다. 이에 앞서 장안파 공산당이 먼저 결성되자, 박헌영 일파는 장안파를 제압하기 위해 거리 곳곳에 '위대한 지도자 박헌영 선생 나오시라!'는 벽보를 붙여 분위기를 잡았다.

박헌영의 조선공산당은 1945년 11월, 조선호텔 길 건너편의 맞춤양복 거리인 소공동 112-9번지 근택(近澤)빌딩에 처음으로 간판을 걸었다. 그

얄타회담─일본의 패전과 美군정

약 5000만 명 이상의 생명을 희생시킨 제2차 세계대전은 1945년 들어 끝이 보이기 시작했다. 미국의 루스벨트, 영국의 처칠, 소련의 스탈린은 1945년 2월 얄타에서 만나 세계대전 종료 이후의 국제 질서와 소련의 對일본 참전을 논의했다.

일본과 중립조약을 맺고 있던 소련은 얄타회담의 합의 내용에 따라 미국의 히로시마 원폭 투하(1945년 8월6일) 직후 일본에 대해 선전을 포고하고, 만주와 한반도 북부에서 일본군과 교전했다. 소련이 대일전에 참전함에 따라 미군과 소련군 사이에 일본군의 무장 해제를 분담하기 위한 작전 경계선이 필요해졌다. 38선이 확정되면서 소련군은 만주와 한반도 북부, 미군은 일본 본토와 한반도 남부를 관할하게 되었다.

미국이 나가사키에 두 번째 원자폭탄을 투하하자(8월9일) 일본은 무조건 항복 의향을 연합국에 통보하면서 비밀 교섭을 벌였다. 그 무렵, 소련군은 이미 만주에서 일본군과 교전했던 만큼 오키나와에 진출해 있던 미군보다 약 1개월 먼저 한반도에 진주했다. 소련군은 이후 38선 이북 지역의 공산화에 착수했다.

한편 미국은 1945년 9월10일 서울에 주한미군사령부를 설치하고, 9월12일 아놀드 소장을 군정장관으로 임명했다. 미(美)군정은 대한민국 임시정부를 인정하지 않고, 일제의 기존 관료 및 경찰 조직을 그대로 존속시켰다.

우리 민족은 3·1 운동으로 이미 독립 의지를 세계만방에 천명했고, 대한민국 임시정부와 수많은 독립운동 단체들을 조직해 일제에 항거했다. 일본군의 항복을 이끌어 낸 주력은 연합군이었지만, 8·15 광복은 우리 민족의 끊임없었던 독립운동의 결실이었다. 따라서 美군정 초기에 일제의 기존 관료 및 경찰 조직을 존속시킨 것은 한반도 사정에 어두웠던 미국의 실책이었다.

후 근택빌딩 자리에는 1950년대 말까지 경향신문 사옥이 들어섰다가 이전해 가고 이제는 소공주차장으로 사용되고 있다.

조선공산당은 근택빌딩에서 기관지 〈해방일보〉를 발행했다. 근택빌딩 지하층에는 조선정판사(朝鮮精版社)라는 인쇄소도 있었는데, 1946년 5월, 여기서 위조지폐를 다량 찍어낸 사실이 美군정 당국에 적발되어 공산당 간부 등 16명이 검거되었다.

우익 진영의 한민당(韓民黨) 중앙당사는 광화문 네거리에 있는 동아일보 사옥 안에 있었다. 전국에 산재한 동아일보의 지사·지국은 한민당의 지구당 등으로 사용되었다.

해방 당시 우리나라의 최고급 호텔은 지금의 롯데호텔 자리에 있던 반도호텔이었다. 미군은 반도호텔에 주한미군사령부를 설치했다. 사령관 하지 중장의 숙소도 반도호텔 안에 있었다.

인구 급증과 최악의 주택난 그리고 판잣집

해방 당시의 서울인구는 90만 명, 면적은 136km², 도로연장 927km 중 21%만 포장되어 있었고, 자동차는 5000여 대에 불과했다. 광복과 함께 일본인 15만 8000여 명, 일본군인 3만 4000여 명이 철수했지만, 서울의 인구는 오히려 증가했다. 이는 해방 전 일본·만주·중국 등지에 가서 살던 동포가 돌아오고, 북한 주민의 일부도 남하하여 주로 서울에 정착했기 때문이다. 여러 이유로 지방민의 서울 이주도 많았다.

1947년의 서울 인구는 165만 명으로 해방 당시보다 무려 70여만이 증가했다. 호당(戶當) 평균 인구는 일시적으로나마 12명이라는 서울시 사상 최악의 기록을 수립했다. 따라서 서울의 주택난은 가중될 수밖에 없었다.

이 기간 중 주택문제의 특색을 이룬 것은 이른바 적산가옥, 즉 일본인들이 버리고 가서 귀속재산이 된 가옥의 쟁탈이었다. 시내에 약 5만 채의 귀속재산 가옥을 둘러싸고 여러 가지 희비극이 빚어졌다.

그러나 그런 귀속재산만으로는 급증한 서울시민의 주택 수요를 감당할 수 없어 1가옥 안에 2~3가구가 공동 입주하는 등의 법석을 벌여야했다. 또 적산가옥에 비비고 들어갈 만한 힘이 없는 사람은 하천변이나 산비탈에 판잣집을 짓고 살기 시작했다.

金九의 거처 京橋莊은 삼성의료원 강북병원 구내에 아직 보존

신문로의 삼성의료원 강북병원 자리에는 상해(上海)임시정부 주석 김구(金九)가 귀국 후 머물던 경교장(京橋莊)이 있었다. 해방 전의 이름은 죽첨장(竹添莊)으로 금광부자로 소문난 최창학의 소유였다. 최창학은 과거의 친일 행위를 뉘우친다면서 이 건물을 김구 주석의 거처로 '임시정부 환국 환영준비위원회'에 헌납했다.

1945년 12월27일, 모스크바 3상회의 소식이 국내로 날아들었다. 미·영·소의 세 외상(外相) 회의에서는 한반도의 신탁통치를 결정했다. 국내의 우익은 반탁 노선을 걷고, 좌익은 처음에는 반탁을 외쳤지만 모스크바의 지령으로 곧 찬탁으로 돌아섰다.

12월30일, 서울운동장(현 디자인월드플라자)에서 탁치(託治) 반대 국

삼성의료원 강북병원 부속건물로 사용되고 있는 金九 임정주석의 거처 京橋莊(앞쪽)의 모습.

민총동원위원회 주최로 국민대회가 열렸다. 1946년 1월3일에는 같은 장소인 서울운동장에서 조선공산당이 모스크바 3相회의를 지지하는 찬탁대회를 열었다. 이때부터 좌·우익은 날카롭게 대립했다.

12월30일 아침 6시경, 한민당 당수 송진우(宋鎭禹)가 자택에서 괴한 6명의 총격을 받고 암살당했다. 송진우는 12월29일 밤 8시부터 다음날 새벽 4시까지 계속되었던 경교장의 반탁회의에 참석하고 귀가하여 취침 중 참변을 당했다. 경교장 회의에서 임정(臨政) 강경파는 당장 국민투쟁을 전개하여 美군정으로부터 정권을 인수해야 한다고 주장했던 반면 송진우는 온건한 반탁론을 제시했던 것으로 전해진다. 송진우는 창덕궁 담 옆 종로구 원서동(苑西洞)에서 살았다.

당시 서울운동장은 대중 집회의 단골 장소였다. 1946년 5월1일 노동

절 때 대한노총 등 우익 측은 축구장에
서, 전평(全評) 등 좌익 측은 야구장에
서 따로 행사를 치렀다.

그러나 미군 관련 공사 발주와 일제
비축 자재의 방출로 서울은 일시 때아
닌 건설 호황을 맞기도 했다. 광복과 함
께 조선신궁과 황국신민 서사탑(誓詞
塔)이 소각·철거되면서 서울 공간에 새
겨진 식민지배의 상징물을 지우는 작업

초대 대통령 이승만의 취임식 선서.

도 본격화했다.

광복이 되자 일제시대의 경성(京城)은 서울이라는 이름을 되찾았다.
식민지 시기의 경성부(京城府)가 서울시로 바뀌고, 거주자들도 경성부민
(京城府民)에서 서울시민이 되었다. 이듬해 서울은 서울특별자유시라는
이름을 잠시 가졌다가 1949년 지금의 서울특별시라는 이름으로 확정되
었다.

광복 직후부터 일제가 멋대로 정한 가로명과 동명을 개칭해야 된다는
의견도 제시되었으나 그 실행은 美군정 하의 김명선 시장 때인 1946년
10월2일에 가서야 이뤄졌다. 이때 정(町)은 동(洞), 통(通)은 로(路), 정
목(丁目)은 가(街)로 통일되어 서울의 각 지명은 고유 명칭을 회복하거나
새로운 이름을 갖게 되었다.

특히 일본인의 거리였던 본정(本町)이 충무로(忠武路), 황금정(黃金

대한민국 정부 수립 국민 축하식.

町)이 을지로(乙支路)라고 개명되었다. 임진왜란의 영웅 충무공(忠武公)
이순신과 살수대첩의 영웅 을지문덕(乙支文德)을 내세워 서울의 위엄을
북돋우려고 했던 것이다. 이밖에도 을사늑약에 반대하며 자결한 충정공
(忠正公) 민영환을 추모, 신문로에서 신촌 쪽으로 연결되는 길의 이름을
그의 시호를 딴 충정로(忠正路)로 고쳤다.

이승만의 사저, 돈암장→마포장→이화장

1947년 5월에서 8월까지 덕수궁 내 석조전(石造殿)에서 개최된 미·소
(美·蘇)공동위원회가 아무런 결정을 내리지 못하고 폐회되자, 그해 가
을 한반도 문제는 유엔에 이관되었다. 유엔에서는 총선거 실시와 독립정
부 건립(建立)을 결정했다. 이로써 신탁통치 문제는 백지화되었다. 1948

년 초에 입국한 유엔 한국임시위원단은 한반도 총선 실시를 추진했다. 그러나 소련이 임시위원단의 입북(入北)을 반대하자 유엔은 남한 지역만의 단독선거를 결정했다.

이때 남로당(조선공산당의 후신) 등 좌익과 한독당(위원장 金九)은 단독선거를 반대했다. 이런 가운데 이승만(李承晩)과 한민당은 단선(單選)을 적극 지지, 1948년 5·10 총선거가 실시되었다.

1945년 10월에 귀국한 이승만은 조선호텔에서 잠시 묵다가 성북구 동소문동에 위치한 돈암장(敦岩莊)으로 이사하여 여기서 1년6개월쯤 기거했다. 그런데 李承晩과 주한미군사령관(군정장관 겸무) 존 하지 장군 간의 불화설이 나돌자 집주인 장진영(당시 서울타이어주식회사 사장)이 집을 비워달라고 요구했다(당시 李承晩의 비서 윤치영의 증언). 부지 700여 평의 돈암장은 현재 동소문동 4가 103번지의 1호와 2호로 분할되어 있다.

이승만은 잠시 마포장(麻浦莊)으로 거처를 옮겼다가 다시 종로구 이화동 1번지 이화장(梨花莊)으로 이사했다. 이화장은 기업가 등 30여 명이 모금하여 구입해, 이승만에게 헌납한 집이다.

서울사대부속여중(옛 서울법대 자리) 돌담을 돌아 200m쯤 가면 파출소가 나오는데, 여기서 조금 위쪽 낙산(洛山) 기슭에 이화장이 있다. 이화장은 '대한민국 건국 대통령 우남 리승만 박사 기념관'으로 보존되고 있다.

광복 이후 약 3년 간의 美군정을 거친 우리는 민주적 자유선거를 실시하여 대한민국 수립에 착수했다. 그에 앞선 7월20일, 제헌의회에서 초대 대통령으로 선출된 이승만은 이화장에 조각(組閣)본부를 두고 국무총리와 12부 장관을 인선했다. 이화장 안 산책로 입구에 있는 이 한옥에 그 후 '조각당(組閣堂)'이란 현판이 걸렸다.

1948년 8월15일, 옛 조선총독부 건물이었던 중앙청 광장(지금은 철거되고 광화문이 복구되어 있음)에서 대한민국 정부 수립식이 거행되었다. 이승만 대통령은 이화장에서 일제시대의 총독관저로 이사하고 경무대

이승만 초대 대통령이 조각을 했던 이화장 내 조각당.

ⓒ조의환

(景武臺)라고 명명했다. 청와대(靑瓦臺)라는 지금의 이름은 1960년 제2공화국의 윤보선(尹潽善) 대통령이 지었다.

정부 수립 후에도 친일파 처리 문제, 남북협상 문제 등을 둘러싸고 정국이 소란스러웠다. 김구는 이승만 정부의 단정 노선에 반대하여 1948년 4월에 38선을 넘어 평양에서 열린 남북정당사회단체 연석회의에 참석하고 서울로 돌아왔는데, 그해 5·10 총선에 참여하지 않았다.

1949년 6월26일, 경교장 2층 침실에서 金九가 현역 포병 소위인 안두희(安斗熙)에게 암살당했다. 안두희는 그로부터 약 30년 후에 金九를 존경하는 권중희라는 사람에게 맞아 죽었다. 경교장은 지금 삼성의료원 강북병원 건물의 일부로 사용되고 있다. 지금의 2층 의사 휴게실이 金九가 피살당한 현장인 침실이었다. 1층에는 병원 원무과·약국 등이 있다.

광복 직후인 1946년에는 경성부가 서울특별시로 승격, 경기도로부터 분리되었다. 그리고 해방 당시 약 90만이던 서울의 인구는 해외동포와 월남민이 모여들어 단시일에 100만을 넘어섰으며, 1949년에는 은평·성북·뚝섬·구로 등 4개 지구의 편입으로 인해 시역(市域)이 270km²로 넓어졌다. 이때까지만 해도 외곽지역의 시가지와 주택지구는 청량리·마포·돈암동·영등포 등 전차종점과 그 연변에 한정되어 있었고, 주택지구 주변에는 농경지가 많았다.

21

⋮

6·25 전쟁시기의 서울 −
두 번의 피탈

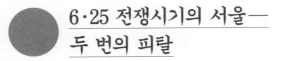

6·25 전쟁시기의 서울—
두 번의 피탈

 유럽의 안보를 중시하던 미국이 대한민국에 대한 군사지원에 소극적
이었던 반면 소련과 중공이 북한에 대한 군사지원을 강화함으로써 남
북한의 군사력 격차가 심화되었다. 소련의 스탈린은 북한의 김일성에게
T–34 탱크와 항공기 등 최신 무기와 장비를 제공하면서 소련 군사교범
에 따른 남침 훈련을 강화했고, 중공의 모택동(毛澤東)은 국공내전(國
共內戰)에서 단련된 조선족 출신 중공군 약 4만 명을 무장을 시킨 채로
1949년 후반부터 1950년 남침 직전까지 북한군에 편입시켰다.

 반면 대한민국은 1948년 국방경비대를 국군으로 확대 개편했으나 무
기 체계와 훈련 상태는 초보적 수준이었다. 더욱이 일부 병력은 지리산
등지에서 준동하던 공산 게릴라의 토벌에 투입되고 있었다. 이런 상황
에서 미국은 남한에 소규모 군사고문단만 남기고 주한 미군을 철수시켰
고, 1950년 초에는 미국의 극동방위선에서 한국과 대만을 제외했다.

북한군의 전면남침

1950년 6월25일 오전 4시~4시30분, 38선 전역에서 북한군이 일제히 기습남침을 개시했다. 북한군은 단시일 內에 서울을 점령할 목적으로 의정부(議政府) 접근로에 주공(主攻)을 두고 북한군의 주력인 제3사단·제4사단·제105기갑여단을 투입했다. 문산 지구에는 북한군 제1사단과 제6사단, 중동부지역의 춘천 방면에 북한군 제2사단과 7사단, 동부지구에 북한군 제5사단과 제766특수부대를 진격시켰다.

T-34 탱크를 앞세운 북한군의 서울 점령 모습.

북한군 제3사단은 탱크 40대의 지원 하에 김화−포천을 거쳐 의정부에 진입했다. 북한군 제4사단도 탱크 40대의 지원 하에 연천−동두천을 거쳐 의정부로 진격했다. 국군 제7사단은 병력 및 장비의 열세로 많은 사상자를 내며 계속 밀리고 있었다.

대전 주둔 국군 제2사단(李亨根·이형근 준장)의 제5연대 병력이 전선에 축차(逐次)로 투입되었으나 아무런 전과 없이 병력만 소모했다. 의정부는 6월26일 저녁에 점령당하고 말았다. 의정부가 점령되었다는 것은 서울을 방어하는 데 있어서 결정적인 타격이었다.

6·25전쟁이 북한군의 남침에 의해 발발했다는 증거들

6·25전쟁이 발발한 지 70년이 다가오는 지금에도 북한 정권은 남한이 먼저 공격했다는 억지 주장을 되풀이하고 있다. 하지만 1980년대 이후 공산권 국가의 비밀문서가 잇달아 공개되었는데, 여기에 북한이 먼저 공격했다는 명확한 증거물이 속출했다. 다음은 그 대표적인 세 개의 증거물이다.

1) 남침을 위한 북한의 '선제타격 작전계획'

- 선제타격 작전계획은 소련의 북한 주재 군사고문단장 바실리예프가 작성(1950년 5월29일)
- 스탈린과 김일성의 동의를 받은 후 북한군 총참모부에 통보되었고,
- 북한군 총참모장인 강건 통제 하에 작전국장, 포병사령관, 공병국장 등이 한글로 번역했음.
- 당시 북한군 작전국장이었던 유성철(兪成哲) 소장은 남침계획이 소련 군사고문단에 의해 작성되었고, 명칭은 '선제타격계획'이라고 증언함.

소련군이 작성한 선제타격 작전계획 상황도.

국군은 북한군의 남하를 저지하기 위해 창동(倉洞: 현재 도봉구에 편입돼 있음) 일대에다 방어진을 강화하는 한편 후속 병력을 흡수하는 데 노력했다. 의정부에서 합류한 북한군 제3사단과 제4사단은 전차(탱크)를 앞세워 창동을 향해 전진했다. 6월27일 오전 8시경 국군 창동 主저항선에 도달한 북한군은 약 1시간 만에 국군의 방어진지를 돌파했다. 창동에서 패퇴한 부대는 그 남방 5km인 미아리 고개로 모여들었는데, 여기에 27일 오전에 전남 광주(光州)로부터 급히 상경한 제5사단(李應俊 소장)의 2개 대대가 가세하여 서울 수비를 위한 최후방어선을 쳤다.

2) 북한군 총사령부의 정찰명령 제1호

• 1950년 6월18일 각 사단에 하달

＊적(한국군) 상황, 공격개시 전후 단계별로 수집해야 할 정보 요구를 구체적으로 제시.

• 1950년 10월4일 서울에서 미군이 노획(원본은 러시아어 필사체)

3) 북한군 제2사단과 제4사단의 전투명령 제1호

• 1950년 6월22일에 하달한 사단의 전투명령(한글 필사본)

＊1950년 6월23일까지 공격준비 완료하도록 명령함

• 1950년 7월16일 대전부근에서 노획.

러시아어로 쓰여진 북한군 총사령부의 정찰명령 제1호(왼쪽).
북한군 제4사단의 전투명령 제1호.

서울 방어 전투.

지도 범례:
① 북한군 제4사단
② 북한군 제3사단
③ 북한군 제6사단
④ 북한군 제206기계화연대
⑤ 북한군 제1사단
⑥ 북한군 제105기갑여단
⑦ 북한군 제2사단

제2방어선 / 월롱산 / 제3방어선 6.27~28 / 노고산 / 의정부 / 도봉산 / 천마산 / 분산후퇴 / 송추 / 육사생도 / 김포비행장 / 서울 / 미아리 / 부평 / 소사로 집결 / 소사 / 한강방어선

미아리線의 붕괴

국군 수비대는 미아리선(線)의 도로상에 차량을 옆으로 돌려놓는다든지 교량을 폭파시켜 적 탱크의 돌진을 저지하려고 노력했다. 6월27일 오후 7시경, 북한군의 전차대가 진격해왔다. 수비대는 사격으로 응전하고, 전차에 육박공격을 감행하여 일단 이를 물리쳤다. 미아리선의 관문은 의정부가도(3번국도) 상에 걸린 길음교(吉音橋)와 경춘가도의 중랑교(中浪橋)였다.

그러나 6월28일 0시경 북한군 탱크는 길음교를 건넜다. 보병도 침투시키기 시작했다. 수비대는 분전했지만, 탱크는 국군의 바리케이드도 밀어젖히면서 전진을 계속, 오전 1시경 미아리 고개를 돌파하고 서울시내로 돌입했다.

이때 많은 피난민도 남하해 서울로 흘러들어왔다. 그 중에는 수류탄과 기관총을 옷 속에 감춘다든지, 국군 패잔병으로 위장한 상당수의 적 게릴라가 섞여 있었다.

미아리 고개가 뚫린 것과 거의 동시에 국군 제8연대(수도경비사단 예

하) 제2대대가 지키던 중랑교도 북한군 탱크에 의해 돌파되었다. 북한군 탱크는 길음교와 중랑교의 2정면으로부터 서울 진입에 성공한 것이다. 길음교와 중랑교 모두 교량 폭파 실패가 원인이 되어 탱크의 침입을 쉽게 허용하고 말았다.

한강대교의 조기 폭파와 한국은행 금괴 후송작전

당시 한강 본류에는 2개의 도로교(道路橋)와 1개의 철도교(鐵道橋)가 걸려 있었다. 도로교 2개는 한강대교(漢江大橋)와 당시엔 경기도 광주군으로 연결되는 광진교(廣津橋)였다. 채병덕(蔡秉德) 육군참모총장은 북한군의 서울 돌입 2시간 후 한강대교와 철도교를 폭파하도록 준비하라고 공병감 최창식(崔昌植) 대령에게 명령했다. 이때, 한강 이북에 있는 국군 주력 및 서울시민의 피난 문제는 고려되지 않았다.

6월28일 오전 2시경, 채 참모총장은 미아리선(線)의 붕괴와 적군의 서울 돌입을 보고받고, 즉각 한강대교를 폭파하도록 최 공병감에게 전화로 지시했다. 그러나 그 직후, 국군의 원로이며 제5사단장이던 이응준(李應俊) 소장이 채 총장에게 "군 주력(主力)과 서울시민이 한강 북쪽에 있는 상황에서 폭파해서는 안 된다"고 충고했다. 이에 채 총장은 육본 작전국장 장창국(張昌國) 대령을 한강 현장에 급파해 최 공병감에게 폭파 연기 방침을 지시하려 했다.

그런데 그 무렵 시내 곳곳의 도로는 피난민과 차량으로 북새통을 이뤄 장 작전국장이 승차한 지프는 좀처럼 앞으로 나갈 수 없었다. 장 국장이 궁지에 몰려 헤매고 있을 때, 한강대교와 철도교는 대폭발음과 함께 폭파되고 말았다. 6월28일 새벽 2시30분 경이었다. 장병들을 태운 군용 차량과 1000여 명의 피난민들이 다리를 건너다 변을 당했다.

이리하여 제 손으로 퇴로를 차단한 작전상의 실책으로 강북에 있던 4만 4000명의 군병력은 일거에 붕괴·고립되었고, 100여 만의 서울 시민도 한강 북안에 남겨진 채였다. 한강대교 폭파와 적 탱크(전차)의 진입으로 서울의 조직적인 방어는 무너지고 말았다.

6·25 남침전쟁 때 북한군의 남하를 막기 위해 국군이 폭파한 한강철교.

312

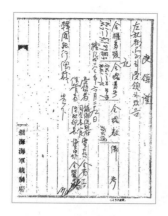

한국은행으로부터 금괴를 수령했다는
진해 해군 통제부의 수령증.

공병감 최창식 대령은 군법회의에 회부되었고, 그해 9월 '적전비행죄(敵前非行罪)'로서 부산에서 사형에 처해졌다. 그 후 재심에 붙여져 최 대령의 무죄가 확정된 것은 1964년의 일이었다. 이에 대한 시비야 어떠하든 최창식 공병감의 한강대교 폭파로 국군은 그 후 6일간 한강선을 방어할 수 있었다.

여기서 피난시의 화급한 문제가 또 한 가지 있었다. 그것은 한국은행에 보관 중이던 금괴와 현금을 어떻게 처리하는가 하는 문제였다. 그 금괴와 현금이 적에게 넘어가면 적의 전력을 증강시키는 데 악용될 터였다.

당시 한국은행을 포함한 관공서의 차량은 거의 대부분 징발되어 금괴와 현금을 대피시킬 차량이 없었다. 보관 중인 화폐는 40억 원, 금 1.3톤, 은 18.5톤이었다. 6월27일, 국방부장관 지시에 의거해 헌병사령관이 안전한 수송을 지휘하기로 했다. 금괴와 현금은 다음 순서로 후송되었다.

• 6월27일 14시, 현금 89상자는 GMC 트럭에 실어 대전 임시정부청사로 운송함.

• 6월28일 14시, 위장된 금괴를 트럭에 실어 대전으로 이동시킨 후 대전역에서 피난민 열차에 환적해 진해로 후송함.

적 치하 서울에서 자행된 인민재판 광경.

- 6월29일 0시 진해 해군통제사령부에 금괴 도착함.
- 8월1일 낙동강방어선 서쪽 마산이 함락의 위기에 처하자 금괴 등을 부산으로 수송한 뒤 미국 샌프란시스코 소재 미 연방준비은행에 보관함.

스탈린과 金日成 초상화 나붙은 서울시청 청사

수도 서울의 함락은 한 도시를 잃었다는 것 이상의 엄청난 정치적·심리적 부담을 우리에게 강요했다. 대한민국 정부 청사에는 인공기가 게양되었다.

한강 북안에 남겨진 장병의 다수는 그 후 고생을 거듭하면서 한강을 건너 군에 복귀해 전투에 참가했다. 지하에 잠복한다든지, 남산에 들어가 게릴라 활동을 전개한 장병들도 있었다. 이와는 달리 탈출을 시도하다 적

북한군의 공격을 피해 서울에서 남하하는 피난민들의 모습.

에게 포로가 된다든지, 적에게 투항해서 북한군에 편입된다든지 했다.

　시민들도 마찬가지였다. 150만의 서울시민 중 한강을 건넌 시민은 40만 정도였고, 나머지는 적 치하에 그대로 남았다. 집안이나 산 속에 숨은 사람, 군인과 경찰관처럼 시기를 기다리며 잠행했던 사람, 적기(敵旗)를 흔들면서 북한군을 환영했던 사람 등 여러 가지 행태를 보였다.

　이리하여 수도 서울은 3일 만에 함락되었다. 이 때문에 서부전선(제1사단), 중부전선(제6사단), 동부전선(제8사단)의 정면에서도 후퇴가 불가피해졌고, 병력은 반감(半減)했다.

　그런데 서울을 점령한 북한군은 국군의 혼란을 틈타 한강을 도하해 남침을 속행하지 않고, 무슨 이유인지 사흘간이나 강북에 그냥 머물면서 재(再)편성을 하는 등 시간을 허비했다.

이후 서울은 3개월간 적 치하의 수난기를 맞았다. 경무대(景武臺: 지금의 청와대)는 북한군의 전선사령관 김책(金策)이 차지했고, 중앙청은 북한군의 전선사령부로 둔갑했다. 서울시청에는 서울시인민위원회의 간판, 그리고 스탈린과 김일성의 초상화가 나붙었다. 서울시인민위원장은 남로당 출신의 이승엽(李承燁)이었다. 탑골(파고다)공원에서는 북한군의 입성을 축하하는 이른바 문화예술인의 환영대회가 열리기도 했다. 북한은 '해방전쟁'이라는 선전활동을 위해 문화예술인들을 적극 동원했다. 또 시내 곳곳에서 우익인사들을 숙청하기 위한 피의 인민재판이 열렸다. 그들에게 협조하지 않는 시민들에게 '반동'이란 낙인을 찍고, 인민재판을 열어 처참한 살인극을 서슴없이 연출했던 것이다.

특히 북한은 점령지의 청년들은 강제적으로 징집하여 소위 '의용군'이라는 이름을 붙여 낙동강 전선의 제1선에 투입했다. 7월1일부터 약 3개월간 실시된 강제 징집을 통해 약 15만 명이 북한 전투원으로 동원되었다. 이 숫자는 남침시의 북한군 총병력과 거의 비슷한 규모이다. 북한군은 이밖에도 점령지에서 약 30만 명을 동원하여 전방에 군수품을 나르는 인부로 써먹었다.

미국과 유엔의 참전 결의

유엔 안전보장이사회는 6월25일 오후 2시(한국시간 26일 오전 2시), 북한군의 침공을 '침략행위'라 규정하고 북한군에 대한 철병(撤兵)을 요구했다. 그러나 북한군은 이 결의를 무시하고 침공을 계속했다.

트루먼 미 대통령은 동경(東京)의 맥아더(미 극동군사령관) 원수로부터 한국군 붕괴의 위기, 이승만(李承晚) 대통령의 구원 요청, 주한 유엔 한국위원회가 "북한군의 공세는 계획적인 전면 침공"이라고 결론지었다는 등의 보고를 받았다. 트루먼 대통령은 27일 미 극동 해군·공군에 대해 38도선 이남의 북한군에 대한 공격을 지령했다.

6월27일 오후 3시(한국시간 28일 오전 3시), 유엔 안전보장이사회는 "북한의 침공을 격퇴하기 위해 가맹국은 한국이 필요로 하는 군사원조를 공여한다"는 중대 결의를 채택해 미국이 선행(先行)한 해·공군의 투입을 추인(追認)했다. 당시 유엔에 가입한 59개국 중 52개국이 이 결의를 지지했다.

그러나 미국은 지상군의 투입에는 주저하고 있었다. 소련의 개입을 두려워하기도 했지만, 제1의 문제는 붕괴하고 있던 한국군의 전의(戰意)였다. 전력이 부족하다면 증강하면 되지만, 전의가 없으면 구원도 헛수고에 그칠 것이기 때문이었다.

한강방어선 위에 선 맥아더— 한국군 戰意 확인

한국군의 전의(戰意), 그것이 알고 싶었던 맥아더 원수가 수원(水原)비행장에 도착한 것은 6월29일 오전 10시였다. 15명의 수행원과 함께 탄 맥아더 원수의 전용기 바탄호가 수원비행장에 착륙하기 직전에 북한 공군 야크기(機) 2대가 내습했다. 폭탄 두 개를 투하하는 바람에 활주로에 있

©US Army

'9·28 서울 수복' 다음 날 열린 수도탈환식에서 이승만 대통령이 맥아더 원수에게 감사를 표하고 있다.
(1950. 9.29)

던 수송기 한 대가 파괴됐다.

마침 이승만 대통령도 마중 나와 있던 때였으나 다행히 인명피해는
없었다. 75세의 이승만 대통령과 70세의 맥아더 원수는 감격스러운 재
회를 했다. 李 대통령은 넉 달 전 맥아더의 초청으로 2박3일간 도일(渡
日)했었다. 공산주의의 팽창전략을 막아야 한다는 점에서 이때 두 지도
자의 견해는 일치하고 있었다.

맥아더 원수는 비행장에서 급조된 ADCOM(전방지휘소)의 처치 준장
으로부터 전황 브리핑을 받고 곧장 시흥(始興)지구 전투사령부로 향했
다. 사령관 김홍일(金弘壹) 소장은 마침 전선에 나가 있었고, 참모장 김
종갑(金鍾甲) 대령이 맥아더의 한강 방어선 시찰을 안내했다.

북한군은 맥아더 원수의 시찰을 알아차리기나 한 듯 맹렬한 포격을 퍼부었다. 120mm 박격포였다. 수행하던 미 고문단장 대리(代理) 라이트 대령이 맥아더 원수의 전선 시찰을 만류했다. 그러나 맥아더 원수는 한강 전선을 보고 싶다면서 계속 지프를 '가' 고지로 몰게 했다.

서종철(徐鐘喆) 대령이 지휘하는 국군 제8연대 진지였다. 흑석동과 동작동 사이, 한강이 굽어보이고 강 건너 용산과 남산이 바로 보이는 지점이다. 제8연대는 서울이 적에게 점령당한 이후 후퇴해오는 장병 약 500명을 한강 이남에서 모아 재편성한 부대였다. 맥아더는 망원경으로 한강전선을 한동안 관찰했다.

그러다 갑자기 산병선(散兵線)으로 다가가 국군 육군 일등중사 앞에 섰다.

"하사관, 자네는 언제까지 그 호 속에 있을 셈인가?"

김종갑 대령이 통역을 했다. 중사는 부동자세로 절도 있게 대답했다.

"옛! 각하께서도 군인이시고, 저 또한 대한민국의 군인입니다."

그 순간, 일등중사의 입에서 무슨 말이 이어질지, 모두들 숨을 죽였다.

"군인은 모름지기 명령에 따를 뿐입니다. 상관의 철수명령이 없으면 제가 죽는 순간까지 이곳을 지킬 것입니다."

"장하다! 자네 같은 군인을 만날 줄은 몰랐다. 자네 말고 다른 병사들도 다 같은 생각인가?"

"그렇습니다, 각하!"

"지금 소원은 무엇인가?"

"우리는 지금 맨주먹으로 싸우고 있습니다. 무기와 탄약을 도와주십시오. 이것뿐입니다."

"알았네. 내가 여기에 온 보람이 있었군…"

맥아더 원수는 일등중사의 흙 묻은 손을 꼭 쥐었다. 그리고 김종갑 대령에게 말했다.

"이 씩씩한 용사에게 전해 주시오. 내가 동경(東京)으로 돌아가는 즉시 미국의 지원군을 보내주겠다고 전해요. 그리고 그 동안 용기를 잃지 말고 싸워주기 바란다고!"

동경에 돌아간 맥아더는 6월29일 새벽 3시(워싱턴시간) 트루먼 대통령에게 급박한 한국전쟁의 상황을 보고하면서 미 지상군의 파견을 건의했다. 트루먼 대통령은 그로부터 24시간이 경과하기 전에 미 지상군 투입을 결단했다. 맥아더 원수는 한강변에서 만난 한국군 일등중사와의 약속을 지켰던 것이다.

한강線의 방어전

미 지상군 투입 소식에 용기를 얻은 국군은 후퇴해 오는 장병들을 한강 남안에 집결시켰다. 서울을 점령한 북한군이 일거에 한강을 도하해 공격해 오지는 않았지만, 6월29일 북한군 제6사단(방호산 소장)의 일부가 한강 하류에서 도하(渡河)해 김포반도의 김포비행장을 공격했고, 서울 정면(正面)에서도 한강 남안에의 포격을 개시했다.

6월30일, 국군은 한강 방어선을 지키기 위해 노량진 본동을 중심으로 한강 남안에 포진했다. 주력은 이종찬(李鍾贊) 대령이 지휘하는 혼성 수도사단과 유재흥(劉載興) 준장의 혼성 제7사단이었다. 임선하 대령의 혼성 제2사단은 말죽거리(지금의 강남구 양재동) 쪽에 배치되었다. 김포와 오류동 쪽에는 대대 병력도 안 되는 김포지구 전투사령부가 있었다.

이밖에 서부전선을 지키다가 행주나루에서 한강을 도하했던 백선엽(白善燁) 대령의 제1사단이 육군본부의 예비부대로서 수원 근교에 배치

1950년 7월3일 미 공군이 한강철교에 폭탄을 투하하는 모습. 우측으로 개전 초기 폭파된 한강인도교가 보인다.

ⓒ 미국문서기록청 · NARA

되었다. 이준식(李俊植) 준장의 혼성 제3사단은 수원(水原) 동북쪽에 배치되었다.

숫자상으로 5개 사단이 한강방어선에 포진한 셈이지만, 내용은 매우 빈약했다. 이름만 사단이었지 실제 병력은 연대 규모 정도였다. 화기도 연대당 박격포가 2~3문, 기관총도 많아야 6정 정도였다. 편제(編制)를 유지하고 후퇴한 제1사단을 제외하고는 모두 '혼성(混成)'이었다.

'혼성'이란 말은 당시의 상황을 그대로 표현한 용어였다. 6월27일의 창동과 미아리전투를 끝으로 분산해 한강을 건너온 각 부대의 병력을 수용하는 대로 사단 단위로 재편성했다고 해서 '혼성'이란 명칭이 붙었다.

영등포구 신길동의 우신국민학교에는 수도사단 본부, 대방동의 수도육군병원(그 후 공군본부가 되었다가 지금은 보라매공원)에는 혼성 제7사단의 본부가 들어서 있었다.

6월30일, 이승만 대통령은 전쟁 발발 초기의 대처에 실패한 채병덕(蔡秉德) 육군참모총장을 해임하고, 미국 시찰 도중 급히 귀국한 정일권(丁一權) 준장을 소장으로 승진시킴과 동시에 육·해·공군 총사령관 겸 육군참모총장에 임명했다.

북한군, 서울 점령 후 6일 만에 한강 渡河

전세 판단을 잘못하여 점령 후의 서울에서 3일간 지체한 북한군은 6월30일부터 영등포→수원→평택 방향에 주타격(主打擊)을 지향하여 미 육군부대가 참전하기 전에 한강을 강행(强行) 도하하여 한강 남안의 국군 방어선을 돌파하려 했다. 7월2일, 북한군은 탱크를 앞세워 본격적인 도하를 개시했지만, 국군은 이를 수차에 걸쳐 격퇴했다.

그러나 7월3일 미명(未明), 완전 파괴를 면한 단선철도교(單線鐵道橋)에 깔판을 부설한 데 이어 탱크를 앞세운 북한군 제3·제4사단이 한강 도하에 성공했다. 탱크가 영등포에 돌입하면서 대세는 결정되었다. 한국군은 분산해서 수원(水原)으로 후퇴하기 시작했고, 북한군은 한강 남안을 장악했다. 그래도 한강線은 미 지상군 부대가 투입될 때까지 전략상 필요한 3일 동안만 지켜달라는 미군 측의 요구보다 두 배 많은 6일 동안 버티어 냈던 방어선이었다.

유엔의 신속한 참전 결의에 따라 7월5일부터 미군이 지상전투에 투입되면서 평택~제천~울진을 연하는 37도선에서 경부국도를 중심으로 국군은 동부를, 미군은 서부를 맡아 북한군과 맞서 싸우기로 했다. 미국은 해·공군에 이어 지상군까지 투입했지만, 초기의 전투는 예상과는 달리 참담한 패배로 끝났다. 그것이 다음에 기술하는 오산(烏山)전투였다.

남침 10일 후인 7월5일, 미 지상군 선견대(先遣隊)인 스미스 지대(支隊)는 수원 남방 오산에서 북한군 제4사단과 처음 교전했다. T-34 탱크에 의해 진지가 돌파되어 혼란 속에 퇴각하는 뼈아픈 타격을 받았다. 세계 최강을 자랑하던 미군의 낙관론은 이로써 무너져 내렸다.

한국전선에 최초로 투입된 미 지상군부대인 스미스 지대는 일본 규슈에 주둔하던 미 24사단(딘 소장)의 선발부대인 제21연대 제1대대였다.

증강된 제1대대는 7월1일에 부산에 수송기 편으로 공수되었고, 뒤이어 7월2일 제34연대가 수송선을 타고 부산항에 입항한 후 부산에서 기차를 타고 북상했다.

7월7일 맥아더 원수를 총사령관으로 하는 사상 초유의 유엔군이 창설되었지만, 승세를 탄 북한군은 다시 남부를 향해 진격을 개시했다. 이런 가운데서도 국군은 동락리·화령장 전투에서 북한군을 기습해 전과를 올리기도 했으나 미군은 금강방어선과 대전 전투에서 거듭 패배했다. 결국, 국군과 미군은 북한군의 기세에 밀려 7월 말 낙동강선(線)까지 후퇴해야만 했다.

유엔군의 도착과 증원이 빠르냐, 아니면 북한군의 부산 점령이 빠르냐라는 시간과의 싸움이라는 양상을 드러냈다.

반격의 발판 마련한 낙동강 배수진

7월20일 김일성은 북한군에 "8월15일까지는 반드시 부산을 점령하라"고 독촉했다. 7월 한 달간, 국군과 미군은 제공권(制空權)과 제해권(制海權)을 장악하고 있음에도 북한군의 기습공세에 의한 충격과 기세에 밀려 낙동강線까지 후퇴하여 방어선을 구축했다.

최초 방어선은 마산~왜관~낙동리~영덕에 이르는 240km였다. 그러나 낙동강이라는 천연장애물의 이점, 방어선에 배치될 병력 절약을 통한 예비대 확보, 발달된 도로망을 이용한 내선작전(內線作戰)의 이점을 활용하기 위해 8월11일 마산~왜관~포항을 잇는 180km로 전선을 축소

조정했다. 이 낙동강 방어선은 국가 존망의 위기를 극복하기 위해 구축한 최후의 저지선이었다.

왜관을 기점으로 남쪽(서부) 전선은 미군 4개 사단(제24·제25·제2사단·제1기병사단) 및 제1해병여단을 배치하고, 나머지 전선은 국군 5개 사단(제1·제6·제8·수도·제3사단)을 배치하여 방어전을 벌였다. 낙동강 방어전에는 학생복을 입은 학도병, 재일동포 학생들도 조국의 위기를 구하기 위해 자진 참전했다.

북한군은 8월과 9월, 두 차례에 걸쳐 총공세를 가해 왔다. 8월에는 왜관−다부동−대구 방면에 주공(主攻)을 지향했으나 아군의 완강한 저항으로 돌파에 실패했다. 9월에는 모든 방면에서 돌파를 시도해 아군은 한때 영산, 다부동, 영천, 포항이 동시에 돌파당하는 절체절명의 위기를 맞기도 했다. 그러나 낙동강 방어는 45일간의 사투 끝에 북한군의 집요한 공격을 뿌리쳤다.

유엔 참전국

미국, 영국, 호주, 네덜란드, 캐나다, 뉴질랜드, 프랑스, 필리핀, 터키, 남아프리카공화국, 태국, 그리스, 벨기에, 룩셈부르크, 에티오피아, 콜롬비아 등 전투부대 파견 16개국(참전 일자 순).
　이외에 의료진만 파견한 5개국, 물자 지원 39개국, 지원 의사 표명 7개국. 일본은 당시 미군에 점령당한 非유엔회원국이었지만, 비밀리에 기뢰 제거 요원 등 연(延) 120명의 해군을 파견했다.

仁川상륙작전과 서울 수복(收復)

국군과 미군이 낙동강 교두보를 사수(死守)하던 9월15일, 유엔군사령
관 맥아더 원수는 인천(仁川)상륙작전을 감행했다. 유엔군이 인천에 상
륙하자 김일성(金日成)은 국방상 최용건(崔鏞健)을 서울방위사령관으로
임명하고 약 2개 사단의 병력으로 최후 저항을 시도했다. 9월24일 하룻
밤 사이에 북한군은 서울시민을 총동원하여 시가지에 진지를 구축하게
했다.

그러나 김포 방면에서 한강을 도하한 국군 해병대와 美 해병대는 연
세대학교 뒤쪽 안산(鞍山: 길마재)을 점령하고 서울 도심으로 육박했다.
영등포에 돌입한 美 제1해병사단의 일부 병력은 마포 방면으로 도강하
여 서울 중심부로 진격했다. 美 제7사단의 일부 병력은 영등포에서 동진
하여 서빙고 방면과 뚝섬 방면으로 진출하여 강변 일대의 북한군을 밀
어냈다. 국군 17연대는 관악산을 우회하여 美 7사단과 협동작전을 전개
했다.

이로써 치열한 시가전이 벌어졌다. 병자호란 이후 300년 만에 서울
한복판이 전쟁터가 되었다. 폭격으로 만신창이가 된 서울은 또 한바탕
의 몸살을 앓아야 했다.

美 해병1사단과 7사단은 북한군의 주력을 격파하면서 동북 방향으로
추격을 계속했다. 국군 17연대는 하왕십리로 진출하여 서울 동북방 요
새 망우리를 점령하여 북한군의 후퇴로를 차단하려 했다. 북한군은 후
퇴를 전후하여 학계·예술계·문화계 등의 많은 엘리트를 납치해 북으로

1950년 9월15일 오전 6시경 인천상륙작전 중 방파제를 넘는 미 해병대 모습.

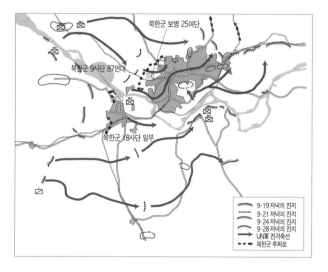

1950년 9월
서울 탈환 전투.

끌고 갔다.

전쟁으로 가장을 잃은 가족들은 뿔뿔이 흩어져 삶을 지탱해야만 했다. 전쟁 미망인의 수효만 해도 30만에 이르렀다. 그 무렵의 비극을 회상하며 노래한 가요가 '단장(斷腸)의 미아리 고개'이다.

미아리 눈물고개

님이 넘던 이별고개

화약연기 앞을 가려

눈 못 뜨고 헤매일 때

당신은 철사 줄에

두 손 꽁꽁 묶인 채로

뒤돌아보며 또 돌아보며

맨발로 절며 절며

울고 넘던 이 고개여

한 많은 미아리고개

중공군의 개입과 1·4 후퇴

서울에 있던 북한군의 주력부대는 의정부 방면으로 후퇴했다. 9월28일 수도 서울은 완전히 수복되었다. 다음날 이승만 대통령은 맥아더 장군과 함께 공로(空路)로 서울에 도착하여 지금은 헐린 중앙청 청사 앞에서 수도 반환식을 거행했다. 서울은 초토화되었지만, 그나마 살아남은 것은 종로구의 고궁과 북촌(北村) 일대였다. 이는 서울 수복작전을 앞두고 주일대표부 김용주(金龍周) 전권공사가 동경의 맥아더사령부를 방문해, 문화재 집중 지역에 대한 폭격의 자제를 간곡히 요청했기 때문이다.

10월1일 국군은 38선을 돌파, 북진했다. 국군의 선발부대는 압록강변까지 전진했다. 국군과 유엔군의 반격으로 북한군이 한·만 국경 부근까지 후퇴하자, 모택동은 항미원조(抗美援朝)라는 구호 하에 중공군을 한국전에 투입했다. 10월 중순, 중공군은 심양(瀋陽)을 거점으로 신의주·청성진 방면과 만포진·중강진 방면으로 잠입하여 서부전선의 희천·운산 근처와 동부전선의 장진호 부근 등 산악지대에 잠입했다.

북한의 산악지대에 숨어 있던 중공군은 10월 하순부터 국군과 미군에 대해 기습과 포위공격을 감행했다. 그때까지 미국은 중공의 한국전쟁 참전 가능성과 개입 사실에 대해 정확한 정보를 갖지 못했고 올바른 판단도 하지 못했다. 한국전쟁에 개입한 당초 중공군의 실제 병력은 30만 이상이었으나 맥아더 사령부는 5만~6만 정도로 낮춰 판단한 전략상의 과오를 범했다.

중공군은 처음부터 미군보다 화력이 약한 한국군을 겨냥했다. 중공군의 첫 공격 목표는 10월25일 운산에 포진해 있던 국군 제1사단 제15연대였다. 국공내전을 통해 실전경험을 쌓고 산악전투에도 익숙했던 중공군은 비록 보잘 것 없는 무기로 무장했지만, 득의(得意)의 인해전술(人海戰術)을 구사해 국군과 유엔군을 궁지로 몰아갔다.

중공군은 두 차례의 공세에 의해 12월25일 38선까지 남하했다. 1951

1950년 10월18일에 촬영된, 전쟁으로 검게 그을리고 부서진 중앙청 건물. 일제시대 조선총독부 건물로 1996년 해체됐다.

년 1월1일 중공의 제3차 공세가 시작되어 1월3일에는 의정부 방면의 전선 유지가 곤란해졌다. 1월4일 수도 서울은 다시 적군에게 빼앗겼다. 공산당의 압제를 경험했던 서울 시민들은 보따리를 짊어지고 얼어붙은 한강을 건너 또다시 남으로 피난을 가야 했다. 이것이 1·4 후퇴이다.

후퇴를 거듭하던 국군과 유엔군은 1월10일 오산-제천-단양-삼척을 잇는 선에서 반격작전에 들어갔다. 공산군은 수원 이북부터 한강에 이르는 지대에 강력한 방어진지를 구축하고 있었다. 2월10일 김포에 유엔군 공수부대가 낙하했고, 美 제25사단과 영(英)연방 여단은 같은 날 인천과 영등포를 탈환했다. 그러나 비싼 대가를 지불해야 하는 한강 도하작전과 서울 정면 공격작전은 잠시 보류했다.

2월20일 맥아더 장군이 전선에 도착하여 유엔군에 공세를 명했다. 유엔군의 방어선을 한강線으로부터 임진강線으로 북상시키자는 것이었다. 드디어 3월14일 국군 제1사단(백선엽 준장)은 서울을 再탈환했다. 1·4 후퇴 후 3개월 만이었다.

3월23일 미 제187공정연대는 임진강 하류 연안 문산(汶山)지구에 낙하하여 공산군의 퇴로를 차단했다. 서울을 포기한 중공군은 3월 중순부터 숲전선에서 유엔군과의 접촉을 끊고 춘계공격의 준비에 들어갔다.

4월7일 유엔군총사령관이던 맥아더 원수가 해임되었다. 해임의 직접적 사유는 맥아더의 기자회견이었다. 그는 "병력의 지원이 없는 한, 그리고 중공군에 치명상을 입히지 않는 한, 아시아에서 중국의 공격력을 저지할 수 없다"고 전제하고, 국제적 차원에서 국가원수들이 만주 폭격 등의 후속조치를 취할 것을 촉구했다. 4월14일, 트루먼 대통령은 이러한 공개발언을 문제 삼아 맥아더를 유엔군사령관 등 모든 직책에서 해임했다.

노동절 선물로 毛澤東에게 바쳐질 뻔했던 서울

1951년 4월 중공군 총사령관 팽덕회(彭德懷)는 서울 점령을 목표한 제5차 공세를 감행했다. 조-중 연합군 총사령관이기도 했던 그는 다음과 같이 호언했다.

"30만 5000명(중공군 27만, 북한군 3만 5000)의 병력을 동원한 인해전술로 서울 북방에서 유엔군 주력을 격멸한다. 그리고 여세를 몰아 서울을 탈취해 모택동(毛澤東) 주석에게 노동절(May Day) 선물로 바치겠다."

4월22일, 어둠이 짙게 깔리자 팽덕회는 중공군 제19병단의 3개 사단을 개성-문산 축선에 투입하여 국군 제1사단과 영국군 제29여단을 공격했다. 중공군은 이번에도 예외 없이 국군 사단들을 먼저 돌파하여 후방으로 진출한 후 유엔군의 병참선(兵站線)을 차단하려 했다.

전임 미 8군사령관 리지웨이는 수도 서울이 한국 국민들에게 미치는 심리적인 중요성보다는 작전효과 면에서만 판단했다. 따라서 "군사상 필요하다면 서울은 언제든지 내어줄 수 있다"는 것이 리지웨이 장군의 생각이었다. 이에 따라 미 8군은 1951년 3월15일 서울을 再수복한 후에도 상황에 따라 또다시 서울에서 후퇴할 수 있는 계획을 수립해 두고 있었다.

그러나 신임 미 8군사령관 밴플리트 장군은 달랐다. 그는 수도 서울의 심리적·전략적 중요성을 감안하여 서울 고수 의지를 천명했다. 그는 우선 적에게 최대한의 손실을 주면서 지연전을 실시하되 반드시 서울을 지킨다는 목표로 델타線(파주 성동리~노고산~덕정~포천~가평), 골든線(수색~북한산~남양주군 덕소), 네바다線(한강~양평~횡성~양양)으로 축차적인 철수를 계획했다.

그런데 미 제1군단이 골든線으로 철수하고, 미 제9군단과 제10군단이 네바다線으로 철수하면 서울의 동북방이 노출되어 서울 사수(死守)가 어렵다고 판단한 밴플리트 장군은 4월30일 새로운 방어선인 노네임(No-Name)선(수색~구파발~금곡~청평~홍천~현리~양양 북방)을 점령토록 했다. 노네임선은 영연방 제29여단의 설마리 전투(1951.4.22~25), 영연방 제27여단의 가평전투(1951.4.23~25) 등의 선전으로 사수가 가능해졌던 것이다. 노네임선은 지형상의 중요선보다 서울을 지키기 위한 통제선이었다. 어느 참모가 "선명(線名)을 무엇이라고 하면 되겠습니까?"라고 묻자 밴플리트 장군은 "그런 것에 신경 쓸 틈이 없다. 노네임으로 충분하다"고 꾸짖었는데, 그것이 그대로 노네임(이름 없음)선이라 불리게 된 것이다. 서울을 지킨 밴플리트 대장은 1953년 2월 11일 맥스웰 테일러 장군에게 미 8군 사령관직을 인계하고 본국으로 돌아가 전역했는데, 1992년 노환으로 서거했다. 향년 100세.

1129일 간의 전쟁 — 일단 휴전

1953년 7월27일 10시, 판문점에서 정전협정이 조인되었고 전투행위는 이날 22시를 기해 중단되었다. 이로써 1129일간(3년 1개월간)에 걸친 유혈의 전쟁은 휴전이란 이름으로 일단락되었다. 그 결과, 남과 북은 군사분계선(MDL)과 북방한계선(NLL: Northern Limit Line)을 경계로 분단의 상태를 오늘에 이르기까지 유지해오고 있다.

NLL은 1953년 8월30일 유엔군사령관이 설정한 이후 오늘날까지 남북한이 각각 해상 관할권을 행사하는 경계선이 된 것인데, 휴전선에서 불과 50km 떨어진 서울 그리고 수도권을 방어하는 데 있어 필요불가결(必要不可缺)의 생명선인 것이다.

서해 북방한계선의 비밀

1953년 7월27일 체결된 남북 정전협정의 부속지도에서 남·북한의 군사분계선은 명시하고 있으나 해역의 경계선에 대해서는 정하지 못했다.

정전 당시 북한 해군은 거의 전무(全無)한 상태였고, 한반도의 거의 모든 섬은 아군이 점령하고 있었으므로 "정전 당시 대치선을 분계선으로 한다"고 합의한 정전협정 원칙에 의하면 당시 아군이 점령하고 있던 평양의 외항인 남포 앞바다의 석도 등 서해의 모든 섬은 우리 땅이 되어야 했다.

이런 상황에서 클라크 유엔군사령관은 현실적인 문제를 고려하여 자발적으로 38도선 이남에 위치한 서해 5도와 북한 땅의 중간에 NLL을 일방적으로 획정(1953년 8월30일)했다. 북한은 그 후 20년간 이 NLL을 잘 지켜왔다.

북한이 NLL을 문제 삼기 시작한 것은 1973년부터이다. 군사정전위원회에서 그들은 서해 5도 주변 바다는 북한의 영해라고 주장한 것이다. 이후 북한은 NLL을 무력화하기 위해 틈만 나면 NLL을 침범했으며, 제1연평해전, 제2연평해전, 대청해전, 천안함 폭침사건, 연평도 포격 도발 등을 감행해 왔다. 그러나 NLL과 서해 5도는 수도권 방어의 핵심적 전초(前哨)기지이다.

북방한계선(NLL)과 북한 주장 해상경계선.

북한도 휴전 후 20년간 NLL을 잘 지켜오다가 1973년 이후 황당한 이의를 제기해 오고 있다. 즉, 서해 5도 주변 바다는 북한의 영해이므로 이곳을 통과하는 선박은 북한의 사전 승인을 받아야 하며, 황해도와 경기도의 도계선의 연장선을 해상경계선으로 설정해야 한다고 주장했다.

"6·25전쟁은 무승부가 아니라 한국이 승리한 전쟁"

대한민국 초기 역사에서 6·25전쟁만큼 중요한 사건은 없었다. 그만큼 6·25전쟁이 우리의 정치·경제·사회·문화 등에 가한 충격이 너무나 컸기 때문이다. 우리는 전쟁을 통해 많은 것을 잃었다. 특히 두 차례나 적군에 피탈되는 가운데 수많은 인명 피해를 겪고 전쟁터의 참화까지 휩쓸고 지나간 서울에는 남아 있는 것이 거의 없었다. 그러나 그럼에도 불구하고 남한 지역에 국한되기는 했지만, 자유민주주의를 지켜낸 전쟁이었다.

6·25전쟁 기간 우리 민족은 오랜 역사를 통해 치른 전란 중에서 가장 크고 처참한 피해를 강요당했다. 국군만 해도 전사 및 사망 13만 7800명을 포함하여 부상·실종·포로가 약 48만 명에 달했고, 유엔 참전국들의 경우 미군 전사 4만 명을 포함하여 부상·실종·포로가 약 16만 명에 이르렀다.

이에 비해 공산군 측은 북한군 80만 명, 중공군 124만 명 등 모두 204만 명의 인명손실(전사·전상 등)을 당했다. 북한군이 낙동강 방어선 이북의 남한 지역을 점령하고 있던 80여 일 동안 이 땅에서 저지른 악행은 지독했다. 당시 북한은 2만 4000여 명의 치안부대를 투입해, 군·

경을 비롯한 우익 인사와 지식인·종교인 등 양민 13만여 명을 '반동분자'라는 딱지를 붙여 학살했다.

또한 전쟁물자 수송과 포탄 운반, 도로·교량 복구 및 건설, 장애물 설치작업에 주민 30만 명을 강제로 동원했고, 추수기의 농작물 60%를 현물세로 징수하는 등 가혹한 수탈을 자행했다. 특히 점령지역 도처에서 '애국학생 발기대회'를 개최해 자원입대를 유도했으나 효과가 미미하자, '의용군'이란 명목 하에 15만 명을 강제로 징집했고, 이들은 훈련도 받지 않고 전선에 투입되어 대부분 총알받이로 희생되었다.

이렇게 우리는 이 전쟁을 통해 잃은 것도 많았지만, 많은 것을 배웠다. 자유는 거저 주어지지 않는다는 것과 평화를 유지하기 위해서는 평소 철저한 준비를 해야 한다는 것이었다.

어떻든 6·25전쟁은 소련 스탈린과 중공 모택동(毛澤東)의 지원을 받은 북한 김일성이 한반도를 공산화하려고 했던 야욕을 차단하고, 자유민주주의를 지켜냈다는 데 큰 의미를 부여할 수 있다. 2013년 7월27일 미국 워싱턴 소재 한국참전기념공원에서 개최된 정전협정 60주년 기념식에서 오바마 미국 대통령은 다음과 같이 선언했다.

"6·25전쟁은 무승부가 아니라 한국의 승리였다. 한국인이 누리고 있는 자유민주주의, 그리고 세계에서 가장 역동적인 경제는 북한의 빈곤·억압과 극명한 대조를 이루며, 이는 한국이 전쟁에서 승리했음을 증명하는 것이다."

再수복 후의 서울

위의 선언은 먼 60년 후의 평가였고, 전후(戰後) 당장 한국인의 삶은 매우 고달팠다. 서울 再수복 후 한강철도교 아래에 부교(浮橋)가 가설되어 서울시민들이 속속 귀환했다. 한강철도교는 1951년 6월에 복구되었으나 한강도로교(한강대교)는 1958년 5월에야 복구공사가 끝나 再개통되었다. 6·25전쟁 이후 서울의 주택사정은 더욱 나빠졌다. 특히 식민지 말기에 소개공지대(疏開空地帶)로 지정되었던 종묘(宗廟) 입구에서 대한극장에 이르는 구간은 도심부의 대표적 판자촌이자 사창가로서 속칭 '종삼'이라 불리기도 했다.

많은 서울시민들은 천막이나 판자로 엮은 잠자리에 만족해야 했고, 부서진 학교를 복구하지 못해 한동안 땅바닥에다 거적을 깔고 수업을 받는 형편이었다. 당시, 국민학교의 모든 교과서는 UNKRA(유엔한국부흥위원단)의 원조로 제작되었다.

UNKRA는 1950년 유엔 총회의 결의에 따라 6·25전쟁으로 파괴된 한국 경제의 재건과 복구를 목적으로 설립된 기구이다. UNKRA의 관심은 경제 재건 문제뿐만 아니라 전쟁으로 뿔뿔이 흩어진 이산가족과 보금자리를 잃어버린 난민 문제에도 집중되었다. 1억 4850만 달러의 기부금이 34개 위원국과 5개 비(非)위원국으로부터 출연되었다. 1958년 7월1일 활동이 종료되었다.

서울은 일제 때부터 토막민촌(土幕民村)이 형성될 만큼 주택문제가 심각했다. 토막이란 국유지인 산비탈이나 개천 부지를 무단 점거해 지면을 파고 땅 위에 기둥을 세워놓고 헌 양철이나 판자로 덮어 만든 불량주택이었다. 암사동의 선사시대 주거와 크게 다르지 않은 20세기 움집이었다.

이런 판에 전쟁 중 서울의 가옥 19만 채 가운데 3만 5000채가 전소되고, 2만 채가 반파되어 전체 주택의 28.8%가 사용 불능의 상태였다. 그런데도 사람들이 일자리를 찾아 서울로 몰려들었다. 판잣집은 산비탈은 물론 청계천변, 동대문시장 등 도심지역까지 빼곡히 채웠다. 전쟁 후의 불경기로 먹고 살기도 어려웠다.

사라진 것은 생존의 방편만이 아니었다. 서울의 통치기관이 석 달씩 두 번이나 바뀌면서 시민들은 정체성(正體性)에 대한 혼란에 휩싸이기도 했다. 공산군 치하에 서울에 남아 있던 시민들(잔류파)은 공출과 강제노역으로 전전긍긍(戰戰兢兢)했으며, 수복 이후엔 부역자를 처벌하려는 당국에 의해 시달림을 받기도 했다.

북한군은 남한에서 병력 15만 명과 낙동강전선에 전쟁 물자를 운반하는 노무자 30만 명을 강제 징발했다. 아이들은 적 치하에서 북한군 정치장교 등으로부터 배운 김일성 찬가 "장백산 줄기줄기 피어린 자국~"을 무심코 흥얼거리다가 교사에게 들켜 혼이 나기도 했다.

6·25전쟁 후에는 피난민의 대거 유입으로 또다시 인구가 급증하여 1959년 서울 인구는 200만을 넘어섰다. 그리고 6·25전쟁 후에는 시내버스가 대중교통수단으로 등장하여 주택지구가 전차노선을 벗어나 확장되어 나갔다. 즉, 서울의 불량 주택 지구는 8·15 해방 후의 사회적 혼란기에 도심과 전차노선 가까이의 고지대·하천변·철도변 등의 국유지에

주로 등장했다가 6·25전쟁 후에는 시내버스의 운행으로 이 밖의 외곽지대로 급속히 뻗어나가게 된 것이다. 당시 신흥 주택지인 청량리-중랑교로 가는 시내버스의 남자 차장들은 쉰 목소리로 호객(呼客)을 했는데, 얼핏 들으면 "차라리 중능게 나요~"로 착각할 만했다.

中2년생이 본 1958년의 서울

필자는 중학교 2학년 때인 1958년 10월 부산에서 기차를 타고 3박4일 일정의 수학여행을 와서 서울과 처음 만났다. 그때 우리들은 청계천 북안(北岸)의 관철동(貫鐵洞) 소재 여관 몇 곳에서 분산 투숙했다. 당시 청계천에는 오물과 쓰레기가 쌓이고 천변에는 판잣집이 즐비했다. 동남아시아의 수상(水上)가옥처럼 청계천 바닥에 말뚝을 박고 널찍한 판자를 올려놓은 다음에 나무판으로 얼기설기 엮은 판잣집이었다.

청계천의 판잣집은 살림집인 동시에 영세 점포였다. 여기저기에서 흘러나온 잡동사니가 좌판 위에 널렸고, 사람들은 청계천변을 배회하다가 필요한 고물이 있으면 싼 값에 구입했다. 오늘날 창대한 청계천 상가의 시작은 이렇게 시작되었던 것이다.

그때 청계천은 가난한 전후(戰後)의 서울을 대표하는 듯했다. 외국인들도 양말을 벗고 종아리까지 밀어 넣기도 하는 요즘의 청계천이 아니었다. 시커먼 구정물이 흘렀다. 1945년 8·15 광복과 6·25전쟁 등을 거치면서 청계천은 방치되고 있었던 것이다. 피난수도 부산에서 환도한 지 겨우 5년. 환경개선보다 벌어먹기에 급급하던 시절이었다.

1910년경의 청계천. 청계천에 걸린 수표교는 현재 장충단공원으로 옮겨져 있다.

1958년 청계천이 복개됨에 따라
장충단공원 안으로 옮겨져 있는
수표교.

ⓒ최호헌

서울에서의 첫날 밤, 우리 패는 선생님 몰래 밤참으로 관철동의 중국 음식점에서 자장면과 군만두를 시켜 먹었다. 포식을 했던 그날 밤, 장작을 땐 여관방의 바닥이 쩔쩔 끓어서 이불을 덮을 수조차 없었다.

수학여행 제2일차의 첫 방문지는 남산(南山)이었다. 간밤에 평소 먹거리와는 사뭇 다른 자장면 등을 과식했던 데다 이불을 걷어차고 자서 그

1960년 10월 29일 청계천변 판잣집 철거광경. 청계천에 복개를 위한 기둥이 박혀있다.

랬는지 배탈이 났다. 서울역 건너편 쪽의 남산에 올라갔는데, 공중화장실은 보이지 않았다. 그때 남산은 어쩔 수 없었겠지만, 애국가 제2절을 배신하고 있었다.

남산 위에 저 소나무 철갑을 두른 듯
바람서리 불변함은 우리 기상일세
무궁화 삼천리 화려강산
대한사람 대한으로 길이 보존하세

당시 남산 기슭의 소나무는 철갑(鐵甲)을 두른 모습이 아니었다. 드문드문 서 있던 가냘픈 소나무는 빛깔을 잃었고, 그 주위의 잡초들까지 시들시들했다. 주변엔 움막집과 판잣집도 즐비했다. 기슭의 땅바닥은 사람들이 하도 많이 밟아서 빤질빤질했다. 지금, 남산이 우거져 있는 것은 제3공화국 이후 남산의 도로·기념관 주변 등만 제외하고 나머지 모든 곳에 펜스를 둘러치고 사람의 출입을 막았던 덕택이라고 생각된다.

다음 답사 코스는 시청 앞 덕수궁이었다. 덕수궁의 정문인 대한문(大漢門) 앞에서 담임 선생님에게 "배탈이 나 도저히 단체행동을 할 수 없어 여관에 돌아가서 쉬었으면 좋겠습니다"라고 호소했다. 담임 선생은

토정 이지함의 삶─가난한 백성의 친구

한양 제1의 나루였던 마포(麻浦)는 한강 하구의 첫 나루였던 조강포(祖江浦)와 더불어 토정 이지함(1517~1578)과 인연이 깊은 포구이다. 〈토정비결(土亭秘訣)〉의 저자이며 가난한 백성의 친구로서 숱한 일화를 남긴 토정은 마포 뒷산에 움막을 짓고 한강 하구의 조강포까지 돛배로 오가며 살면서 달뜨는 시각과 좀생이별(昴星·묘성의 속칭)을 보고 밀물과 썰물의 기준을 잡았다고 전해진다.

이지함은 1517년 충청도 보령현에서 이치의 아들로 태어났다. 맏형인 이지번(李之蕃)에게서 글을 배웠다. 이지번은 선조 초기에 영의정으로서 北人의 영수였던 이산해(李山海)의 아버지다.

이지함은 소년기에 부모를 여의고 한양으로 올라왔다. 하지만 친구 안명세(安名世)가 1545년의 을사사화(乙巳士禍) 때 처형되자, 출사하지 않고 초야에 묻혀서 살기로 결심했다. 그 후 마포를 근거지로 하여 전국을 유람하면서 민생의 현실을 목격했고, 백성을 위해 무엇을 할 것인가 하는 문제를 놓고 고뇌했다. 그의 나이 56세이던 1573년(선조 6년), 유일(遺逸)로 종6품직을 제수받고 포천현감으로 부임했다. 遺逸이란 초야에 묻힌 선비들을 찾아

"혼자 여관으로 찾아갈 수 있겠느냐?"고 물었다. 나는 손가락으로 종로 쪽을 가리키며 "찾아갈 수 있습니다"라고 장담했다.

사실을 말하면 그때 내가 찾아가고 싶었던 곳은 관철동 여관이 아니라 종로구 신교동에 있던 국민학교 때 단짝이며 서울로 이사가 살던 친구의 집이었다. 토요일인 전날, 서울역까지 마중 나온 친구(당시 G중 2학년)는 자기 집의 약도를 그려주면서 "동생들도 널 보고 싶어 하니 내일 틈나면 효자동(孝子洞) 시내버스 종점에서 내려 신교동 맹(盲)학교 부근 우리 집으로 찾아오라"고 청했다.

내 과거 시험 없이 등용하는 제도를 말한다. 그러나 식량부족에 허덕이는 백성들을 구휼하자는 자신의 상소가 무시되자, 그는 첫 관직을 미련 없이 내던지고 한강변의 마포로 돌아왔다. 1578년에는 아산현감에 제수되자 걸인청(乞人廳)을 세우는 등 백성 구휼에 힘썼지만, 바로 그해에 별세했다.

그의 철학사상은 〈토정유고(土亭遺稿)〉에 실린 3편의 글인 '대인설' '과욕설' '피지음설' 등에 나타나 있다. '피지음설'의 내용은 "재물과 권세 등과 얽혀 교유하기보다는 산수간(山水間)에서 지음(知音: 마음이 서로 통하는 벗)과 교유하는 것이 바람직하다"는 것이다.

마포구 토정동에 세워져 있는 토정 이지함의 동상.

당시, 덕수궁의 정문인 대한문 앞은 바로 시내버스 정류장이었다. 마침, 차체에 효자동~마포라고 크게 쓰여 있는 시내버스가 다가와 얼른 올라탔다. 종점까지만 가면 효자동이라고 믿었다.

그러나 아니었다. 내가 탄 버스는 마포 종점에서 멈추었다. 마포나루를 대면하고서야 나는 반대 쪽 종점으로 잘못 왔다는 사실을 깨달았다.

하지만 가요 〈마포 종점〉처럼 "밤 깊은 마포 종점 갈 곳 없는 밤 전차. 비에 젖어 너도 섰고, 나도 섰다~"라는 상황은 아니었다. 청명했던 가을철의 대낮, 여의도 비행장이 손에 잡힐 듯했다.

그 시절, 마포나루에 정박해 짐을 부리는 돛배는 낭만, 바로 그것이었다. 나는 그때 흙바닥이었던 마포나루의 가장자리에 주저앉아 오가는 돛배를 보며 마냥 황홀해 했다.

훗날, '국민가수' 이미자는 "어디로 가는 배냐 황포돛대야~ 떠나는 저 사공 고향이 어디냐"라고 노래했지만, 그때 내가 마포나루에서 1시간여에 걸쳐 관찰한 바로는 황포돛배는 하나도 없었고, 모두 검정색 돛배였다. 마포나루는 한강 하구가 군사분계선으로 막혀 버림으로써 왕년의 성세(盛勢)를 잃었기는 하지만, 그때까지도 새우젓 집하지(集荷地)로 유명한 서울 제1의 포구였다. 지금도 나는 새우젓을 넣고 담가 마당 한편에 파묻어 놓고 겨울철 내내 꺼내 먹는 '서울 김치'의 마니아다.

60년 전의 그날, 나는 마포 종점에서 시내버스를 타고 효자동 종점에서 내려 인왕산 자락인 신교동 친구의 집으로 찾아가 친구 동생들을 만난 뒤 친구와 함께 관철동 여관으로 되돌아왔다.

토정 이지함 영모비.

　나는 요즘도 가끔 전철 5호선 마포역 1번 출구를 빠져나와 걸어서 10분 거리인 토정 이지함(土亭 李之菡)이 살았던 집터(土室)를 둘러보면서 중2 시절의 추억에 잠기기도 한다. 토정 이지함의 집터는 이제 토정동(土亭洞)의 삼성한강아파트 구내로 들어가 있다. 그때(1958년) 마포나루에서 토정동 쪽을 바라보니 그곳은 나지막한 언덕이었는데, 그곳에 토정 이지함의 집터가 있음은 미처 알지 못했다.

한강과 서울의 운명적인 만남

한강은 1950년대 말까지만 해도 서울의 외곽을 흘렀다. 한강 남쪽에서는 영등포 지역과 잠실섬 만이 서울에 편입되어 있었다. 한강의 교량으

1924년 한강철교 부근에서 빙상 스케이팅을 즐기는 장면.

로는 경부선·경인선 철도가 지나가는 한강철교 이외에 한강대교와 지금 천호동의 광진교가 있을 뿐이었다. 한강은 조선시대에는 한성으로 물자를 수송하는 교통로로 중요했고, 지금은 수자원의 공급원으로서 더욱 중요하다.

한강은 다리가 등장하기 이전에는 나룻배를 타고 건너야 했기 때문에 남·북간의 교통에 관한 한 오히려 불편한 존재였다. 1960년대 중반 이후 한강 이남 지역 도시개발은 많은 교량 건설과 함께 진행되어 왔다. 현재 한강 본류 위에 걸린 교량의 수는 도로교와 철도교를 합쳐 31개에 이른다.

서울이 지금처럼 거대해지기 이전인 1950년대까지만 해도 자연 상태의 한강은 물이 맑고 '모래톱'이 많고 넓었다. 모래톱은 여름철에 서울시민의 피서지였고, 겨울철의 모래톱 주변 수역은 스케이트장이 되었다. 봄·가을에 한량들은 노량진 나루에서 배를 띄우고 기생들의 장구소리에 맞춰 다음처럼 한가락씩 뽑기도 했다.

〈능수야 버들으으은 꺾어어나아지고오오오, 그 누굴 붙들고오오오
하소연하아리오~〉

모래톱은 1960년대 후반 이후 계속된 골재 채취로 전부 없어지고, 고
수부지가 모래톱 대신 휴식처로 들어섰다. 그리고 드넓어진 한강의 수
면을 높이기 위해 김포·잠실 등에 수중보(水中洑)를 설치하면서 강물이
원활하게 흐르지 못하게 되었다. 한강은 불가피했지만, 인공적인 하천으
로 개발되었던 것이다.

서울시계(市界) 안으로는 왕숙천·탄천·중량천·안양천 등의 지류가 흘
러든다. 이들 지류는 한강의 수질을 떨어뜨리는 구실을 하고 있다. 서울
의 시가지는 논으로 이용되던 이들 지류 연변의 저습지로도 확장되었다.
이러한 곳은 빗물 펌프장이 설치되어 있는데도 불구하고 1990년대까지
만 해도 집중호우가 쏟아지면 물난리를 겪기도 했다.

4·19기념도서관이 된 李起鵬의 집

이승만(李承晩) 대통령의 10년 장기집권에 국민들은 점차 염증을 느끼
고 있었다. 특히 '가짜 이강석 사건'은 국민감정을 매우 자극했다. 이승만
대통령의 양자 이강석(친부는 이기붕 국회의장)을 사칭한 청년이 경주로
놀러갔는데, 경찰서장이 그에게 "귀하신 몸, 어찌 홀로 오시나이까"라고
아부하면서 '칙사' 대접을 했던 일이 탄로나 국민여론을 들끓게 했던 것
이다.

국민감정을 건드렸다는 점에서 "돈도 능력이야"라고 했던 정유라(최순실의 딸)의 말과 가짜 이강석에 대한 경찰서장의 아부 "귀하신 몸"은 모두 당시의 정권을 몰락으로 몰고 갔다는 점에서 닮은꼴이다.

이승만 정권에 대한 저항은 1960년 3·15 부정선거로 폭발했다. 집권자유당과 경찰은 4할 사전투표, 유권자 3인조·9인조에 의한 공개투표 등의 불법을 저질렀다. 당시 제1야당이었던 민주당의 대통령 후보인 조병옥(趙炳玉)은 정부통령선거 직전에 위암 치료를 위해 미국 워싱턴 월터리드 육군병원에 입원 가료 중 심장마비로 1960년 2월15일 별세했다. 그런데도 자유당 정권이 부정선거를 감행했던 것은 대통령 유고시 대통령을 승계할 수 있는 부통령에 이기붕(李起鵬) 후보를 당선시키기 위해서였다.

부정선거에 항거한 시위는 먼저 대구(大邱)와 마산(馬山) 등지에서 치열하게 벌어졌다. 1960년 2월28일, 부정선거에 항의하는 대구의 고교생들에 의한 시위가 기폭제였다. 이어 4월11일 최루탄이 눈에 박힌 김주열(金朱烈: 전북 남원 출신으로 마산상고 신입생)의 시신이 마산 앞바다에서 발견되자 국민들의 분노는 다시 폭발했다.

4월18일에는 시위를 마치고 돌아가던 고려대 학생들이 정치 깡패들에 의해 구타당해 유혈이 낭자한 사건이 일어났다. 4월19일, 분노한 서울의 학생·시민들은 광화문 일대로 집결, 경무대(지금의 청와대)로 몰려가기 시작했다. 경찰은 시위대에 총격을 가해 많은 사상자가 나왔다. 이후 시민·학생들은 이승만 대통령 퇴진운동을 벌였다.

4월26일, 이승만 대통령은 정권을 허정(許政) 과도정부 수반에게 넘

'서대문 경무대'라고 불리우던 이기붕 집. 1963년 국가가 환수하여 1964년 4·19기념사설도서관, 1966년 공공도서관이 되었다. 1993년 김영삼정부가 재건립추진, 2000년 신축됐다.

기고 이화장으로 하야했다. 이승만의 역사적 공과(功過)는 교차하지만, 이로써 제1공화국은 무너졌다. 이기붕 일가족은 시위대가 몰려오자 서대문 자택을 탈출하여 6군단사령부 등지로 전전하다가 마지막엔 경무대로 들어가 아들 이강석의 권총 발사로 집단 자살했다.

'서대문 경무대'라 불리던 평동(平洞) 이기붕의 집은 서대문 적십자병원과 삼성의료원 강북병원 사이에 있었는데, 시위대에 의해 불탔다. 현재 그 집터에는 4·19기념도서관이 들어서 있다. 남산(南山)에 세워져 있던 이승만의 동상은 끌어내려져 새끼줄에 묶인 채 거리로 질질 끌려다녔다. 바로 그 8개월 전 필자는 학교 강당에서 다음과 같은 대통령 찬가(讚歌)를 배웠다.

우리나라 대한나라 독립을 위해

여든 평생 한결같이 몸 바쳐 오신

고마우신 우리 대통령 우리 대통령

그 이름 길이길이 빛나오리다

바로 그때 경남중학교의 동창회 부회장으로서 때마침 무슨 일로 학교를 방문했던 김영삼(金泳三) 前의원이 강당의 연단으로 뛰어올라 후배들에게 "이래선 안 된다"고 훈계하기도 했다. 3대 국회의 최연소 의원으로 훗날(1993년) 대통령이 되는 김영삼은 4대 국회의원 총선에서 민주당 후보로 부산 서구에서 출마했으나 집권 자유당의 부정선거로 낙선했었다.

하야한 이승만(1875~1965)은 허정(許政) 과도정부수반의 배웅을 받으며 그가 해방 전 독립운동의 근거지로 삼았던 미국 하와이로 망명했다. 망명생활 중이던 1965년에 하와이에서 별세했고, 서울로 운구되어 동작구 동작동 국립묘지에 안장되었다.

4·19혁명에서 희생된 사람은 모두 185명이었다. 희생자들이 안장된 곳이 도봉구 수유동의 4·19혁명 국립묘지이다.

22

빨리 빨리 시대로
돌입한 서울

빨리 빨리 시대로
돌입한 서울

5·16거사 그날 박정희의 행로(行路)

1960년 7·29 총선거가 실시되어 민주당이 3분의 2가 훨씬 넘는 의석을 차지했다. 그러나 민주당은 신파(新派)와 구파(舊派)로 나뉘져 치열한 집권경쟁(내각책임제 하의 총리를 차지하기 위한 국회에서의 표 대결)을 벌였다. 신파의 장면(張勉)이 내각책임제하의 총리로 국회 동의를 얻어 정권을 장악하자, 구파는 분당하여 신민당(新民黨)을 창당했다.

이후 양당 간의 치열한 정쟁, 하루도 거르지 않는 시위에다 국회 본회의장의 단상까지 점거하는 과격 데모, "가자 판문점으로!"라고 외치는 좌익의 대두, 경제난 등이 겹쳐 시국이 갈수록 불안해졌다. 1961년 5·16 군사 쿠데타 발생 직전의 모습이었다.

5월15일 밤 11시가 조금 지난 시각, 박정희(朴正熙: 당시 2군부사령관) 소장은 신당동(新堂洞) 집을 나서 대기 중인 지프차에 올랐다. 뒷자리에

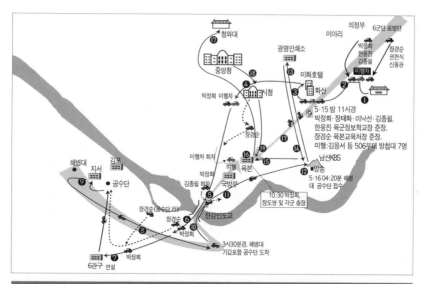

5·16 쿠데타 – 박정희 소장의 행적

① 5월15일 밤 신당동 – 朴正熙 金鍾泌 李洛善 張太和 모의. 韓雄震 張坰淳 합류

② 밤 11시경, 출발. 1호차: 박정희 한웅진 김종필 / 2호차: 張坰淳 權天植 申東寬 – 미행: 방첩대 지프

③ 밤 11시 20분경: 미화호텔 정차

④ 밤 11시 30분경: 시청 앞

⑤ 밤 11시 40분경: 한강 인도교 앞, 미행차 회차, 金鍾泌 하차(광명인쇄소 行)

⑥ 밤 11시 50분경: 사육신 묘소 앞 잠시 정차, 張坰淳 차량을 기다림

⑦ 5월16일 0시 15분경: 6관구 사령부 도착, 연설

⑧ 02:00경: 공수단으로 출발→공수단→지서(파출소)→한강교

⑨ 03:30경: 해병여단과 공수단이 한강교 남단에 도착, 같은 시각 6군단 포병단(1351명) 육본 도착

⑩ 04:00경: 한강 인도교 돌파 시도(도보)

⑪ 04:15경: 한강 인도교 돌파 성공

⑫ 04:30경: 남산 중앙방송국(KBS) 접수

⑬ 04:40경: 광명인쇄소

⑭ 05:00경: 남산 중앙방송국, 혁명 공약문 방송

⑮ 07:00경: 육군본부 도착

⑯ 08:30경: 육군본부 2층 회의실에서 張都暎 등 50여 명의 장교들과 합동회의

⑰ 10:30경: 청와대 尹潽善 대통령과 담판

⑱ 12:00경: 서울 시청

는 한웅진(韓雄震: 육군정보학교장) 준장과 김종필(金鍾泌: 예비역 육군중령)이 탔다. 또 한 대의 지프차에는 장경순(張坰淳: 육본 교육처장) 준장, 그리고 신동관(申東寬) 등 2명의 육군 소령이 탑승했다.

이때 한웅진이 "아차, 내 권총!"이라고 했다. 권총을 그가 묵었던 화신백화점 뒤 미화호텔에 두고 온 것이다. 박정희가 탄 차는 청진동을 향해 달리기 시작했다. 장경순의 차가 그 뒤를 따르는데, 검은색 지프차가 중간에 끼어들었다. 방첩대의 미행 차량이었다.

박정희가 탄 차는 미화호텔 앞 길가에 멈추었다. 한웅진이 호텔 객실에 두고 온 권총을 가지러 간 사이 장경순 준장이 박정희에게 다가갔다.

"각하, 미행당하고 있습니다. 제가 처치하고 갈 테니까 빨리 가십시오!"

한웅진은 소련제 권총 두 정을 들고 나왔다. 박정희는 차고 있던 45구경 권총을 소련제로 바꾸었다. 박정희가 탄 앞차가 다시 출발하여 안국동으로 달리자 어느새 미행 차가 나타나 따라붙었다. 박정희가 탄 지프는 안국동-중앙청-시청-서울역을 거쳐 삼각지 방향으로 질주했다. 한강대교를 눈앞에 두고 미행 차가 어디론가 사라졌다. 한강대교를 넘기 직전, 박정희와 동행했던 김종필이 하차했다. 김종필은 뒤따라온 자신의 지프차를 타고는 안국동 광명인쇄소로 달렸다.

노량진동 사육신묘를 지나 영등포와 김포 방향으로 갈라지는 곳에서 박정희의 차는 잠시 정차했다. 뒤따라오던 장경순이 탄 차를 기다렸던 것이다. 박정희는 다시 차에 올라 영등포 6관구사령부로 향했다.

박정희가 탄 지프는 6관구사령부 정문을 통과했다. 장경순은 김포의 공수단으로 향했다. 박정희는 참모장실로 들어갔다. 전화통을 잡고 있던 6관구사령부 참모장 김재춘(金在春) 대령은 박정희에게 "수색(제30사단)과 부평(제33사단)이 연락이 되지 않습니다"라고 보고했다. 참모장실에는 20여 명의 거사 장교들이 모여 있었다. 이때가 5월16일 새벽 0시15분경이었다.

영등포 6관구사령부의 혼돈

거사의 지휘소인 6관구사령부는 혼란에 빠져 있었다. 박정희 일생일대의 위기였다. 그의 수중엔 1개 대대 규모의 병력도 없었다. 장도영(張都暎) 육군참모총장은 이미 쿠데타 저지에 나서고 있었다. 옆방에는 이광선 헌병차감이 거사 장교들을 조사하려고 헌병들을 데리고 와 있었다.

박정희는 자신이 2년 전 사령관실로 썼던 부사령관실로 들어섰다. 박정희를 따라온 거사파, 非거사파, 진압군 측 장교까지 모여들었다. 여기서 박정희는 '혁명'의 불가피성에 대해 연설했다. 이어 박정희는 장도영 총장에게 전화를 걸었다. 장도영은 거사의 중단을 요구했다. 박정희는 전화기를 거칠게 내려놓았다.

박정희는 미리 준비한 편지를 장도영 총장에게 전달하라고 김재춘에게 건네주었다. 편지는 장도영의 신의주 동중학교 후배인 6관구 작전처 송정택(宋正澤) 중위를 통해 서울방첩대장 이희영(李熙永) 대령을 거쳐 장도영 총장에게 전달되었다. 장도영은 이희영에게 "박정희가 아직도 6관구에 있는지 알아보고, 있으면 전화를 바꾸라"고 지시했다. 朴正熙가 전화를 받자 장도영은 언성을 높였다.

"당신! 편지 보았는데, 그것은 범행이고 반동이오. 어서 정신 차려 돌아가시오. 그렇지 않으면 당장 체포하겠소!"

염창교 앞에서 해병여단과 합류

5월16일 새벽 2시, 박정희는 공수단 출동을 독려하기 위해 6관구사령부를 나와 한웅진 준장과 함께 지프에 올랐다. 한편 공수단의 출동 부대 지휘자인 김재민(金悌民) 대대장은 5월15일 밤 11시부터 대대 연병장 옆에 트럭 10대를 대기시켜 놓고 요인 체포 임무를 맡은 장교들이 나타나기를 기다리고 있었다. 이들 장교팀은 공수단이 서울로 들어가면 총리, 장관들을 체포하기로 되어 있었다. 그런데 박종규(朴鐘圭) 소령만 나타났다. 김재민 대대장은 박치옥(朴致玉) 단장(대령)에게 전화를 걸어 "단장님, 출동준비가 다 되었습니다"라고 보고했다. 박치옥 단장은 "기다려 봐!"라고 답했다.

그 시점에 朴正熙가 공수단 정문에 도착했다. 박정희는 "빨리 출동하라!"라고 독려했고, 박치옥 대령은 "왜, 안내 장교가 오지 않습니까?"라고 따졌다고 한다. 이때 박정희의 표정은 그리 밝지 않았다. 박정희는 지프에 몸을 실으면서 "해병대로 가자!"라고 말했다. 박정희는 김포 해병여단으로 달리는 차중에서 뒷자리에 탄 한웅진에게 이렇게 말했다.

"해병대가 이 길을 진격하고 있을 때인데, 도로가 캄캄하니 이상하지 않소?"

5·16 쿠데타의 주도 세력은 서울 도심을 장악했다.

지프가 길가의 파출소에 멎었다. 지서에 나와 있던 해병대 헌병에게
여단 본부로 전화해 보도록 했다.

"이미 30분 전에 떠났다고 합니다."

박정희는 염창교 앞에서 트럭 60여 대에 분승하고 출동한 해병여단과
만났다. 해병여단장 김윤근(金潤根) 준장은 박정희에게 거수경례를 붙이
면서 "해병대, 이상 없이 출동했습니다!"라고 보고했다. 박정희는 김윤근
의 손을 잡으며 말했다.

"金 장군, 거사 계획이 탄로났소. 그래서 30사단, 33사단, 공수단 다
나올 수 없게 되었어요. 이제는 해병여단만 가지고 강행하는 길밖에 없
게 되었소. 金 장군만 믿소!"

"그렇게 되었습니까? 하는 수 없지요. 해병여단만 가지고 강행해 봅시다!"

박정희에게 해병대는 구세주였다. 염창교에는 6관구사령부에 모였던 육군장교 10여 명이 와서 기다리고 있다가 박정희와 해병대를 만났다. 박정희는 이들 장교에게 "부평 33사단으로 가서 출동을 독려하라"고 지시했다. 박정희가 탄 차는 해병대를 뒤따라갔다. 해병대 뒤에는 출동이 늦었던 공수단 트럭이 따라붙었다.

해병대와 공수단은 새벽 3시30분경 한강대교 남단인 노량진 쪽에 도착했다. 그때만 해도 노량진의 한강변에는 가로수인 수양버들이 휘영청 늘어져 있었다. 바로 그 시각 문재준(文在駿) 대령이 지휘하는 6군단 포병단의 병력이 삼각지에 있던 육군본부에 진입했다. 장교 68명, 사병 1283명. 이들은 의정부–미아리를 거쳐 서울로 들어왔다.

혜화동 카르멜 수녀원으로 피신한 장면 총리

장도영 총장은 육군본부가 아닌 조선호텔 건너편 서울지구방첩대에서 진압군을 지휘했다. 그는 헌병 50명을 한강대교로 급파했다. 해병여단과 공수단이 접근했을 때 헌병들은 GMC트럭 8대를 횡전(橫轉)시켜 놓고 한강다리를 봉쇄하고 있었다. 쿠데타군은 총격전을 벌이며 트럭 바리케이드를 밀치고 전진했다. 총격전에서 저지군의 헌병 3명과 쿠데타軍의 해병 6명이 부상했다.

박정희 일행도 걸어서 한강대교를 건넜다. 쿠데타軍은 새벽 4시15분에

장면 총리가 기거했던 반도호텔. 현재 롯데호텔이 세워져 있다.

한강저지선을 돌파했다. 이 무렵에야 비로소 장도영 총장은 장면(張勉) 총리와 윤보선(尹潽善) 대통령에게 전화를 걸어 피신을 권했다.

이때 국방장관 현석호(玄錫虎)는 서울방첩부대에서 장도영을 지켜보 았으나 "영 미덥지 못했다"고 한다. 현석호 장관은 소공동 서울방첩대를 나와서 건너편 반도호텔로 갔다. 장면 총리의 숙소인 반도호텔 809호실 에는 이태희(李太熙) 검찰총장, 경호대장 조인원(趙仁元) 경감 등 몇 사 람이 서성거리고 있었다.

현석호 장관은 장면 총리에게 피신을 건의했다. 한강 쪽에서는 총성이 들려오고 있었다. 이때 망을 보던 경호원이 "군인들이 온다!"고 소리쳤 다. 총리 부부는 서둘러 전용차에 몸을 실었다. 이때 총리의 안경이 바

1961년 5월18일 서울 시청 앞에서 처음으로 대중 앞에 모습을 드러낸 박정희 소장. 왼쪽은 박종규 소령, 오른쪽은 차지철 대위.

닥에 떨어져 깨어졌다. 차는 청진동 뒷골목을 거쳐 한국일보사 건너편 송현동 미국대사관 직원 사택 앞에 정차했다. 장면 총리는 문을 두드렸으나 열리지 않았다. 이곳에 있는 미국 CIA 서울지부장 피어드 실버를 만나러 갔는데, 실버는 마침 쿠데타 발생 정보를 접하고 출타 중이었다.

총리 전용차는 혜화동 로터리 동성고교 뒤편에 있는 카르멜 수녀원으로 향했다. 가톨릭 신자인 장면 총리 부처는 그 후 사흘간 카르멜 수녀원 바깥으로 나오지 않았다.

南山 KBS의 '혁명' 방송

한강대교를 걸어서 한강을 건넌 박정희는 해병대와 공수단과 떨어져 당

5·16 닷새 후 깡패들의 '참회행진'. 맨 앞쪽에 선 사람이 동대문파의 두목으로 유명했던 이정재.

시 남산에 있던 KBS(숭의여자대학 건너편)로 직행하여 4시30분에 도착했다. 원래 KBS는 33사단 병력이 점령하기로 되어 있었는데, 정보 누설로 이 부대의 출동이 늦어졌다. 예비역 중령 김종필이 혁명공약 등 방송원고를 가져오기로 사전약속이 되어 있었지만, 아직 나타나지 않았다.

4시40분, 박정희는 한웅진 준장에게 KBS의 점령을 맡기고, 안국동 광명인쇄소로 향했다. 김종필은 이낙선(李洛善: 훗날 상공부장관 역임) 소령, 김용태(金龍泰: 후에 공화당 원내총무 역임) 등과 함께 전날 밤 12시경 광명인쇄소에 도착하여 '혁명동지'인 이학수(李學洙) 사장이 대기시켜 놓은 문선공과 인쇄공에게 '혁명공약'을 제작하도록 했다. 새벽 5시 직전, 박정희는 윤태일(尹泰日) 준장 등과 함께 광명인쇄소에 나타났다.

朴正熙는 광명인쇄소에서 김종필을 만나 함께 방송국으로 되돌아왔다. 새벽 5시, 당직 아나운서였던 박종세(朴鍾世)가 공수단 장교에게 끌려나와 '혁명의 성공'을 알리는 문안을 읽기 시작했다.

"친애하는 국민 여러분! 은인자중(隱忍自重)하던 군부는 드디어 금조미명(今朝未明)을 기해서 일제히 행동을 개시하여 국가의 행정·입법·사법의 3권을 장악하고 이어 군사혁명위원회를 조직하였습니다."

이런 서두로 시작한 '혁명방송'은 혁명공약 6개조 낭독에 이어 '대한민국 만세! 궐기군 만세!'로 끝을 맺었다. 명의는 '군사혁명위원회 의장 육군 중장 장도영'이었다. 장도영은 이름을 도용당한 것이었다.

5·16 직후 장도영은 '주체세력'에 의해 포섭되어 군사혁명위원회 의장, 계엄사령관, 국가재건최고회의 의장, 내각수반, 국방장관으로 추대되었

중공군에 대한 국군 최초의 대첩—장도영의 제6사단

용문산(龍門山) 전투는 1951년 5월18일부터 20일까지 경기도 가평군 설악면 북한강변~용문산 북쪽 기슭 일대에서 국군 제6사단이 중공군 3개 사단(63군 예하 187·188·189사단)의 공격을 격퇴시킨 일대 결전이었다. 이 전투는 한국군을 깔보던 중공군에 대해 뜨거운 맛을 보인 최초의 일전이었다. 중공군의 제5차 5월 공세에서도 主공격 목표는 역시 미군보다 화력(火力)이 약한 한국군이었다.

1951년 5월18일, 중공군 제63군의 공세는 경기도 가평군 설악면의 홍천강~북한강의 합수지점 강변 일대에 포진한 국군 제6사단(사단장 장도영 준장) 제2연대에 대한 선제공격으로 개시되었다. 主방어선 전방에 배치된 제2연대는 미 9군단의 포병 및 미 공군의 화력 지원을 받아 용문산 북쪽 기슭~북한강변에서 이틀 동안 중공군 제63군의 공격을 격퇴했다.

다. 하지만, 민심이 어느 정도 수습되자, 7월2일 거사 주체세력에 의해 전격 체포되어 숙청되었다.

1962년 3월10일, 장도영은 '반혁명행위'의 죄목으로 무기징역이 확정 되었다. 그러나 곧(1962년 5월) 형집행 면제로 풀려나 미국으로 떠났 다. 그 후 미시간 대학에서 정치학 박사 학위를 받았고, 1969년 위스콘 신 대학의 교수가 되었으며, 1971~1993년에는 웨스턴미시간 대학교 교 수로 재직했다. 1968년에 잠시 귀국하여 박정희 대통령을 만났다. 권력 을 놓고 두 사람은 원수가 되었지만, 군 재직 당시엔 매우 가까운 사이 였다.

정년으로 교수직에서 물러난 장도영은 2012년 8월3일 노환으로 사망 했다. 향년 89세. 그의 사망 후 대중매체에선 그를 '비열한 인물'로 깎아

이어 5월20일 主방어선에서 제6사단의 제7연대와 제19연대가 총반격을 개시하여 유엔 군과 함께 도주하는 중공군을 격멸하면서 강원도 화천(華川)까지 60km를 추격했다. 이어 파로호 일대에서 1만여 명의 중공군을 사살 또는 생포하고, 화천수력발전소를 탈환하는 대 전과를 올렸다. 파로호(破虜湖)라는 명칭은 승전 직후 전투현장인 화천저수지로 달려온 이 승만 대통령의 휘호(揮毫)에서 비롯되었다.

국군 6사단은 용문산 전투와 파로호 전투에서 중공군 1만 7000여 명을 사살하고, 2000 여 명을 포로로 획득했다. 반면에 아군의 피해는 전사 100여 명, 부상 500여 명에 그쳤다. 이 용문산 전투는 훗날 미 육군사관학교 전술교범에서까지 사주방어(四周防禦)에 이은 역 공(逆攻)의 모범사례로 평가된 전투이며, 중공군에 대한 국군 최초의 대첩이었다. 이후 중 공군은 결코 국군을 만만하게 보지 못했고, 휴전(1953년 7월27일) 직전까지의 2년 동안 진 지전으로 전환해 대공세를 자제(自制)하게 된다.

내리기도 했지만, 그는 6·25전쟁 때 중공군에 대해 국군의 자존심을 처음으로 세운 용문산(龍門山) 전투의 승장(勝將)이었다. 중공군의 1951년 5월 공세에서 장도영 준장이 지휘한 제6사단의 활약이 없었다면 국군과 미군은 또다시 한강 이남으로 밀려날 뻔했다.

서울시역(市域)의 대폭 확대

서울의 모습을 혁명적으로 바꾼 것은 1961년 5·16쿠데타로 집권한 박정희 정부였다. 1963년에는 한강 이북의 도봉구·노원구와 한강 이남의 광주군 북부(지금의 강동구+송파구+강남구+서초구)·관악구·강서구가 편입되어 시역이 약 600km²로 대폭 확대된 것이다. 현재의 서울시역은 이때 거의 정해진 셈이다. 박정희의 제3공화국은 1962년 워커힐호텔과 자유센터를 완공시키는 등 서울 도시경관의 새로운 이정표를 만들었다.

1962년 대한주택공사가 옛 마포형무소 자리에 우리나라 최초의 단지형인 마포아파트를 건설했다. 당시 국내에는 아직 아파트 건설의 노하우가 부족했고, 자재도 구할 수 없어 외국산 자재를 대거 수입해 썼다. 이 때문에 분양가가 높아져 입주자들은 대개 부유층이었고, 일반 국민들에게는 선망의 대상일 뿐이었다.

1963년, 일제시대의 조선신궁 자리에 시민들을 위한 야외 음악당이 건립되고, 남산 줄기의 동쪽 자락에 원형의 장충체육관(김정수 설계)이 건축되었으며, 남산시립도서관과 어린이회관이 연이어 개관했다.

미국 유학에서 돌아온 김정수 등 신진 건축가의 진출로 새로운 도시

경관이 만들어지기 시작했다. 김정수가 처음 사용한 알루미늄 커튼월(구조물이 없는 외벽)이 명동성모병원에 이어 국제극장, 조흥은행 본점 등에서 사용되면서 콘크리트조의 둔중한 모습을 지녔던 건물의 외관이 경쾌하고 날렵한 모습을 갖추게 되어 서울의 새로운 건축경관을 선도했던 것이다. 산뜻한 대학 캠퍼스들이 서울의 각처에 세워져 대학촌을 형성한 것도 이 시기이다.

서울시 행정구역의 개편.

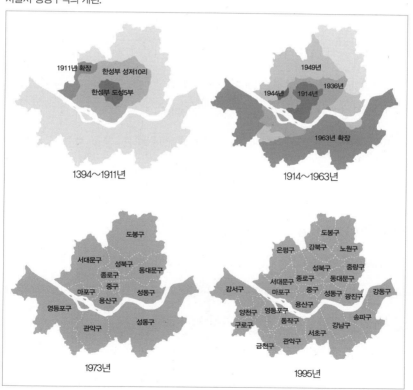

한일회담 반대 데모

경제건설을 위한 자금이 필요했던 제3공화국 정부는 일본과의 국교정상화를 서둘렀다. 1964년 3월, 새 학기가 시작되자, 서울의 각 대학 캠퍼스에는 연일 한일회담 반대 데모가 벌어졌다. 당시 신입생이었던 필자는 학내 집회나 연좌데모, 심지어 밤샘 농성에도 단골 참가자였다. 무슨 특별한 정치의식이 있었던 건 아니었다. 학교 옆 하숙집에 무료하게 죽치고 있기보다는 농성 현장에서 또래들과 어울려 시국담을 나누는 것이 훨씬 좋았기 때문이다.

그러다 간혹 가두로 진출하여 경찰 진압대와 부딪치기도 했다. 하지만 시위 학생들이 요즘처럼 사납지 않고 맨손이었기 때문에 진압경찰대도 대학생들을 험하게 다루지는 않았다. 경찰서에 붙잡혀 갔던 대학생들은 대개 훈방되었고, 주모자 몇 명만 지명수배가 되는 정도였다.

그러던 어느 날, 서울시내 여러 대학교 시위대는 중구 태평로 국회의사당(현재 서울시의회 청사)까지 진출했다. 드디어 6월3일, 계엄령이 발동되어 학교는 휴교에 들어갔다. 그래서 한일회담 시기에 대학 재학 중이던 사람들을 6·3세대라 부른다.

그로부터 꼭 40년의 세월이 흐른 어느 날, 서울시내 3개 대학교 출신 40여 명이 저녁을 함께 하면서 토론회를 가진 적이 있었다. 당연히 주제는 '한일 국교정상화에 대한 역사적 평가'였다.

참석자들은 이미 반백의 머리가 되어서 그런지 모두들 신중했다. 그때 6·3세대가 들고 일어나지 않았다면 한일협정이 더욱 굴욕적이 되었

한일회담 반대 운동(6·3 시위, 1964).

을 것이라는 데 견해를 함께 했다. 그럼에도 불구하고 한편으로는 "그때의 한일 국교정상화는 시의적절(時宜適切)했다"는 쪽으로 견해가 모아지고 있었다. 대일(對日)청구권 자금이 '수출입국(輸出立國)'의 종자돈이 되었기 때문이다.

개발연대의 불도저 서울시장—김현옥

'5·16혁명'으로 한국인의 리듬이 달라졌다. 5·16 전까지만 해도 서울 사람들도 뒷짐을 쥐고 팔자걸음을 걸어야 '점잖은 사람'이라 대접을 받았지만, 박정희 집권 이후 한국인의 입에는 어느덧 "빨리 빨리!"가 붙어 다녔다. 한국인은 '군대식 선착순'에 익숙해지기 시작한 것이었다.

당시 서울·부산 등 대도시의 고교생들도 새벽에 거주지의 동사무소 앞에 집결, 거리 청소를 하고 팔목에 '확인 도장'을 찍고 등교하기도 했다. 그때 동사무소의 확성기에서 흘러나온 노래는 "새벽 종이 울리네, 새 아침이 밝았네"로 시작되는 박정희(朴正熙) 작사·작곡의 〈새마을노래〉였다.

제1차 경제개발 5개년 계획과 관련된 대도시 위주의 경제개발 정책은 농촌의 청·장년층 인구를 대거 서울로 끌어들였다. 그래서 1960년대 중반부터는 시가지가 불량주택지구와 더불어 외곽지대로 급속히 뻗어나갔다. 박정희 대통령은 1966년 4월1일 부산시장으로 도시개발에 실적을 올렸던 김현옥(金玄玉)을 서울시장으로 발탁했다.

김현옥은 광복 이래 서울의 모습을 제일 많이 바꿔놓은 시장이다. 金 시장이 추진한 시정은 첫째 교통문제 해결, 둘째 도심 정비와 서민주택 공급, 셋째 한강 개발이었다.

교통문제 해결을 위해 세종로와 명동의 지하도를 비롯해 많은 지하도로, 보도육교, 자동차 전용 입체고가도로 등이 건설되었다. 독립문-무악재-갈현동, 돈암동-미아리-수유리 간 도로 등이 크게 확장되었고, 새로운 도로도 개설되었다. 주요 간선도로의 로터리들이 사라져 가고 지하도로, 육교, 고가도로들이 세워지면서 서울의 도로 경관은 크게 변화했다.

1968년에는 전차궤도가 서울시내에서 완전히 철거되었다. 구한말부터 운행되던 전차는 자동차에 밀려 점차 그 기능이 축소되었는 데

1960년대 연탄공장에서 가정으로 배달하기 위해 무연탄을 우마차에 싣고 있다. 세계인들이 놀라는 한국의 산림녹화는 국민들이 세상에서 가장 위험한 연료인 무연탄을 사용했기에 가능했다.

다 오히려 교통체증의 요인이 되었기 때문이다. 특히 청계천 복개공사 (1957~1961)가 완료된 후 건설된 3·1고가도로는 인접한 3·1빌딩과 함께 개발연대의 상징물이 되었다.

　광복 이후 누적된 현안이었던 주택문제에 있어서도 괄목할 만한 변화가 있었다. 1967년 말 현재 13만 7000여 동의 무허가 건물을 3년 안에 모두 철거하기로 하고, 그 정리방법으로 대단지 조성에 의한 집단이주, 시민아파트 건설, 불량건물 개량 및 양성화 방안을 채택했다. 이 정책은 철거이주가 용이하다는 점 때문에 선호되었으나 무계획적인 도시형성으로 시가지가 방만하게 확대되는 문제를 낳았다.

　철거된 무허가 건물 입주자들에게는 시 외곽의 대규모 국·공유지에 각각 8평씩을 정착지로 나눠주고 새로 무허가 건물을 지어 살도록 한 것이다. 전혀 개발이 안 된 땅에 도로선만 긋고 가구별 점유 토지의 위치를 지정해 주면 그곳에 판잣집이나 움막집을 짓고 거주하되 도로·하수도 등의 기반시설은 입주민 스스로 해결하라는 것이었다. 이로 인해 사당동·도봉동·염창동·거여동·하일동·시흥동·봉천동·신림동·창동·쌍문동·상계동·중계동 등지에 대단위 정착지가 조성되었다.

이들 지역은 이른바 '달동네'라는 이름으로 뒷날 큰 사회문제를 양성하는 불씨가 되었다. 서울은 더욱 팽창하고 변두리 집단이주지의 땅까지 필요하게 된다. 여기에 새로운 주택단지 건설계획이 세워지고 불도저가 밀고 들어왔다. 철거민이 다시 철거민이 되는 악순환은 행정당국으로서도 고민거리였다.

이런 가운데 '해방 이후 최초의 대규모 도시빈민투쟁'으로 일컬어지는 광주(廣州) 대단지 사건이 발생했다. 1971년 8월10일, 경기도 광주군(지금의 성남시) 신개발지역 주민들이 경기도 성남출장소를 방화하고 출동한 경찰을 밀어젖힌 채 도시를 점거한 사건이었다.

당시 청계천과 서울역 일대에 살던 10만여 명의 빈민들이 살 집을 준다는 서울시의 공약을 믿고 광주 대단지로 이사했는데, 이주현장에 와서 보니 대지만 마련되어 있었다. 가구당 20~40평씩 땅바닥에 금만 그어놓은 허허벌판에 천막 하나만 제공되었다. 이에 분노한 이주민들이 몽둥이와 삽을 들고 서울로 진군하자 당국은 이주단지의 성남시 승격 등 지원 대책을 발표해 사태를 무마했다.

미니스커트와 장발—도도한 그 시대의 물결

1960년대 말은 새로운 대중문화의 기운이 형성되는 때이기도 했다. 서울에도 낯선 사람들이 등장하기 시작했는데, 통기타를 둘러메고 장발에 청바지를 입은 젊은이들, 미니스커트를 걸치거나 핫팬티를 입은 아가씨들이 거리를 활보하기 시작했다. 1960대 말부터 유행한 히피 풍조의 영향이 있었지만, 본질적으로는 서구문화가 광범위하게 유입된 결과이기도 했다.

서구의 유행사조는 바로 바로 수입되었다. 장발과 청바지만 해도 비틀즈가 유행시켜 세계의 청년들에게 인기가 있던 젊음의 상징물이었다. 서울의 한 대학 강당에서 열린 외국인 팝가수의 공연이 피크에 이르자 젊은 여성들이 손수건, 심지어는 팬티를 벗어 집어던지는 해프닝이 벌어지기도 했다.

거리에서 장발과 미니스커트를 단속하는 행정조치가 취해졌다. 그때는 미니스커트가 무릎 위 7cm 이상 올라가면 경범죄처벌법으로 다스렸다. 단속 경찰이 거리를 지나가는 여성의 치마 길이를 줄자로 재는 진풍경이 벌어졌다. 서울 시내 곳곳에서는 가위를 든 경찰과 이를 피해 골목으로 도망치는 장발의 청년을 자주 목격할 수 있었다

그래도 시대의 도도한 흐름은 그 아무도 막을 수 없었다. 1967년 미국에서 갓 돌아온 가수 윤복희는 무릎 위 20cm나 올라간 미니스커트를 입고 대중 앞에 나타서 "나를 사랑한다는 그 말씀이 진정인가요? 어서요 빨리요 안아 주세요~"라고 노래했다.

"박정희의 목을 따러 왔다"

그때는 새마을 포스터와 수출 포스터를 비롯하여 '쥐 잡이 운동'에서 '근검절약'에 이르기까지 슬로건이 난무하던 시절이었다. 그 시대를 대표하던 슬로건은 역시 '싸우면서 건설하자'였고, 과연 구호 그대로 '싸우면서 건설'하던 시절이었다.

1968년 1월21일 밤 10시경, 청와대를 습격하기 위해 서울에 침투한 무장공비 31명이 세검정 고개에서 저지되었다. 이들은 북한의 특수부대인 124군 소속으로 박정희 대통령 등 정부 요인 암살 지령을 받고, 우리 국군의 복장 차림으로 수류탄 및 기관단총으로 무장한 채 남방한계선(GOP)의 미 제2사단 경계지역을 넘어 서울에 진입했다.

이들은 얼어붙은 임진강을 걸어서 건넌 후 파평산을 넘어 자하문(紫霞門) 앞 고갯길을 통과하려다 비상근무 중이던 우리 경찰의 불심검문을 받고 정체가 탄로나자, 검문 경찰관들에게 수류탄을 던지고 기관총을 난사했다. 또한 그곳을 지나던 시내버스에도 수류탄을 던져 많은 시민들이 살상됐다. 당시는 자하문터널이 없었기 때문에 자하문 고갯길은 세검정 방면에서 청와대로 진입할 수 있는 유일한 통로였다.

우리 군·경은 즉시 비상경계 태세에 들어가는 한편 현장으로 출동해, 추격전 끝에 28명을 사살하고, 1명을 생포했다. 나머지 2명은 다시 휴전선을 뚫고 월북했다. 이날 밤 현장에서 비상근무를 지휘하던 종로경찰서장 최규식(崔圭植) 총경은 무장공비의 총탄을 맞아 순직했다. 자하문 아래엔 최규식 총경의 동상과 정종수 경사의 순직비가 세워져 있다. 생

1968년 1·21사태 때 북한 124군 소속 게릴라의 총탄을 맞고 전사한 종로경찰서장 최규식 총경(경무관으로 추증됨)의 동상이 순직 현장인 자하문 아래에 세워져 있다.

포된 무장공비 김신조(金新朝)는 TV방송 기자가 마이크를 들이대자 "박정희의 목을 따러 왔다"라고 말했다. 그 후 김신조는 전향하여 서울에서 목사로 활동하고 있다.

1968년 1·21사태는 특히 휴전선에 인접한 수도권 주민들에 엄청난 충격을 가했다. 그에 따른 1968년의 정부 정책 중 대표적인 것은 다음과 같았다.

(1) 당시 현역 군인의 복무기간이 6개월씩 연장되어 의무병의 경우 36개월 복무해야 전역할 수 있었다.

(2) 전역(轉役) 장병들로 조직된 향토예비군이 창설되었고, 고등학교에 교련과목이 개설되어 학생들에게 군사훈련을 받게 했다.

(3) 주민들을 동원하는 체제를 갖추기 위한 정책의 일환으로 18세(현재는 17세) 이상 국민에게 주민등록증을 발급받게 했다. 특히 1977년 경신 때부터 현재와 같은 13자리의 주민등록번호가 부여된 주민등록증이 발급되어 그것 하나로 그 소지인의 신원이 완전히 드러나게 되었다.

'나비작전'으로 사창가 '종삼(鍾三)' 소탕

김현옥 시장 시대에 도시환경정비사업의 하나로 진행된 것은 이른바 '종삼(鍾三)' 소탕이었다. 종로 3가 뒷골목을 중심으로 형성되었던 사창가가 6·25 동란을 겪으면서 종로 3·4가, 낙원동, 봉익동, 훈정동, 인의동, 와룡동, 묘동, 권농동, 원남동 등으로 번져 종삼은 사창가의 대명사가 되었다.

이 일대 사창가는 이른바 '나비작전'이라는 이름 아래 1968년 9월26일부터 10월5일까지 완전히 철거되었고, 이어 새로운 건설이 시작되었다. 종묘~대한극장에 이르는 무허가 건물을 철거하고 민간자본을 끌어들여 대규모 주상복합 아파트인 세운상가를 지은 것이었다. 지금은 도심지를 동서로 양분시키고 자신도 슬럼화 되어 도심 정비의 장애물로 남게 되었지만, 건설 당시의 세운상가는 청계천의 복개, 3·1고가도로와 함께 도시구조를 입체적으로 바꾼 획기적인 프로젝트로 인식되었다.

이 시대에 주목할 만한 주택정책은 시민아파트의 건설이었다. 봉천동·신림동 등지의 정착지나 광주(廣州) 대단지로 보내기보다는 차라리 再開發지구 內에 값싼 아파트를 세워 집단 이주시키면 기존의 생활근

1970년 4월8일 새벽, 와우산 기슭에 지은 지 1년도 안 된 와우아파트 1개 동이 무너져 내렸다. 이로써 김현옥 시장의 '돌격건설시대'도 막을 내렸다.

거지도 바꾸지 않게 되고 철거 이주에서 생기는 저항도 없어질 것이라고 판단해 도심에 5층짜리 아파트를 짓기로 한 것이었다. 시민아파트는 1969년 말까지 400여 동이 건립되었다.

그러나 1970년 4월8일 오전 8시20분 와우시민아파트(서울 마포구 창천동 소재)의 1개 동(15동)이 붕괴되는 참사가 발생하여 33명이 사망하고 39명이 중경상을 입었다. 와우아파트는 1969년 6월에 착공하여 그해 12월에 완공되었다. 공기가 6개월이라는 짧은 기간이었고, 완공 4개월 만에 붕괴했다. 이는 서울, 나아가 한국의 부실공사를 대표하는 사고로 자리매김 되었다.

와우시민아파트는 서울특별시 내의 판잣집 등 불량건축물 정리와 변두리로의 인구분산을 위한 주택정책의 하나로 1969년부터 시행된 2000동 시민아파트 건설계획의 일환으로 건축된 아파트였다. 붕괴사고 원인은 시 당국의 무모한 불도저식 개발방법과 낮은 공사비 책정, 시공 회사의 기초공사 허술, 짧은 공기 등의 부실공사에 있었다.

이로 인하여 김현옥 시장은 경질되었고, 시민아파트는 더 이상 지어지지 못했다. 김현옥의 돌격건설은 막을 내렸지만, 박정희 대통령은 다음 해인 1971년 그를 내무부장관으로 다시 기용했다.

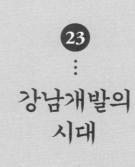

23

강남개발의
시대

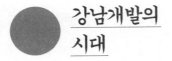

강남개발의
시대

제3한강교—강물은 흘러갑니다~

와우아파트 붕괴사건으로 물러난 김현옥 시장의 뒤를 이은 기술관료
출신의 양택식(梁鐸植) 시장은 여의도 개발과 강남 개발 등을 지속적
으로 추진했다. 영동지구는 총 782만 평에 달하는 엄청난 넓이의 땅에
폭 70m·50m·40m·30m 등의 간선도로를 건설하는 등 거의 완전에
가까운 격자형 도시계획을 시도한 것이었다. 1970년대 서울시정의 최대
과제였던 '강북 인구집중 억제' 정책은 영동(강남) 개발을 급속히 진행
시켰다.

양택식 시장은 1972년 초 "사치와 낭비 풍조를 막고 도심 인구 과밀
을 억제하기 위해 종로구·중구 전역, 서대문구 일부 지역 등에 바·카바
레·나이트클럽·술집·다방·호텔·여관·증기탕 등 각종 유흥시설의 신규
허가는 물론 이전도 불허한다"고 발표했다. 아울러 종로구·중구 전역,

용산구·마포구 내 시가지 전역, 성북구·성동구 내 일부지역을 포함한 2770m²를 '특정시설 제한구역'으로 묶어버렸다.

이 같은 강북 억제책은 거꾸로 강남개발 촉진책이 되었다. 이에 따라 한강 남·북의 도시 기능이 변하기 시작했다. 강북의 바·카바레·술집 등이 가장 발 빠르게 강남으로 흘러갔다. 강남은 규제도 없고 세금도 깎아주는 데다 주차도 편리했다. 그리하여 신사동·압구정동·논현동 일대가 화려한 유흥가로 돌변했다. 그 시절을 대표하는 대중가요가 혜은이가 부른 '제3한강교'였다. 시대적 유행어 '빨리 빨리'와 기막히게 맞아떨어졌던 '제3한강교'의 가사는 다음과 같다.

강물은 흘러갑니다
제3한강교 밑을
당신과 나의 꿈을 싣고서
마음을 싣고서
어제 처음 만나서 사랑을 하고
우리들은 하나가 되었습니다
이 밤이 새이며는 첫차를 타고
행복어린 거리로 떠나갈 거예요~

제3한강교는 용산구 한남동에서 강남구 신사동을 연결하는 도로교이다. 서울과 부산을 연결하는 경부고속도로 진입의 역할도 하는 다리로서

1972년 5월 항공촬영한 서울 반포지구 남서울아파트(현 반포아파트)의 모습.

경부고속도로 계획과 더불어 착공된 한강의 네 번째 도로교이다. 1966
년 1월에 착공되어 4년 만인 1969년 12월에 완공되었다. 건설 당시에는
제3한강교라 불렸으나 1985년 한남대교(漢南大橋)로 이름이 바뀌었다.

영동지구 개발의 가속화는 강남·북을 연결하는 도로망 확보가 불가
피하게 했다. 본격적인 교량 건설이 시작되었다. 잠실대교, 영동대교, 천
호대교, 잠수교, 원효대교, 성수대교 등이 이 시기 전후에 건설된 다리
들이다. 제3한강교의 가사—"어제 처음 만나서 사랑을 하고, 우리들은
하나가 되었습니다~"고 하니 빨라도 너무 빠른 템포였다. 그 시대상의
반영이라고 할까? 어제 처음 만나 밤새도록 하나가 되었다가 첫차를 타
고 갈 행복어린 거리는 과연 어디였을까?

1974년 8월15일 오전 남산 국립극장에서 육영수 여사 저격 후 범인은 계속 무대로 달려오면서 연단 쪽을 향해 제5탄을 발사했다.

　1972년 8월 평양의 제1차 남북적십자회담에 이은 제2차 회담이 서울에서 개최되었다. 당시 분위기에서는 서울과 평양을 오가는 이런 회담이 빈번하게 열릴 것으로 예측되었다. 서울은 세계를 향해, 북한 동포들을 향해 단장된 모습을 과시할 필요가 있었다. 이 때문에 소공지구를 비롯한 도심 12개 구역이 재개발지구로 지정되었고, 재개발된 곳에는 예외 없이 고층 사무실 건물이나 호텔 등이 잇따라 들어섰다.

육영수 여사의 피살 현장, 국립극장

1974년 8월15일 제29회 광복절 기념식장이었던 중구 장충동 국립극장에서 박정희(朴正熙) 대통령의 부인 육영수(陸英修) 여사가 재일교포 테

러리스트 문세광(文世光: 당시 23세)이 쏜 권총 탄을 맞고 사망했다. 범인 문세광은 8시40분경 실탄 5발이 장전된 38구경 권총을 허리춤에 감춘 채 조선호텔 정문 앞에서 대형 포드 M20 렌터카에 승차했다. 렌터카는 국립극장을 향해 달렸다. 차내에서 그는 운전사에게 미리 요금 1만 원(당시 쌀 한 가마 가격 7440원)을 주면서 "하차 때 먼저 내려 밖에서 문을 열어 달라"라고 부탁했다.

오전 8시59분경 문세광이 탄 고급 승용차는 '승차입장카드'가 부착되어 있지 않았는데도 불구하고 아무런 검색을 받지 않고 국립극장 정문을 통과했다. 오전 9시경 국립극장 건물 계단 앞에 승용차가 정차했다. 운전사가 부탁받은 대로 먼저 내려 뒷좌석의 문을 열어주자 문세광은 고위층 행세를 하며 하차했다.

문세광은 계단을 비스듬히 올라가 남문 입구를 통해 로비로 입장했다. 남문 입구에는 청와대 경호실 요원 1명과 경찰관 4명, 행사 안내요원 3명이 근무했지만, 비표를 달지 않은 문세광을 체크하지도 않았다. 고급 승용차에서 내린 '고위층'이라고 지레 짐작했던 듯하다. 문세광은 로비에서 50분 가까이 서성거리거나 긴 의자에 앉아 있었지만, 로비 근무자 그 누구도 비표를 달지 않은 그를 검문하지 않았다.

10시경 문세광은 대통령 일행이 붉은 카펫을 따라 극장 내부로 입장하는 모습을 목격했다. 10시10분경 문세광은 곁에 있던 경호계장에게 일본말로 "안에 들어가서 대통령의 얼굴을 보고 싶다"라고 말했다. 문세광이 극장 문으로 들어가려 하자 좌측 문 근무 경찰관이 "비표가 없다"

고 출입을 일단 막았다. 문세광은 경호계장을 가리키며 "저 사람이 들어가라 했다"고 말했다. 경찰관이 문을 열어주었다.

제1탄 오발, 제2탄 방탄 연설대에 박혔고, 제3탄 불발…

문세광은 경찰관의 안내를 받으며 공석으로 있던 B좌석군 맨 뒷열의 좌석에 10여 분간 앉아 있었다. 박정희 대통령의 연설이 "통일은 평화적인 방법으로 이루어져야 하며"라는 대목에 이르고 있었다. 그 순간, 허리춤을 더듬던 문세광의 손가락이 예민한 방아쇠에 잘못 걸렸다.

"퍽!" 소리와 함께 총알이 문세광의 허벅지를 관통했다. 경축 연설의 마이크 소음 때문에 관심을 보인 사람은 아무도 없었다. 다음은 저격 순간들의 모습이다.

제1탄 오발. 문세광은 권총을 빼들고 자리를 박차고 일어나 단상을 향해 달려갔다. 제2탄은 방탄 연설대의 상단부에 총구멍을 내고 들어박혔다. 이제 朴 대통령과의 거리는 18m로 좁혀졌다. 문세광은 방아쇠를 당겼다. 그러나 3탄은 불발탄이었다. 순간 朴 대통령은 단상 밑으로 몸을 낮추었다.

표적을 잃은 문세광은 단상의 뒤편에 앉아 있던 육영수 여사를 조준, 발사했다. 제4탄은 陸 여사의 오른쪽 머리에 명중했다. 이제 남은 실탄은 한 발. 문세광은 연단 위로 뛰어 오르려고 했다. 그러나 그의 앞에는 극장 1층 바닥보다 1m쯤 낮은 교향악단 연주석이 버티고 있었다. 흠칫하던 순간, 문세광에게 전열 근무 경찰관들이 덮쳤다.

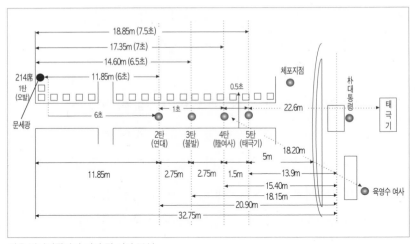

권총 발사지점과의 거리 및 시간 분석.

陸 여사가 병원으로 후송된 후 朴 대통령은 보리차 한 잔을 마신 다음, 중단됐던 경축사를 끝까지 낭독했다. 陸 여사는 그날 저녁 7시 서울대학 병원에서 서거했다.

검찰 기소장에 따르면 1974년 2월 초순 문세광은 조총련 간부 김호룡으로부터 朴 대통령을 암살하라는 지령을 받은 다음 조총련계가 운영하는 동경(東京) 아카후도 병원에 1개월간 위장 입원하여 사격훈련을 했다. 이어 5월4일에는 오사카에 정박 중인 북한 공작선 만경봉호에 승선하여 세뇌교육을 받았다. 문세광이 소지한 여권은 일본인 요시이 유키오(吉井行雄) 명의의 일본 정부 발행 여권이었으며 권총과 실탄은 오오사카 다카쓰(高津) 파출소에서 훔친 것이었다.

문세광은 8월6일 스미스웨건 권총 1정과 실탄 5발을 일제 트랜지스터

© 조의환

국립극장.

라디오 속에 감춰 휴대하고 대한항공 여객기에 탑승해 오오사카공항을 출발하여, 오후 1시 김포공항에 도착했다. 그는 조선호텔 1030호 객실에 '요시이 유키오'라는 이름으로 체크인하여 여기에서 묵으며 범행을 준비해 왔다.

지하철 시대의 개막

육영수 여사가 피살된 1974년 8월15일은 서울지하철 1호선이 개통된 날이었다. 이것은 서울시 교통에 있어서는 혁명적인 일이었다. 급격히 팽창하는 도시 교통인구를 대량·고속으로 처리하고 종래의 노상(路上) 교통일변도의 소통체계를 개선하고, 지하철 시대의 막이 열리게 된 것이다. 2018년 현재 서울에는 지하철 9호선까지 개통되어 있다.

육영수 여사가 피살된 1974년 8월15일 지하철 1호선이 개통되었다.

지하철과 함께 서울의 모습을 결정적으로 변화시킨 것은 한강다리 건설이었다. 1960년대 초반까지만 해도 한강 본류의 도로교는 한강대교와 광진교뿐이었다. 1970년대 이후 20여 년간 한강의 도로교가 매년 1~2개씩 건설되었다. 2018년 현재 한강 본류에 걸린 다리는 31개 (도로교 26개+철교도 5개)에 달하게 되었다. 서울의 절반인 강남의 개

1973년의 고속버스 안내양. 1920년대 후반 처음 등장했던 버스안내양은 광복 후 한동안 자취를 감췄다가 1961년 버스안내양 제도가 재도입되면서 다시 등장했다.

발은 한강의 다리 건설로 가능해졌다.

경제의 고도성장은 인구의 도시집중, 그 중에서도 서울의 폭발적인 인구 팽창을 불러왔다. 1966년 379만이던 서울인구는 1978년 말 782만으로 12년 동안 403만이 증가했다. 1년간 평균 33만 6000명이 늘어난 셈이다. 인구 폭증에 따라 주택수요도 엄청나게 늘어났다.

서울은 하루가 다르게 커졌다. 서울의 땅값도 덩달아 춤을 추었다. 복부인들의 치맛바람이 반포·영동·강동·송파·개포 등 강남지역을 차례로 휩쓸었다.

마포와 영등포 사이의 여의도 개발도 빠르게 진행되었다. 한강의 하중도인 여의도는 1975년 국회의사당에 이어 63빌딩과 그 밖의 고층건물이 들어서서 업무기능이 탁월한 지역으로 발전했다. 1974년 처음 운행되기 시작한 지하철은 서울의 인구를 주변의 위성도시로 분산시키는 데 큰 몫을 해 왔으며, 계속 확충되어 갔다.

1978년의 한 신문의 조사에 따르면 서울지역의 땅값이 15년 사이에 60배나 뛰었고, 강남지역은 무려 176배가 뛰었다. 아파트 분양에 당첨되기만 하면 그 자리에서 거금을 챙길 수 있는 풍토는 순식간에 가진 자들을 배금주의의 아수라장으로 몰고 갔다.

이렇게 축적된 부(富)는 새로운 소비문화를 형성하기 시작했다. 100여 명의 연예인을 상대로 스캔들을 일으킨 신흥종교 교주의 아들인 박동명의 사건에서 드러났듯이 서울은 한탕과 환락에 젖어드는 일면을 지니게 되었다.

체제에 대한 반항의 기운도 싹트기 시작했다. 민주화, 언론자유 등을 요구하는 운동이 각계에서 일어났다. 1970년 11월13일 평화시장 노동자 전태일의 분신자살은 이후 노동운동의 본격적 출발을 알리는 신호탄이었다. 그는 가혹한 노동조건에 항의 분신하면서 한국노동운동의 불씨가 되는 〈전태일 수기〉를 남겼다. 서울시는 2018년 말까지 청계천 수표교 근처에 전태일의 정신을 기리는 전태일 기념관을 건설할 예정이다.

박정희 대통령이 작사·작곡한 〈나의 조국〉 잘 부르면
훈련장의 예비군들을 빨리 귀가시켜주던 시절

'청와대 내의 야당'인 육영수 여사 서거 이후 박정희 정권은 차츰 '개인숭배'의 길목으로 접어드는 징후를 드러냈다. 예컨대 서울 강서구의 예비군들이 훈련받던 1976년 무렵의 안양 박달교장에서는 현역 교관이 "박 대통령 각하께서 작곡하시고 작사하신 '나의 조국'을 크게 부르면 일찍 귀가조치 하겠습니다"라고 선언(?)하기도 했다.

"백두산의 푸른 정기 이 땅을 수호하고, 한라산의 높은 기상 이 겨레 지켜왔네…"라고 시작되는 1절의 가사는 좀 밋밋했다. 박 대통령의 조국 근대화를 이룩하겠다는 의지나 도도한 자신감이 잘 드러난 것이 이 노래의 3절 가사였다.

남북통일 이룩한 화랑의 옛 정신을
오늘에 이어받아 새마을 정신으로

1970년대 가족계획 포스터와 2000년대 출산 장려 공익 광고.

영광된 새 조국 새 역사 창조하여
영원토록 후손에게 유산으로 물려주세~

흔히 〈나의 조국〉을 군가풍이라 하지만, 〈보병의 노래〉나 〈제2훈련소가〉와는 달리 크고 씩씩하게 부르기 어려운 곡조였다. 그래서 〈나의 조국〉을 열심히 불렀으나 '불합격'을 엄청 받고나서야 겨우 '합격'해 귀가할 수 있었다. 당시 예비군 훈련은 출석과 동시에 귀가할 수 있는 다른 방법이 없었던 것이 아니다. 당시 "아들 딸 구별 말고 둘만 낳아 잘 기르자"는 정부 시책에 호응해 예비군훈련장에서 군의관에게 정관(精管) 수술을 받으면 즉각 귀가 조치되었다.

부가가치세제 시행으로 위기 자초

우리나라에서 부가가치세제는 1977년 7월1일부터 시행되었다. 일부에서는 박정희 정권의 붕괴 원인을 부가가치세 시행에서 찾기도 했다. 동서고금(東西古今)을 막론하고 세금 인상을 바라는 사람은 별로 없다. 부가가치세 시행으로 비자금 마련이 어려워진 대기업, 박정희 정권의 지지기반인 서민과 자영업자들이 아시아 국가 중 최초로 시행했던 부가가치세로

해방둥이 기자가 겪은 유신체제 말기 그리고 '서울의 봄' 전후

필자는 40여 년 동안 신문·시사월간지 기자 등으로 재직했던 관계로 대통령이 당선되기 전의 김영삼·김대중·노태우·노무현·박근혜 의원 등 여·야당 중진과 장시간 단독으로 인터뷰하는 혜택을 누렸다. 이런 인터뷰 가운데 1978년 1월1일 김영삼 의원과의 인터뷰는 아직도 잊을 수 없다.

당시, 정치부 기자들은 매년 1월1일이면 으레 정당의 계보 보스들의 댁을 돌며 세배를 드리며 정계의 동향을 살폈다. 그러나 필자는 매년 12월31일에 귀향 기차를 탔기 때문에 그런 신년 세배를 드리지 못했다. 그런데 1977년 12월31일의 기차표를 구하지 못하고 새해(1978년) 1월1일 오후에 서울역을 출발하는 부산행 기차표를 예매했다.

이런 기회를 이용해 필자는 1978년 1월1일 오전 10시에 직전의 신민당 전당대회(1977년)에서 당권을 빼앗긴 김영삼 前 총재의 상도동(上道洞) 자택으로 세배를 하러 갔다. 그날 오전 김영삼 전 총재의 상도동 댁에는 아무도 세배를 오지 않았다. 김영삼 의원은 무료했던지, 세배만 하고 떠나려던 필자를 붙들었다. 그리고는 정치입문 시절의 일화로부터 말꼬리를 계속 이어갔다.

그날, '사람이 그리운 듯한' 그와 쉽게 헤어지기 어려워 결국 손명순 여사가 차린 점심까지 얻어먹게 되었다. 낮 12시30분이 좀 지나서야 김영삼 총재 시절 그 휘하에서 신민당 대변인을 맡았던 한병채 의원이 나타났다. 필자는 오후 부산행 기차 시간이 빠듯하여 얼른

인해 등을 돌리게 되었다.

결국, 1977년 유신반대 데모와 청계천 피복상가 노동자들의 유혈시위가 터졌다. 1978년 말에는 제2차 오일쇼크가 일어나 기업들의 채산성이 악화된 가운데 도산하는 기업이 속출했다. 1978년 12월12일에 실시된 제10대 국회의원 선거에서 집권 민주공화당이 제1야당 신민당에게 득표율에서 1.1% 포인트 뒤지는 사태가 빚어졌다.

상도동 댁에서 빠져나오면서 세상인심의 표변을 느낄 수 있었다.

총재 시절 '상도동'에 취재하러 가면 좁은 현관에 구두를 벗어놓을 틈도 없었는데, 당권을 잃은 '상도동'은 그야말로 적막강산이었다. 그런데 그런 일이 있은 지 두어 달 후 필자는 "누군가의 압력으로 정치부 기자만은 하지 못 한다"는 회사 상사로부터의 통고를 받았다. 압력을 가해온 측이 누군지 짐작이 갔지만, 참으로 어처구니없었다. 그로부터 2년 후인 1980년 8월 신군부에 의해 해직기자가 다수 발생했을 때도 필자 역시 기자직에서 추방되었다.

1978년 12월12일 제10대 국회의원 총선에서 타협노선의 이철승 대표 체제의 신민당은 집권 민주공화당에 득표율에서 1.1% 포인트 앞서는 의미심장한 승리를 거두었다. 그러나 5개월여 후인 1979년 5월30일 신민당 전당대회에서 '선명 야당'을 내세운 김영삼 후보가 이철승 후보에 역전승하여 총재로 롤백한 뒤 박정희 정권에 대한 강경 투쟁을 전개했다.

1979년 8월9일, YH무역 여공의 신민당 당사 점거 농성사태가 벌어졌다. 가발 제조업체인 YH무역이 폐업을 공고하자 이 회사 노동조합원 200여 명이 회사 정상화와 노동자의 생존권을 요구하며 농성투쟁에 나섰던 것이다.

8월11일 새벽 2시, 2000여 명의 경찰이 농성장에 투입되면서 23분 만에 여공들의 투쟁은 진압되었다. 이 과정에서 22세 여성 노동자 김경숙이 숨진 채 발견되었다. 이 사건은 이후 신민당의 무기한 농성과 김영삼 총재의 의원직 제명으로 이어졌고, 제명파동은 부마항쟁으로 연결되었다. 부마항쟁의 수습책을 둘러싼 정권 내부의 알력은 결국 박정희 대통령이 살해되는 10·26 사태를 부르게 된다.

한국의 부가가치세율은 도입 이래 계속 10%로서 선진국 그룹인 OECD(경제협력개발기구)의 평균인 18%에 못 미치고, 2014년의 경우 OECD 회원국 중에서도 밑에서 네 번째였다. 그해 한국의 부가세 수입은 57조 원으로, OECD 평균 세율인 18% 수준으로 올릴 경우 50조 원의 세원을 한꺼번에 더 확보한다는 계산이었다. 그만큼 세원 확보에 용이한 제도인 것이다.

그러나 부가가치세는 부자나 가난한 사람이나 똑같은 세율이 적용된다는 점에서 사회적 반발을 불러올 우려가 크다. 2018년 현재 유럽 선진국의 부가가치세의 세율은 25%, 1990년대 중반에야 부가가치세제를 시행한 일본의 세율은 8%이다. 아시아에서 제일 먼저 부가가치세제를 도입한 한국은 당시 홍역을 치를 수밖에 없었다.

1979년에는 YH무역의 해고 여공이 마포구 신민당 당사를 점거 농성하는 사건이 벌어지면서 여야가 격돌했고, 제1야당 총재 김영삼(金泳三)의 의원직이 박탈당한 데 이어 부산·마산에서 민주화를 요구하는 시민들의 데모가 격렬하게 일어났던 것이다. 朴正熙의 18년 통치도 서서히 그 종착역을 향하고 있었다.

신군부의 대두와
1988 서울올림픽

신군부의 대두와
1988 서울올림픽

궁정동 안가에서 벌어진 10·26 사건

1979년 10월26일 저녁 청와대 인근 궁정동 안가(安家)에서 박정희(朴正熙) 대통령이 중앙정보부장 김재규(金載圭)가 쏜 총을 맞고 사망했다. 安家 현장에 인접한 별실에는 육군참모총장 정승화(鄭昇和)가 김재규의 범행 음모를 모르고 초빙되어 와서 김재규와 만나기 위해 옆방에서 대기 중에 있었다.

범행 직후 김재규는 동향 후배인 정승화 총장을 자기 차에 태워 중앙정보부 남산 청사로 향해 가다가 정승화 총장의 요구에 따라 당시 용산구 삼각지에 있었던 육군본부로 방향을 바꾸었다. 김재규는 육군본부에서 체포되었다.

김재규 사건의 수사를 둘러싼 계엄사령관(육군참모총장) 정승화 대장과 합수부장(보안사령관) 전두환 소장 사이의 갈등으로 그해 12월12일

저녁 정승화가 한남동 총장공관에서 보안사 서빙고분실로 납치되고, 전두환을 지지하는 공수1여단 등이 육군본부를 점령하는 하극상이 일어났다. 그런데도 1980년 '서울의 봄'이 전개되어 3김이 차기정권을 다투었다. 이때 김영삼(金泳三)의 상도동(上道洞) 자택, 김대중(金大中)의 동교동(東橋洞) 자택, 김종필(金鍾泌)의 청구동(靑丘洞) 자택은 정치의 중심무대가 되는 듯했다. 상도동, 동교동, 청구동은 3金 파벌의 호칭이 되기도 했다. 이때 '서울의 봄'에 대해 김종필 공화당 총재는 춘래불사춘(春來

박정희 대통령이 살해된 궁정동 총격사건(10·26) 관련, 김재규 중앙정보부장이 군사법정에 섰다.

©국가기록원

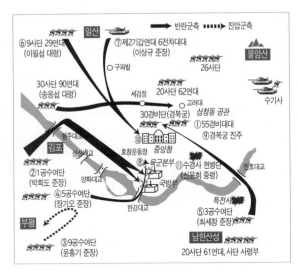

12·12 병력이동 상황도

① 삼청동 공관 봉쇄
② 1공수여단 출동
③ 9공수여단 출동
④ 5공수여단 출동
⑤ 3공수여단 출동
⑥ 9사단 출동
⑦ 2기갑 여단 출동
⑧ 1공수, 국방부 및 육본 점령
⑨ 3공수, 경복궁 진주
⑩ 9사단, 2기갑 여단 중앙청 점령

不似春)―즉, 봄은 왔으나 봄답지 않다고 갈파했다.

과연 그러했다. 전두환이 육사 출신 장교들의 사조직인 하나회를 중심으로 한 신군부(新軍部)를 업고 국보위의 상임위원장으로서 실권을 장악했다. 5월17일, 김대중과 김종필은 투옥되고, 김영삼은 가택연금 되었다. 김대중이 투옥되자 광주(光州) 민주화운동이 폭발했다. 이어 최규하 대통령은 하야하고, 전두환은 '(장충)체육관 선거'(통일주체국민회의 대의원의 간접 선거)에 의해 대통령에 올랐다. 1980년 8월, 신군부는 그들의 집권에 방해가 된다는 판단되는 언론사 기자 1000여 명을 해직했다.

풍납토성·몽촌토성·석촌동고분 복원

1980년대는 대규모 국가적 이벤트가 본격적으로 시작된 시대였다. 1981

년에 올림픽게임 유치가 발표된 이후 서울은 바빠졌다. 도시구조 재편과 도시미관 개선사업이 필수적이었다. 올림픽 주(主)경기장인 서울종합운동장을 중심으로 한 가로망 정리, 올림픽대로와 몽촌토성의 보전을 위한 간선도로의 우회, 인접 대지들의 개발도 이루어졌다.

선진국 도시와 같은 면모를 갖추기 위한 노력은 고층화에 집중되었다. 여의도의 63빌딩이 이를 선도했다. 회색과 직육면체 건물의 도시경관에 색깔이 입혀져 표정이 살아났다. 이런 현상은 강남(江南)에서 두드러졌다. 대규모의 고층 아파트단지는 주로 서초구와 강남구에서 건설되었다. 청계천을 중심으로 북촌(北村)과 남촌(南村)이 대비되던 시절이 지나가고, 이제 한강을 사이에 둔 강북(江北)과 강남(江南)이 비교되기 시작했다.

한강의 종합개발은 1980년대 서울 경관을 바꾸어 놓은 획기적인 사업이었다. 행주대교로부터 암사동에 이르는 구간을 대상으로 저수로 정비, 둔치 조성 및 공원화, 한강 청정화 사업 등이 실시되었다. 그러나 급조된 한강 둔치와 한강변의 콘크리트 호안블록은 생태환경의 파괴라는 문제점을 던져놓았다.

이런 부작용에도 불구하고 암사동 선사(先史)주거지, 풍납토성, 몽촌토성, 석촌동 고분, 방이동 고분 등의 유적이 복원되면서 수천 년 문화민족의 중심 터전인 서울의 역사지층을 한층 풍요롭게 했다.

암사동 先史주거지 유적은 지금으로부터 약 6000년 전에 우리의 조상인 신석기시대의 사람들이 살았던 집터로 우리나라에서 밝혀진 신석기시대의 최대 집단취락지이다. 석촌동 고분에서는 각종 토기 등이 쏟

아져 나왔고, 풍납토성과 몽촌토성에서는 同시대 중국의 동전과 도자기 등까지 출토되어 한성(漢城)백제의 높은 문화수준과 다이내믹한 해양지향성(海洋指向性)을 입증해 주었다.

1986년 9~10월, 88올림픽을 2년 앞두고 서울에서 아시안게임, 그리고 IMF(세계통화기금)와 IBRD(세계은행) 연차총회가 잇따라 개최되었

박정희 대통령 시해사건의 주범 김재규의 캐릭터

필자는 제9대 국회의 출입 기자였던 관계로 건설부 장관으로서 국회 상임위원회에 출석했던 후일의 박정희 대통령 시해사건 주범 김재규(1926~1980)를 바로 곁에서 자주 관찰할 수 있었다. 김재규 건설부 장관의 캐릭터가 그대로 드러난 곳은 1976년 11월 여의도 국회의사당 건설위원회 회의실이었다. 이곳에서의 질의응답 도중 김재규 장관은 건설위 소속 박용만·문부식·이진연 의원 등 '야당 3인방'으로부터 갖가지 질타와 핀잔을 듣다가 마침내 "장관이 그것도 모르냐!"는 결정타를 얻어맞았다

바로 그 순간, 김재규 장관은 시퍼런 눈을 부릅뜨고 아무 말도 없이 세 의원을 2~3분쯤 노려보았다. 회의장은 갑자기 쥐 죽은 듯 고요해졌다. 사회봉을 잡고 있던 건설위원장 고재필 의원은 '비상사태'의 발생과 진전을 전혀 눈치 채지 못하고 의장석에서 꾸벅꾸벅 졸고 있었다. 그때 유정회 간사이던 이도선 의원이 재빨리 사회석으로 달려가 고재필 위원장의 사회봉을 낚아채 '탕 탕 탕' 휴회를 선언했다.

김재규 장관이 건설 행정에 대한 업무파악이 매우 부족했던 것은 사실이다. 그는 국회 출석 때 데리고 나온 부하 직원이 써주는 답변서에만 전적으로 의지하는 듯했다. 그러다 답변서의 3페이지와 4페이지가 뒤바꿔져 있어도 눈치를 못 채는지, 그대로 읽어나가는 해프닝을 빚기도 했다. 부하들이 질의응답 현장에서 써서 준 답변서를 읽지 않은 경우는 필자가 보기엔 딱 한번 있었다. 다음은 그때 문답의 요지다.

─주택공사가 잠실 고층아파트를 지으면서 왜 이렇게 많이 외국산 건설 자재를 도입해 썼어요, 외화 낭비 아닙니까?

다. 이것은 광복 후 40년간의 남북 체제대결에서 남한의 승리를 확인하는 동시에 서울의 세계화를 과시했던 행사였다.

6월항쟁의 진원지 貞洞의 聖公會 대성당
끊임없는 국가적 행사와 3저(低) 호황에 힘입은 경제의 가파른 상승곡선

"중동(中東)에 건설 수출을 추진하는데, 그곳 담당 장관이 '한국에 고층 건물을 지어본 실적이 있느냐'고 물어서 부랴부랴 잠실 5단지에 고층 아파트를 짓게 된 것입니다."

사실, 김재규의 출세는 박정희 대통령의 '뒷배'가 없었다면 어려웠을 것 같다. 그는 박정희와 동향(경북 선산)이며, 육사 2기 동기이다. 동기생이라고 하지만 해방 전 문경초등학교 교사→만주군관학교 졸업→일본육사 졸업→만군 육군 중위를 거친 박정희에게 아홉 살 아래인 김재규는 경력상 비교대상이 아니었다. 그런 김재규는 박정희의 집권 후 출세가도를 달렸다. 보안사령관과 제3군단장을 역임하고 육군 중장으로 예편한 후 국영기업체 사장, 유정회 소속 국회의원을 거쳐 건설부장관으로 입각했던 것이다.

그런 그가 1976년 12월 중앙정보부장으로 영전하자, 야당은 잔뜩 긴장했다. 그렇게 김재규 건설부장관에게 '골탕'을 먹이던 건설위 소속 야당의원 3인방은 태도를 일변하여 김재규를 의원식당의 별실로 모셔 오찬을 대접했다. 필자가 우연히 목격한 일이다.

김재규가 중앙정보부장에 재직하던 1979년의 국내정세는 숨 가쁘게 돌아갔다. YH무역 여공 신민당사 농성사건, 신민당 총재 김영삼의 국회의원직 박탈 사건, 부산−마산 항쟁 등이 잇달아 일어났다. 그 수습책을 둘러싸고 김재규와 대통령 경호실장 차지철이 대립했는데, 박정희 대통령은 차지철 경호실장의 강경책에 손을 들어준 것으로 알려졌다.

이에 김재규(당시 53세)는 직속 부하인 박선호·박흥주 등과 모의하여 이른바 10·26 사태인 대통령 시해사건을 일으킨 것이다. 당시 세상에서는 박정희(당시 62세) 대통령의 이름 끝 자인 熙를 破字(파자)해 신하(臣)가 자기(己)를 빵빵빵빵(灬)했다고 수군거리기도 했다. 김재규는 10월28일 합수부장 전두환 소장에 의해 체포되었고, 내란목적 살인 및 내란미수죄로 사형 선고를 받고 1980년 5월24일 사형에 처해졌다.

속에서도 민주화 투쟁의 불길은 수그러들 줄 몰랐다. 진압 경찰이 쏘아 대는 최루탄과 페퍼포그의 연기가 도심과 대학가를 뒤덮어 시민들의 코와 눈이 수난을 당했다.

손에 피를 묻히고 출범한 정권의 태생적 한계, 그리고 잇따른 부정·부패와 강압정책으로 1980년대 중반 이후 드디어 서울의 중산층 민심까지 전두환 정부에 대해 등을 돌렸다. "탁 치니 억 하고 죽었다"는 남영동 대공분실 수사관의 말이 거짓말로 들통난 서울대생 박종철 고문치사 사건, 최루탄에 맞은 연세대생 이한열의 죽음을 계기로 서울의 민주화운동은 더욱 거세졌다.

이한열 영결식이 개최된 시청 앞 광장과 그 주변엔 100만 인파가 몰려들어 차도를 완전히 막아버렸다. 6월 시민항쟁의 절정이었다. 체육관선거, 아니면 내각제 개헌을 통한 간접선거로 군부의 계속 집권을 기도하던 전두환은 시민들의 요구에 굴복, 대통령 직선제를 수락했다. 이른바 6·29선언이었다. 이듬해로 다가온 서울올림픽을 예정대로 치르려면 시민들과 타협할 수밖에 없었던 것이다.

6월항쟁 중 가장 인상적이었던 것은 나이 어린 의경 50여 명이 한국은행과 신세계백화점 사이에 있었던 분수대 로터리(지금은 없음) 위에 올라가 군중에게 둘러싸여 무릎을 꿇는 벌을 받는 장면이었다. 의무 복무하는 그들에게 무슨 죄가 있었겠는가? "나가서 데모대 막으라"는 명령을 받고 거리로 나왔다가 세(勢) 불리하여 데모대에 붙잡혔던 것이다.

'6월항쟁' 당시 재야인사와 대학생 대표들은 중구 정동 3번지 성공회

(聖公會) 서울대성당에 모여 항쟁의 방향과 전략 등을 논의했다. 이곳 회의에서는 추상적인 '민주화 요구'보다 좀 더 현실적인 구호인 '직선제 쟁취'를 앞세우기로 결정했다.

영국 국교인 성공회의 서울대성당은 1922년 착공, 74년 만인 1996년

에 완공시킨 로마네스크식 건축물인데, 그 주황색 지붕 색깔로 정동의 우아함을 더욱 보태고 있다. 지금 성

경내에 '6월항쟁의 진원지'라는 표석이 세워져 있는 정동의 로마네스크 양식의 대한성공회.

©조의환

공회 서울대성당의 마당 한편에는 '6월항쟁 진원지'라는 조그마한 표지석이 세워져 있다.

당시 많은 시민들은 직선제만 쟁취하면 선거를 통해 민간정부가 들어서 민주화를 이룩할 것이라고 낙관했다. 그러나 야권은 '후보 단일화'의 김영삼(金泳三) 노선과 '4자필승론'의 김대중(金大中) 노선으로 분열했다. 그해 12월 여의도광장 유세에서 선두권 세 후보 진영은 각각 '백만 청중'을 전세버스 등으로 동원하는 원색적인 세(勢) 경쟁을 벌였다. 12·17 대통령선거의 결과는 집권당 노태우(盧泰愚) 후보의 당선이었다.

가장 자랑스러운 것은 88서울올림픽

1988년 가을, 서울에서 올림픽이 개최되었다. 서울올림픽은 서울시민들뿐만 아니라 숫국민을 열광케 하면서 한민족의 자존심을 한껏 높여주었다. 우리 역사에서 이만큼 자랑스러운 적은 없었다. 서울올림픽은 그때까지의 올림픽 역사상 가장 많은 국가가 참여한 대회였고, 가장 짜임새 있는 인류의 축제였다.

전쟁의 잿더미 위에서 일어난 지 불과 35년. '세계는 서울로, 서울은 세계로'라는 구호가 별로 어색하게 들리지 않았다. 일찍이 삼전도(三田渡) 국치의 현장이었던 송파벌은 한국 역사상 국위를 피크에 올린 主무대가 되었다.

조선왕조 초기 10만 명이었던 서울의 인구는 약 600년 만인 1999년 말에 약 103배인 1032만 1449명(이 가운데 외국인 5만 7189명)으로 집

88서울올림픽의 현장 송파벌은 우리 역사상 국위를 피크에 올린 主 무대가 되었다.

계되었다. 면적도 16km²(도성 내부)에서 약 38배인 605.52km²로 확대
되었다. 한 해에 10조 6000억 원의 예산(2000년)을 사용했던 당시의 서
울은 '생활비 비싼 도시 순위'로 세계 제7위에 올랐다(2018년도 서울시
예산은 30조 원에 달했다). 한편 정보화 사회 이행지수의 하나인 도메인
등록건수(자료: 네트워크 솔루션)에서 서울은 2000년 현재 세계 제1위
(미국 도시 제외)를 기록했다.

21세기를 맞기 직전이있던 1999년, 수치로 보는 서울의 하루는 매우
역동적이었다. 하루 평균 363명이 출생하고, 103명이 사망하며, 202쌍
이 결혼하고, 61쌍이 이혼하고 있었다. 하루 교통인구는 2720만 3000명
인데, 지하철 이용객이 전체의 33.8%인 877만 명으로 가장 많으며, 버

한국은 1996년 선진국 모임이라는 경제협력개발기구(OECD)에 가입했다. 한국의 OECD 가입이 확정됐음을 보도한 신문 기사.

스 28.8%, 자가용 19.6%, 택시 9.2%의 순이었다. 서울시에 등록된 자동차 수는 시민 4.3명당 한 대꼴인 240만 대에 이르렀다.

서울시민의 주택 형태도 1970년대 중반 이후 엄청난 변화를 나타내 왔는데, 1999년 현재 아파트가 71만 6251호로 제일 많았다. 그 다음으로 단독주택 56만 1947호, 연립주택 21만 8403호, 다세대주택 13만 4923호, 기타 5만 6587호의 순이다.

서울시에는 한국의 많은 부문이 집중되어 있다. 2000년 서울시 환경백서에 따르면 서울은 전국대비(全國對比) 인구의 21.7%, 국내총생산의 21.6%, 은행예금의 50.2%, 은행 대출의 45.9%, 내국세의 46.4%, 소득세의 58.3% 등을 점하고 있었다.

그렇다면 엄청난 변화를 경험한 시민들이 느끼는 20세기 서울의 기념비적 사건은 무엇일까. 1999년 서울시 인터넷 홈페이지 방문 네티즌 조사에 따르면 '서울시 100년 기념비적 사건 베스트 10'은 다음과 같았다.

1. 서울올림픽(1988)

2. 8·15 광복(1945)

3. 아시안게임 개최(1986)

4. 월드컵축구 개최 예정(2002)

5. 3·1운동(1919)

6. 조선총독부 건물 해체(1995)

7. 金大中 정부 출범(1998)

8. 6·25 전쟁(1950)

9. 서울수복(1950)

10. 지하철 개통(1974)

25
:

21세기 벽두의
서울

21세기 벽두의
서울

IMF 체제 전후의 兩金

서울올림픽은 우리나라가 한 단계 더 도약할 수 있었던, 우리 민족사상 최대의 기회였다. 그러나 그 감격은 나라의 지속적인 발전으로 연결되지 못했다. 물질만능의 풍조 속에서 '가진 자'와 '못 가진 자' 사이에 사회 경제적 갈등의 골은 더욱 깊어졌다.

임금의 급등으로 한국 상품은 세계시장에서 차츰 가격경쟁력을 잃기 시작했다. 불과 몇 해 전, '한국(상품)이 몰려온다'는 특집기사를 실었던 외지(外誌)는 이 무렵 '한국인이 샴페인을 너무 일찍 터뜨렸다'고 지적하기도 했다.

1993년 김영삼(金泳三)의 '문민정부'가 출범했지만, 아침저녁으로 변하는 여론조사의 인기도에 연연하여 '깜짝 쇼' 정치를 연출함으로써 국가관리 행정은 다음 순위로 밀려나 버렸다. 그 결과 1994년 성수대교(聖水大

橋)의 붕괴에 이은 1995년의 삼풍백화점 붕괴 참사는 서울을 한순간에 부끄러운 도시로 만들고 말았다. 더욱이 임기 말에 이르러 김대중을 중심으로 하는 야당의 강경 반대투쟁 등에 의해 노동법·금융법 등의 개혁입법에 실패함으로써 금융위기에 봉착, 한국 경제를 IMF(세계통화기금)의 관리체제로 추락시키고 말았다. 실은 노태우 정부 후반부터 생산원가를 무시한 출혈수출(出血輸出) 등에 의해 기업의 채산성이 갈수록 악화되어 IMF 위기를 잉태하고 있었다.

1997년 12월 제15대 대통령 선거에서 김대중 후보가 당선되어 헌정사상 최초로 여야 간 평화적 정권 교체가 이루어졌다. 1998년에 출범한 金大中 대통령의 '국민의 정부'는 집권 1년6개월 만에 'IMF 졸업'을 선언했지만, 말과 행동의 불일치에 따른 정책의 신뢰성 상실로 '카드 대란' 등 경제가 다시 추락하는 위기를 겪었다.

2002년 5월과 6월, 세계의 시선은 서울로 쏠렸다. 한국과 일본이 제17회 월드컵 경기를 공동으로 개최했는데, 서울 상암동 월드컵경기장에서 5월31일 개막식과 개막전이 열렸다. 한국은 이탈리아·스페인 등 세계의 강호를 잇달아 물리치고 4강에 진출했다. 한국은 준결승전에서 독일에 패했지만, 선전(善戰)하여 세계를 놀라게 했다.

그뿐만 아니라 붉은 티셔츠를 입은 한국응원단인 '붉은 악마'가 한 달 내내 축구경기장은 물론 서울 도심을 가득 매우고 열광적인 응원을 펼쳤다. 길거리 응원의 메카로 떠오른 서울시청 앞 광장과 세종로4거리는 100만의 인파가 넘실대며, '대~한민국'을 외쳤다.

오염된 청계천을 생태공원으로 변화시킨 이명박 시장

월드컵이 끝나자 이명박 시장의 서울시는 서울시청 앞 광장을 시민의 광장(서울광장)으로 조성하는 사업을 추진했다. 그러나 서울에서 가장 교통량이 많은 사통팔달의 도로를 광장으로 바꾸는 것은 결코 쉬운 일이 아니었다. 서울시는 외곽과 외곽, 부도심(副都心)과 부도심을 연결하는 우회도로를 건설해 도심 통과 차량을 줄이고, 가변차로제를 확대하며, 교통신호를 변경하는 등 다양한 방법을 구사하여 시청 앞의 교통문제를 해결했다. 서울광장이 조성되자 광화문에서 서울시청과 숭례문(속칭 남대문)을 거쳐 서울역에 이르는 구간은 서울의 대표적 문화공간으로 다시 발돋움했다.

2002년 월드컵대회를 계기로 변화한 곳이 하나 더 있다. 바로 월드컵의 主경기장이 있는 상암동 일대이다. 상암경기장 옆에는 원래 서울에서 발생하는 각종 쓰레기를 쌓아둔 난지도(蘭芝島)가 있었다. 그런데 월드컵 대회를 계기로 난지도는 쓰레기 산이 아니라 아름다운 하늘공원과 노을공원으로 변모했다. 그리고 인근의 논과 밭은 첨단의 디지털 산업단지와 고급 아파트단지가 들어섰다.

이명박 서울시장은 2005년 10월1일 시민들이 참석한 '청계천 새물맞이' 행사를 개최하면서 청계천 복원을 선언했다. 2003년 7월에 착공하여 이날 준공한 청계천 복원사업은 콘크리트로 뒤덮인 5.84km의 복개도로와 고가도로를 걷어내고 맑은 물이 흐르고 수풀이 우거진 생태하천(生態河川)을 만드는 일이었다.

8·15광복과 6·25전쟁을 거치면서 청계천은 방치되었다. 하천에는 오물과 쓰레기가 쌓이고, 천변에는 움막집과 판잣집이 즐비했다. 당시 열악한 경제상황 속에서 청계천의 병폐를 해결할 수 있는 가장 쉬운 방법은 복개(覆蓋)였다. 1958년부터 1977년까지 광교에서 신답철교까지 복개사업을 추진했다. 그리고 복개된 도로 위에 길이 5.6km, 폭 12m의 육중한 고가도로를 가설했다. 깨끗하게 정돈된 복개도로와 쭉 뻗은 고가도로는 개발연대 서울의 상징물처럼 보이기도 했다.

2002년 월드컵 유치로 쓰레기 투기장이던 난지도가 하늘공원으로 변모했다.

ⓒC영상미디어

복원된 청계천. 이제 청계천에는 왜가리와 백로가 찾아와 사람을 전혀 겁내지 않고 물고기 사냥에 열중하고 있다.

노을공원. 2002년 월드컵 대회를 계기로 서울에서 발생한 각종 쓰레기를 쌓아두었던 난지도는 하늘공원과 노을공원으로 변모했다.

그러나 2000년대에 들어서자 청계천은 환경오염과 교통 혼잡의 진원지로 바뀌었다. 이곳저곳 땜질한 콘크리트 구조물은 도심의 미관을 해칠 뿐만 아니라 도심의 발전을 가로막고 시민의 안전을 위협하는 장애물로 변했다. 복개된 청계천에 가스가 차 언제 폭발할지 모른다는 풍문까지 나돌았다. 40년 전의 서울은 도시 발전과 미관을 위해 청계천을 덮어야 했지만, 이제는 같은 목적을 위해 그 덮개를 벗겨내야만 했던 것이다.

이런 일을 감당하는 데는 건설회사 최고경영자를 지내면서 국내외의 대형 토목·건설 사업을 주도했던 경험을 지닌 이명박 시장이 적임자였다고 할 수 있다. 청계천이 복원됨으로써 시민들은 도심 한가운데에서 쾌적한 휴식처를 새로 얻었다. 2018년 봄부터 청계천에서 왜가리와 백로가 찾아와 사람들을 전혀 겁내지 않고 물고기 사냥에 열중하면서 살고 있다. 청계천이 물이 얕은 데다 피라미 등 물고기가 많아 그것들의 서식처로서의 조건을 두루 갖추고 있다고 한다.

청계천 주변지역의 성장 동력도 매우 높아졌다. 금융·문화·패션·관광 등의 고부가가치 산업이 청계천 지역으로 계속 진입하고 있다. 이명박 서울시장은 2007년 대통령선거에 출마하여 경쟁 후보에게 500여 만표 차로 압승했다.

이명박 정부는 경제 성장과 일자리 창출을 목표로 하여 자유무역협정 체결 확대, 기업 활동 규제 완화, 친환경 녹색성장을 추진했다. 또한 한강·금강·낙동강·영산강 등 4대강 정비 사업을 시행했다. 서울시장 재임에 이어 대통령에 당선된 이명박 이후의 서울시장들도 모두 서울시장을 대통령에 오르는 등용문(登龍門)으로 여기고 있는 듯하다.

그러나 서울시장을 거친 이명박 대통령은 퇴임 5년 후 대통령 재임 시의 부패 혐의로 2018년 3월23일 새벽에 구속되어 서울의 동부구치소에 수감되었다. 직선제로 뽑힌 대통령 2인이 퇴임 후 구속되어 동(同)시기에 구치소에 수감되는 유례없는 일이 벌어진 것이다.

"공중에 150억 날렸다"는 미세먼지 대책

서울시의 면적은 전체 국토의 0.6%에 불과하지만, 서울시 거주자는 약 1000만으로 전체 우리나라 인구의 20%에 달하고, 서울경제권의 인구는 2000만으로 40%에 달한다.

2013년 기준, 서울시의 생산액은 283조 원으로 국내 총 생산액의 25%에 육박하고, 300대 기업의 본사 및 대형 금융기관의 본점도 거의 대부분 서울에 있다.

현재 서울시 도심을 걷다 보면 보도 곳곳이 패이거나 보도블럭이 흔들거리고, 한강변을 차량으로 달리다 보면 한강 위에 걸린 다리들의 대부분이 몹시 퇴색해 전면적인 안전도 검사라도 실시해야 할 시점이라고 생각된다. 박근혜 정부 때부터의 두드러진 현상이지만, 사회간접자본(SOC) 투자에 너무 소홀해 고속도로나 간선도로가 온통 상처투성이다.

특히 서울의 미세먼지가 갈수록 심각해지고 있다. 이런 상황이던 2018년 봄 서울의 '미세먼지 악화 때 대중교통 무료'라는 박원순 시장의 대책은 실패였다는 여론이 높았다. 사흘간 시내버스·지하철 무료 운행에 쓴 돈 150억 원을 노후(老朽) 경유 차량 대책에 투입했다면 공해 배출이 심한 영세 차주의 화물트럭 중 180대를 당장에 폐차하고 새 차로 교체시킬 수 있었다는 지적도 있었다.

어떻든 '미세먼지 나쁨'의 일수가 평년 같으면 연간 10일 정도였는데, 2018년 들어 3개월 동안에만 무려 13일이었다는 것은 서울시장 혼자 책임질 문제라기보다 정권 차원의 문제가 아닐 수 없다. 미세먼지 발생에 있어 국내 요인도 있지만 중국 요인의 비중도 결코 가볍지 않다. 중국의 공업화 이전인 1980년대에 비해 오늘날 한국의 중국발 미세먼지의 비중은 4배 이상 폭증했다. 그럼에도 아직은 한중환경협력센터가 설립될 것이라는 뉴스가 전해지고 있는 단계에 머물고 있다.

용산 미군기지 — 생태공원으로 업그레이드 될 것인가

서울 용산 미군기지가 2018년 12월 말까지 경기도 평택(平澤)으로 이전한다. 그러나 미군기지 자리에 들어설 '용산국가공원' 조성 사업은 구체적인 계획을 수립하지 못하고 2년째 표류하고 있다. 문재인(文在寅) 대통령은 대선 후보 시절에 "용산 미군기지가 반환되면 그곳에는 뉴욕의 센트럴파크 같은 생태자연공원이 조성될 것"이라고 공약했다.

대한민국의 대통령들 — 그 불행한 인생행로

2012년 12월 제18대 대통령 선거에서 당선된 박근혜 대통령은 2013년 2월 '국민 행복, 희망의 새 시대'를 표방하며 임기를 시작했다. 그러나 박근혜 대통령은 임기 중 '국정농단' 등의 이유로 탄핵 소추를 당했다. 광화문 광장에서 '박근혜 퇴진'을 요구하는 촛불 집회가 철야로 진행되는 가운데 헌법재판소는 재판관 8명의 전원 일치로 박근혜 대통령의 파면을 결정했다.

2017년 3월31일, 검찰은 박근혜 전 대통령을 구속했다. 2018년 8월 현재 서울구치소에 수감 중인 박근혜 전 대통령은 18개에 달하는 혐의로 제소되었지만, 재판 출석을 거부하고 있다. 이런 상황에서 이명박 전전(前前) 대통령도 재임 시의 부패 혐의 등으로 구속되어 2018년 3월23일 서울동부구치소에 수감되었다. 이명박 전전 대통령은 이를 이미 예견이라도 한 듯 "이것이 과연 개혁이냐, 감정풀이냐, 정치보복이냐!"라며 문제를 제기했다. 그 배경은 노무현 전전전(前前前) 대통령이 퇴임 후 이명박 정부下 국세청의 세무조사를 받은 데다 부패 혐의로 검찰에 불려가 조사를 받고 난 직후에 자살했던 사실과 관련된 것으로 풀이되었다. 문재인 대통령은 노무현 대통령 시대의 비서실장으로서 그의 후계자로 거론되었던 인물이다. 이유가 어떻든 이런 악순환 속에서 대한민국의 역대 대통령들은 퇴임 후 모두 불행해졌다.

초대 대통령 이승만은 4·19혁명으로 1960년 4월26일 하야하고 이화장에서 잠시 머문 후 하와이로 떠나 망명생활을 하다가 1965년 별세했다. 제2공화국의 집권자 장면 총리는 1961년 5·16쿠데타로 하야해야만 했다.

터만 243만m²에 달하는 대규모 국가공원 조성에는 부처 간 조율이나 시민 의견 수렴을 추진할 컨트롤 타워가 필요하다. 그러나 용산 공원 조성을 주관하는 국토교통부가 컨트롤 타워 기능을 상실했다는 지적을 받고 있다. 국토교통부 장관을 위원장으로 하는 '용산국가공원 추진위원회'에는 기획재정부·국방부·행정안전부·문화체육관광부·환경부·서울시·국무조정실 등 여러 기관의 차관급이 위원으로 참여하고 있다. 해

장면 정부를 붕괴시킨 박정희 대통령은 18년 집권 끝에 부하의 총에 맞아 죽었다. '신군부' 출신의 전두환·노태우 대통령은 퇴임 후 쿠데타 등의 죄목으로 유죄 판결을 받고 수감되었다가 대통령 특사로 풀려났다. 김영삼·김대중 대통령은 퇴임 후 감옥에 가지는 않았으나 그 아들들이 부패 행위로 감옥살이를 했다. 그렇다면 역대 대한민국의 대통령들은 모두 실정(失政)만 했던 것일까?

그렇지는 않은 것 같다. 제2차 세계대전 이후 독립한 세계 180여 개국 중 한국만큼 경제 성장과 민주화를 동시에 이룩한 나라는 없다. 우리나라는 세계 제1위인 7~10% 성장을 30년간 지속해 왔다. 그 결과, 김영삼 정부시대인 1996년 선진국의 모임인 OECD(경제협력개발기구)의 29번째 회원국이 되었고, 이명박 정부 시대인 2011년에는 무역규모가 1조 달러를 넘어서면서 세계 10위의 무역 대국에 진입했다.

그러나 압축 성장의 그림자가 없었던 것은 아니다. 서비스산업이나 중소기업의 생산성이 향상되지 못했고, 고령화 현상이 심화되면서 최근 한국의 경제성장률은 3% 전후로 떨어져 있다. 일자리가 부족해지자 비정규직의 고용비율도 높아져 중산층이 줄어들고 빈곤 가구의 비중이 늘어났다. 이처럼 모든 것에는 명암(明暗)과 공과(功過)가 있게 마련이다.

한국은 이미 직접선거로 대통령을 바꾸는 절차적 민주주의를 이룩했다. 이제는 임기 도중의 대통령도 촛불 데모로 몰아낼 만큼 민권(民權)이 막강해진 나라다. 다만, 대한민국 대통령의 거듭되는 불행을 예방하기 위해 이제 대통령 담임자 자신들을 포함해 우리 모두가 노력해야 할 시기가 온 것 같다. 살아 있는 전임 대통령 4인 모두가 감옥살이를 하고 나왔거나 복역하고 있다. 세계 사람에게 자랑거리가 아니라 부끄러운 모습을 보이고 있는 것이다.

당 기관 사이에선 "국토부가 조율을 못하고 사안마다 참여 기관의 의견이 충돌한다면 총리 직속의 새 추진기구를 만들어야 한다"는 견해가 대두하고 있다.

용산국가공원의 태동까지의 과정은 한국 현대사의 압축판이다. 1904년 일제가 러일전쟁 중 용산 일대의 땅 300만 평을 강제로 수용했고, 1906년 이곳에 병영 등 기지를 건설했음은 앞에서 썼다. 1953년 7월27일 6·25전쟁의 휴전이 성립된 직후인 8월부터 미 8군사령부가 용산기지로 이전했다.

수도 서울 한복판에 외국군이 주둔한다는 것은 모양새가 좋지 않다. 미 8군 용산기지가 설치된 지 꼭 50년 후인 2003년 한·미 정상은 용산기지의 평택 이전에 합의했다. 이후 2005년에 국가 주도 용산공원 추진 방침을 발표하고, 2007년 용산공원조성특별법 제정 등의 절차를 밟아왔다. 2011년에는 용산공원 종합계획을 확정했지만, 2014년 한미연합사의 잔류 결정으로 종합기본계획의 일부를 변경해야 했다. 또 2015~2016년에 '부처 간 나눠먹기'라는 비판을 받은 용산공원 내 정부시설 8개의 입지계획이 백지화됨으로써 용산국가공원계획은 전면 재검토의 단계에 들어가 있다.

서울시민들에게 250만㎡라는 '백지' 위에 새로운 '그림'을 그릴 수 있다는 것은 대단한 '축복'이다. 그렇다면 문재인 대통령의 공약에서 언급된 '센트럴파크 같은 생태자연공원'은 어떻게 조성된 것일까?

전문가들은 뉴욕의 센트럴파크 같은 생태공원을 만들려면 시민 참여가 필수적이라고 말한다. 미국에는 공원마다 시민 참여 기구들이 존재하는데, 뉴욕 센트럴파크가 그 시초이다. 1970년대 센트럴파크는 범죄 증가로 기피의 대상이었다. 재정이 부족했던 주(州) 정부는 시민에게 공원 복구를 맡겼다.

1975년 시민들이 '센트럴파크 관리위원회'를 설립해 재건 프로젝트가 시작됐다. 캠페인을 통해 뉴욕에 살던 자산가들이 하나 둘 기부를 하고, 자원봉사자가 재원 조달부터 공원 수목 관리에까지 참여해 지금의 생태공원을 이룩했던 것이다.

용산공원의 모델 중 하나인 미국 샌프란시스코의 프레시디오 공원 조성에도 시민 참여가 결정적 역할을 했다. 지금의 프레시디오 공원은 조성 전 218년 동안 군사기지로 사용되었다. '프레시디오 트러스트'라 불리는 협력단체는 자원봉사자와 시민단체의 도움을 끌어내 망가진 생태계를 복원해 시민들의 휴식공간으로 만들었다.

26

서울의 미래가 가야 할 길—
옛것과 현재·미래의 조화

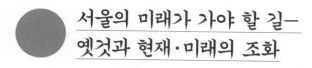

서울의 미래가 가야 할 길—
옛것과 현재·미래의 조화

아라뱃길과 한강수로 연결 이후의 古都 서울

2017년 2월9일, 서울시는 여의문화나루계획을 발표했다. 그 핵심 사업은 공공·민간의 다양한 선박이 입·출항하는 통합 선착장인 여의나루, 상업 시설인 여의정, 식당·카페, 관광·문화·판매 시설인 여의마루, 어린이과 학체험관 등이 포함된 아라문화센터 건설이다. 2019년까지 총 1931억 원 (국비 596억 원, 시비 596억 원, 민자 739억 원)이 투입된다고 한다.

이 계획은 전임 오세훈 시장의 한강르네상스 프로젝트보다 오히려 규모가 작다. 현재, 수자원공사와 인천광역시는 경인운하(아라뱃길)를 서울 구간까지 연장시키기 위해 규제개혁위원회에 제소한 상태다. 이들의 요구는 700톤급 선박을 여의도까지 운항하는 것이다. 통합 선착장이 만들어지면 경인운하에서 한강의 여의나루로 배가 들어오는 것은 시간문제이다.

이에 대해 일부 환경단체는 "700톤이 넘는 '대형 선박'이 한강에 들어

올 경우 람사르 습지인 밤섬 생태계 파괴와 고양 어민의 어업에 악영향을 끼칠 것으로서 우려된다"는 입장을 밝히고 있다. 이것은 참으로 한강을 이해하지 못한 단견이다. 우선, 한강 같은 큰 강에 운항되는 선박이 700톤짜리라면 대형이 아니라 아주 소형이다.

한강은 고려조와 조선조의 1000년간 한반도 물류의 중심이었다. 6·25 이후 한강의 하구가 군사분계선으로 막혀버림으로써 한강은 반신불수의 강이 되고 말았다. 이러한 상황을 부분적이라도 타개할 수 있

아라뱃길. 2012년에 개통되었으나 아직도 한강과 연결되지 않고 있다.

ⓒC영상미디어

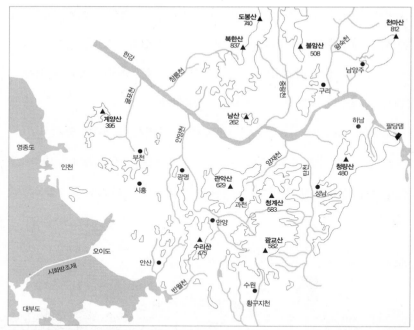

서울과 주변지역의 지형(등고선은 해발 100m).

다면 그것은 한강과 경인(京仁) 아라뱃길의 연결이다.

경인 아라뱃길은 한강 하류의 행주대교 밑 아라한강(漢江) 갑문에서 北인천의 아라서해(西海) 갑문으로 이어지는 폭 80m, 길이 18km의 물 길이며, 2012년에 완공된 국내 최초의 내륙운하이다. 이 뱃길의 건설은 매우 역사적이다.

아라뱃길은 800여 년 전에 이미 고려 최(崔) 씨 무인(武人)정권의 제 2대 집권자 최이(崔怡)에 의해 처음 시도되었다고 한다. 당시 삼남(三南) 의 조세미를 운송하던 조운로(漕運路)는 강화도와 김포 사이의 좁은 수로를 거쳐 한강 제1의 포구였던 마포의 경창이나 고려 제1의 무역항이었 던 벽란도(碧瀾島: 개경의 외항)에 이르는 뱃길이었지만, 강화수로는 만 조 때만 운항이 가능했고, 뱃길 그 자체가 지금도 그렇지만 매우 험했다.

이런 애로를 타개하기 위한 최이의 아라뱃길 건설 시도는 400m에 달 하는 중도의 암석지대를 뚫기 어려워 계획 단계에서 무산되어 버렸다고 한다. 그 후 조선조에서도 아라뱃길 건설이 여러 번 시도되었으나 같은 이유로 착공하지 못했다.

그러나 1987년 한강 지류인 굴포천(掘浦川) 유역의 대홍수로 큰 수해 가 발생하자 방수로(放水路)를 신설하여 홍수량 일부를 서해로 방류하는 내용의 굴포천 치수(治水)사업을 추진하게 되었다. 이에 따라 방수로 시 작점(김포시 굴포천 유역)에서 한강까지 4km 구간만 연결해주면 홍수 대 비뿐만 아니라 평상시에 운하로 사용할 수 있음을 깨닫게 되었다. 이에 수자원공사는 2007년 아라뱃길을 착공해 5년 만에 완공했던 것이다.

수년 전 현장 답사를 통해 확신했지만, 김포의 굴포천을 이용해 건 설된 아라뱃길은 한강 하구(河口)가 군사분계선으로 틀어 막힌 현재로 서는 한강수로를 복원하는 데 있어 거의 유일한 방법이다. 그런데도 완 공 6년이 지난 2018년까지도 아라뱃길을 한강과 연결시키지 않는 것은 너무나 상상력이 부족한 공직사회의 태업(怠業)이라고 할 수 있다.

아라뱃길은 서울과 인천을 연결한다. 인천은 세계를 향한 바닷길과 하늘길이 열리는 서울의 관문이다.

물론, 지금의 한강은 수로(水路)로서의 기능보다 서울을 비롯한 수도권 주민들에게 생활용수를 공급하는 역할이 압도적으로 중요하게 되어 있다. 수도권 시민에게 한강물은 생존의 필수조건인 것이다. 따라서 한강의 수질(水質)에 악영향을 주는 프로젝트는 제한적일 수밖에 없다. 설사 당장에 통일이 되어 한강 하구의 군사분계선이 제거되더라도 한강 하구→팔당댐갑문→남한강으로 이어지는 뱃길을 내기가 그리 수월하지 않다.

외국인들의 평가에 따르면 서울의 매력은 도심에서 불과 20~30분 거리에 가벼운 마음으로 오를 수 있는 수려한 산들로 둘러싸여 있고 빌딩군(群) 가까이에 고궁(古宮)과 북촌(北村) 등 옛것이 공존하고 있다는 점이다. 여기에 곧 '백지(白紙)' 위에 '동화(童話)의 세계'처럼 그려질 수 있는 장차의 용산국립공원과 2500만 수도권의 주민의 젖줄인 한강의 수로가 어우러진다면 서울은 훨씬 더 다이나믹해질 것이다.

서울을 4차 산업혁명의 중심으로

지금 당장에라도 아라뱃길과 한강을 연결하면 서해바다로부터 잠실 수중보까지의 한강수로(水路)를 부활(復活)시킬 수 있다. 한강수로와 서해바다가 이어지면 2000년 古都 서울은 더욱 세련되고 우아해질 것이다.

자본과 자원이 부족한 한국의 성장 동력은 '사람'과 '성공하려는 의지'였다고 지적되고 있다. 한국은 목표 달성을 향한 집중력과 위험을 무릅쓴 도전으로 제3차 산업혁명 분야에서 앞서 갔다는 평가를 받고 있다. 누가 뭐래도 한국은 인터넷, TV, 초고속 통신망이 세계 최고 수준인 나라인 것이다. 또한 한국은 세계 각국 유수대학의 우등생 자리를 제일

반도체 산업의 도약. 현재 한국 제조업은 삼성전자와 SK하이닉스의 반도체 사업이 리드하고 있다. 2018년 1분기의 경우 위 두 회사의 영업이익이 전체 상장사에서 차지하는 비중은 무려 50%에 육박할 정도.

많이 차지하고 있는 나라(2위 이스라엘, 3위 독일)로 손꼽히고 있다. 가용(可用) 인재가 그만큼 많다는 얘기다.

지금 우리가 당면하고 4차 산업혁명에서도 이런 집중력과 리더십이 또한 번 필요함은 물론이다. 특히, 우리나라의 교육시설·연구기관이 집중되어 있는 서울을 인공지능(AI)·로봇공학·센서·합성생물학 등과 같은 4차 산업기술 발전의 중심축으로 업그레이드한다면 현재 세계 제10위의 메트로폴리스 서울은 '21세기형(型) 약속의 땅'으로 도약할 것으로 보인다.

서울은 3차 산업혁명 시기에 '한강의 기적'을 이룩한 중심 무대였다. 이런 서울은 앞으로 닥쳐올 4차 산업혁명 시대에도 '대한민국의 먹거리'를 장만해야 할 숙제를 지니고 있다.

서울의 6000년

민족과 함께, 한강과 함께 흘러온 한성·한양·경성·서울 이야기

저　자 | 鄭淳台
펴낸이 | 趙甲濟
펴낸곳 | 조갑제닷컴
초판 1쇄 | 2018년 8월 23일

주소 | 서울 종로구 내수동 75 용비어천가 1423호
전화 | 02-722-9411~3
팩스 | 02-722-9414
이메일 | webmaster@chogabje.com
홈페이지 | chogabje.com

등록번호 | 2005년 12월2일(제300-2005-202호)

ISBN 979-11-85701-61-5 03910

값 20,000원